JN062755

秋田県の教員採用試験過去問シリーズ❷

2025年度版

秋田県の
小学校教諭

過 去 問

協同教育研究会 編

協同出版

本書には，秋田県の教員採用試験の過去問題を収録しています。各問題ごとに，以下のように5段階表記で，難易度，頻出度を示しています。

難 易 度

非常に難しい	☆☆☆☆☆
やや難しい	☆☆☆☆
普通の難易度	☆☆☆
やや易しい	☆☆
非常に易しい	☆

頻 出 度

◎	ほとんど出題されない
◎◎	あまり出題されない
◎◎◎	普通の頻出度
◎◎◎◎	よく出題される
◎◎◎◎◎	非常によく出題される

※本書の過去問題における資料，法令文等の取り扱いについて

本書の過去問題で使用されている資料や法令文の表記や基準は，出題された当時の内容に準拠しているため，解答・解説も当時のものを使用しています。ご了承ください。

はじめに～「過去問」シリーズ利用に際して～

教育を取り巻く環境は変化しつつあり，日本の公教育そのものも，教員免許更新制の廃止やGIGAスクール構想の実現などの改革が進められています。また，現行の学習指導要領では「主体的・対話的で深い学び」を実現するため，指導方法や指導体制の工夫改善により，「個に応じた指導」の充実を図るとともに，コンピュータや情報通信ネットワーク等の情報手段を活用するために必要な環境を整えることが示されています。

一方で，いじめや体罰，不登校，暴力行為など，教育現場の問題もあいかわらず取り沙汰されており，教員に求められるスキルは，今後さらに高いものになっていくことが予想されます。

本書の基本構成としては，出題傾向と対策，過去5年間の出題傾向分析表，過去問題，解答および解説を掲載しています。各自治体や教科によって掲載年数をはじめ，「チェックテスト」や「問題演習」を掲載するなど，内容が異なります。

また原則的には一般受験を対象としております。特別選考等については対応していない場合があります。なお，実際に配布された問題の順番や構成を，編集の都合上，変更している場合があります。あらかじめご了承ください。

最後に，この「過去問」シリーズは，「参考書」シリーズとの併用を前提に編集されております。参考書で要点整理を行い，過去問で実力試しを行う，セットでの活用をおすすめいたします。

みなさまが，この書籍を徹底的に活用し，教員採用試験の合格を勝ち取って，教壇に立っていただければ，それはわたくしたちにとって最上の喜びです。

協同教育研究会

C O N T E N T S

第１部

秋田県の
小学校教諭
出題傾向分析

秋田県の小学校教諭　傾向と対策

2024年度は，小問が計72問で，内訳は国語14問，社会20問，算数10問，理科12問，生活2問，外国語・外国語活動14問であった。科目数は少ないが，記述問題が多いので比較的難易度は高い。また，どの教科も学習指導要領関連の問題は頻出である。

「説明せよ」,「書け」,「具体的に記述せよ」等の記述問題が多く，語句の意味を問われる問題もある。このため，論述問題の対策として書く活動を重視し，端的にまとめられるように学習しておきたい。また，選択問題もあり，スピード感をもって解答できるように練習しておくことが大切である。学習指導要領については，教科の目標や内容のキーワードを中心に学習しておくこと。さらに，学習指導要領解説を踏まえて答える問題が多く出題されているので，しっかり読み込んでおくことが必要である。

【国語】

現代文読解，古文，詩に関する問題は頻出，漢字，文法に関する問題はやや頻出である。2024年度は，詩の問題で「詩の授業構想」について，二人の教諭の会話形式の出題があり，教員としての指導視点が問われた。また，学習指導要領関連についても頻出であり，キーワードを確実に押さえておきたい。

【社会】

2024年度は，学習指導要領に基づき，第4学年から第6学年の各学年の内容から出題されている。地理と歴史，公民分野からの出題であり，グラフや地図の読み取り問題などが出された。例年，史料を用いた日本史分野は頻出であるので，地図や年表をもとに各時代の特色を押さえた学習は必要である。何よりも，学習指導要領の教科及び各学年の目標，内容を確認しておくことが求められる。

【算数】

計算，方程式，図形問題は頻出，変化と関係・データの活用についてはやや頻出である。基本的な内容を押さえておけば，解ける問題が多く難易度は高くない。また，作図や証明の問題も毎年出題されるので，基本的な内容を確実に理解しておく必要がある。学習指導要領についての出題は過去5年間ないが，具体的指導法については頻出なので，学習指導要領の「指導計画の作成と内容の取扱い」を確認しておくとよい。2024年度も2023年度に引き続いて，秋田県学習状況調査の算数問題をもとに，つまずき解消のための授業構想の問題が出題された。学力向上の授業改善の具体的な指導法が問われている。

【理科】

物理，化学，生物，地学の各分野から，まんべんなく出題されている。中学校の学習内容程度であり，難易度の高い内容の出題はあまりないが，具体的論述や「図と言葉で書け」，「どのように説明すればよいか書け」などの記述問題が多いので，指導すべき内容については細部まで理解し，図や方法(言葉)で確認しておく必要がある。学習指導要領関連や具体的指導法も頻出である。

【生活】

過去5年間を見ると，学習指導要領関連及び具体的指導法からの出題であるが，重要語句を選択する問題とともにキーワードを問う記述問題も出題されるので，学習指導要領解説をもとに確実に内容を把握しておく必要がある。

【外国語・外国語活動】

2024年度は，対話文，短文の英文解釈が出題され，いずれも「英語で書け」，「英語に直して書け」，「日本語で書け」となっている。難易度は高くないので，中学校と高等学校の教科書の復習は大切である。学習指導要領関連からは，適語選択問題の出題があり，キーワードを中心に理解する対策が必要である。

過去5年間の出題傾向分析

①国語

分類	主な出題事項	2020年度	2021年度	2022年度	2023年度	2024年度
ことば	漢字の読み・書き	●	●	●		●
	同音異義語・同訓漢字の読み・書き					
	四字熟語の読み・書き・意味					
	格言・ことわざ・熟語の意味				●	
文法	熟語の構成，対義語，部首，画数，各種品詞	●	●	●		●
敬語	尊敬語，謙譲語，丁寧語					
現代文読解	空欄補充，内容理解，要旨，作品に対する意見論述	●	●	●	●	●
詩	内容理解，作品に対する感想	●	●	●	●	●
短歌	表現技法，作品に対する感想		●			
俳句	季語・季節，切れ字，内容理解					
古文読解	内容理解，文法（枕詞，係り結び）	●	●	●	●	●
漢文	書き下し文，意味，押韻					
日本文学史	古典（作者名，作品名，成立年代，冒頭部分）					
	近・現代（作者名，作品名，冒頭部分）					
その他	辞書の引き方，文章・手紙の書き方など					
学習指導要領・学習指導要領解説	目標					
	内容					●
	内容の取扱い					
	指導計画の作成と各学年にわたる内容の取扱い					
指導法	具体的指導法	●		●		●

②社会

分　類	主な出題事項	2020年度	2021年度	2022年度	2023年度	2024年度
古代·中世史	四大文明，古代ギリシア・ローマ，古代中国					
ヨーロッパ中世・近世史	封建社会，十字軍，ルネサンス，宗教改革，大航海時代					
ヨーロッパ近代史	清教徒革命，名誉革命，フランス革命，産業革命					
アメリカ史〜19世紀	独立戦争，南北戦争					
東洋史〜19世紀	唐，明，清，イスラム諸国					
第一次世界大戦	辛亥革命，ロシア革命，ベルサイユ条約					
第二次世界大戦	世界恐慌，大西洋憲章					
世界の現代史	冷戦，中東問題，軍縮問題，ヨーロッパ統合，イラク戦争					
日本原始・古代史	縄文，弥生，邪馬台国					
日本史：飛鳥時代	聖徳太子，大化の改新，大宝律令					
日本史：奈良時代	平城京，荘園，聖武天皇					
日本史：平安時代	平安京，摂関政治，院政，日宋貿易					
日本史：鎌倉時代	御成敗式目，元寇，守護・地頭，執権政治，仏教					
日本史：室町時代	勘合貿易，応仁の乱，鉄砲伝来，キリスト教伝来					
日本史：安土桃山	楽市楽座，太閤検地					
日本史：江戸時代	鎖国，武家諸法度，三大改革，元禄・化政文化，開国			●	●	●
日本史：明治時代	明治維新，日清・日露戦争，条約改正			●		
日本史：大正時代	第一次世界大戦，大正デモクラシー			●		
日本史：昭和時代	世界恐慌，サンフランシスコ平和条約，高度経済成長					
地図	地図記号，等高線，縮尺，距離，面積，図法，緯度経度		●	●	●	●
気候	雨温図，気候区分，気候の特色					
世界の地域：その他	世界の河川・山，首都・都市，人口，時差，宗教			●		●
日本の自然	国土，地形，平野，山地，気候，海岸，海流	●		●		●

分類	主な出題事項	2020年度	2021年度	2022年度	2023年度	2024年度
日本のくらし	諸地域の産業・資源・都市・人口などの特徴		●	●	●	●
日本の産業・資源：農業	農産物の生産，農業形態，輸出入品，自給率				●	
日本の産業・資源：林業	森林分布，森林資源，土地利用					
日本の産業・資源：水産業	漁業の形式，水産資源					
日本の産業・資源：鉱工業	鉱物資源，石油，エネルギー		●			
日本の貿易	輸出入品と輸出入相手国，貿易のしくみ		●			
アジア	自然・産業・資源などの特徴					●
アフリカ	自然・産業・資源などの特徴					
ヨーロッパ	自然・産業・資源などの特徴					
南北アメリカ	自然・産業・資源などの特徴					●
オセアニア・南極	自然・産業・資源などの特徴					
環境問題	環境破壊（温暖化，公害），環境保護（京都議定書，ラムサール条約，リサイクル）					●
世界遺産	世界遺産					
民主政治	選挙，三権分立	●				
日本国憲法	憲法の三原則，基本的人権，自由権，社会権					
国会	立法権，二院制，衆議院の優越，内閣不信任の決議	●				
内閣	行政権，衆議院の解散・総辞職，行政組織・改革					
裁判所	司法権，三審制，違憲立法審査権，裁判員制度	●				
地方自治	直接請求権，財源					
国際政治	国際連合（安全保障理事会，専門機関）					●
政治用語	NGO，NPO，ODA，PKO，オンブズマンなど					●
経済の仕組み	経済活動，為替相場，市場，企業，景気循環					
金融	日本銀行，通貨制度					

分　類	主な出題事項	2020年度	2021年度	2022年度	2023年度	2024年度
財政	予算，租税					
国際経済	アジア太平洋経済協力会議，WTO					●
情報	情報産業，情報の種類，活用				●	
学習指導要領・学習指導要領解説	目標	●	●			●
	内容	●	●	●	●	●
	内容の取扱い			●	●	●
	指導計画の作成と各学年にわたる内容の取扱い					
指導法	具体的指導法	●		●		

③算数

分　類	主な出題事項	2020年度	2021年度	2022年度	2023年度	2024年度
数の計算	約数と倍数，自然数，整数，無理数，進法			●	●	
式の計算	因数分解，式の値，分数式	●	●	●	●	●
方程式と不等式	一次方程式，二次方程式，不等式	●	●	●	●	●
関数とグラフ	一次関数			●		●
	二次関数					
図形	平面図形（角の大きさ，円・辺の長さ，面積）	●		●	●	●
	空間図形（表面積，体積，切り口，展開図）	●	●			●
数列	等差数列					
確率	場合の数，順列・組み合わせ	●		●	●	
変化と関係・データの活用	表・グラフ，割合，単位量あたり，平均，比例	●	●		●	●
その他	証明，作図，命題，問題作成など	●	●	●	●	●
学習指導要領・学習指導要領解説	目標					
	内容					

分 類	主な出題事項	2020年度	2021年度	2022年度	2023年度	2024年度
学習指導要領・学習指導要領解説	内容の取扱い					
	指導計画の作成と各学年にわたる内容の取扱い					
指導法	具体的指導法	●	●	●	●	●

④理科

分 類	主な出題事項	2020年度	2021年度	2022年度	2023年度	2024年度
生物体のエネルギー	光合成，呼吸				●	
遺伝と発生	遺伝，細胞分裂					
恒常性の維持と調節	血液，ホルモン，神経系，消化，酵素					
生態系	食物連鎖，生態系					
生物の種類	動植物の種類・特徴	●	●	●	●	●
地表の変化	地震（マグニチュード，初期微動，P波とS波）					
	火山（火山岩，火山活動）					
気象	気温，湿度，天気図，高・低気圧		●			
太陽系と宇宙	太陽，月，星座，地球の自転・公転	●		●	●	
地層と化石	地層，地形，化石	●				●
力	つり合い，圧力，浮力，重力	●	●	●		
運動	運動方程式，慣性					
仕事とエネルギー	仕事，仕事率					
波動	熱と温度，エネルギー保存の法則					
	波の性質，音，光				●	
電磁気	電流，抵抗，電力，磁界		●			●
物質の構造	物質の種類・特徴，原子の構造，化学式					
物質の状態：三態	気化，昇華			●		

分　類	主な出題事項	2020年度	2021年度	2022年度	2023年度	2024年度
物質の状態：溶液	溶解，溶液の濃度				●	●
物質の変化：反応	化学反応式					
物質の変化：酸塩基	中和反応					
物質の変化：酸化	酸化・還元，電気分解					
その他	顕微鏡・ガスバーナー・てんびん等の取扱い，薬品の種類と取扱い，実験の方法		●			
学習指導要領・学習指導要領解説	目標	●	●	●	●	●
	内容					●
	内容の取扱い		●			
	指導計画の作成と各学年にわたる内容の取扱い					
指導法	具体的指導法	●	●	●	●	●

⑤生活

分　類	主な出題事項	2020年度	2021年度	2022年度	2023年度	2024年度
学科教養	地域の自然や産業					
学習指導要領・学習指導要領解説	目標			●	●	●
	内容					
	指導計画の作成と各学年にわたる内容の取扱い	●	●			
指導法	具体的指導法など					

⑥音楽

分　類	主な出題事項	2020年度	2021年度	2022年度	2023年度	2024年度
音楽の基礎	音楽記号，楽譜の読み取り，楽器の名称・使い方，旋律の挿入					
日本音楽：飛鳥〜奈良時代	雅楽					
日本音楽：鎌倉〜江戸時代	平曲，能楽，三味線，箏，尺八					

分　類	主な出題事項	2020年度	2021年度	2022年度	2023年度	2024年度
日本音楽：明治～	滝廉太郎，山田耕作，宮城道雄					
	歌唱共通教材，文部省唱歌など					
西洋音楽：～18世紀	バロック，古典派					
西洋音楽：19世紀	前期ロマン派，後期ロマン派，国民楽派					
西洋音楽：20世紀	印象派，現代音楽					
その他	民謡，民族音楽					
学習指導要領・学習指導要領解説	目標					
	内容					
	指導計画の作成と各学年にわたる内容の取扱い					
指導法	具体的指導法					

⑦図画工作

分　類	主な出題事項	2020年度	2021年度	2022年度	2023年度	2024年度
図画工作の基礎	表現技法，版画，彫刻，色彩，用具の取扱い					
日本の美術・芸術	江戸，明治，大正，昭和					
西洋の美術・芸術：15～18世紀	ルネサンス，バロック，ロココ					
西洋の美術・芸術：19世紀	古典主義，ロマン主義，写実主義，印象派，後期印象派					
西洋の美術・芸術：20世紀	野獣派，立体派，超現実主義，表現派，抽象派					
その他	実技など					
学習指導要領・学習指導要領解説	目標					
	内容					
	指導計画の作成と各学年にわたる内容の取扱い					
指導法	具体的指導法					

⑧家庭

分　類	主な出題事項	2020年度	2021年度	2022年度	2023年度	2024年度
食物	栄養・栄養素，ビタミンの役割					
	食品，調理法，食品衛生，食中毒					
被服	布・繊維の特徴，裁縫，洗濯					
その他	照明，住まい，掃除，消費生活，エコマーク，保育					
学習指導要領・学習指導要領解説	目標					
	内容					
	指導計画の作成と各学年にわたる内容の取扱い					
指導法	具体的指導法					

⑨体育

分　類	主な出題事項	2020年度	2021年度	2022年度	2023年度	2024年度
保健	応急措置，薬の処方					
	生活習慣病，感染症，喫煙，薬物乱用					
	その他（健康問題，死亡原因，病原菌）					
体育	体力，運動技能の上達					
	スポーツの種類・ルール，練習法					
学習指導要領	総則					
	目標					
	内容					
	指導計画の作成と各学年にわたる内容の取扱い					
指導法	具体的指導法					

⑩外国語・外国語活動

分　類	主な出題事項	2020年度	2021年度	2022年度	2023年度	2024年度
リスニング・単語	音声，聞き取り，解釈，発音，語句					
英文法	英熟語，正誤文訂正，同意語				●	●
対話文	空欄補充，内容理解	●	●	●	●	●
英文解釈	長文，短文	●	●	●	●	●
学習指導要領・学習指導要領解説	目標・内容・指導計画の作成と内容の取扱い	●		●	●	●
指導法	具体的指導法	●	●	●	●	●

第２部

秋田県の
教員採用試験
実施問題

2024年度　実施問題

【1】次の文章を読んで，以下の1～4の問いに答えよ。

動物のコミュニケーションのほとんどは，発信者である個体の状態を表す信号であり，受け手がそれに応じて適切な行動をとることで成り立っている。たとえば，繁殖期の雄が発する求愛の信号は，その雄が配偶可能な状態であることを表しており，雌は，その信号を査定して配偶相手を決める。a威嚇の信号は，発信者が攻撃的ムードであることを表しており，受け手は，自分の状態に応じて，逃げたり闘ったりする。

警戒音は，これとは異なり，発信者自身の状態ではなく，「世界について」の情報を表している。「自分たちを脅かす捕食者が近くにいる」という，世界の状態について発信しているのだ。受信者は，発信者の状態ではなく，発信者の指し示す世界の状況に対して適切に対処すればよい。いずれにせよ，信号は，発信者にとっては，bその信号によって他者の行動を変化させる手段であり，受信者にとっては，自分の行動を変化させる手段である。双方が，個体にとってもっとも適切な発信と受信をすればよい。

しかし，ヒトの言語コミュニケーションは，①これらのものとは根本的に異なっている。現在のヒトにとっては当然のことであるが，言語コミュニケーションでは，発信者の心的状態であれ，発信者の世界についての認識であれ，信号(情報)そのものだけではなく，信号を発している個体と受信している個体とが，心的表象を共有しようとしているのである。

赤ちゃんとお母さんが一緒に散歩していて，イヌに出会ったとしよう。赤ちゃんは，イヌを指さして「わんわん」と言う。そしてお母さんの目を見る。お母さんは，赤ちゃんの目を見て，指さしの方向を見て，「そうね，わんわんね」と言う。それに答えて，赤ちゃんがまた

「わんわん」と言う。このきわめて$_c$タンジュンなコミュニケーションの中には，$_②$ヒトの言語コミュニケーションの真髄が凝縮されている。このコミュニケーションが行われるには，赤ちゃんと母親との間に，三項関係の理解と呼ばれるものが成り立っていなければならない。つまり，「赤ちゃん」が「イヌ」を見る，「お母さん」も「イヌ」を見る，そしてお互いの視線を共有することで，双方が「赤ちゃん」「お母さん」「イヌ」の三項の関係を理解しているのである。

このコミュニケーションを論理的に書けば，「私は，あなたがイヌを見ていることを知っている，ということをあなたは知っている，ということを私は知っている」となる。心の入れ子構造の理解である。

もちろん，赤ちゃんも母親も，このような論理的な理解に基づいて会話しているわけではない。しかし，このようなコミュニケーションをして両者がうなずくという行為は，論理的にはこのように書けるものなのである。そして，こうして世界に関する認識を共有してうなずくことは，誰にとっても心地よいことであり，ヒトは，赤ん坊のころからそれを欲するのである。

(長谷川眞理子　『世界は美しくて不思議に満ちている』による)

1　$_a$威嚇　は平仮名に，$_c$タンジュン　は漢字に，それぞれ直して書け。

2　$_b$その　の品詞名を書け。

3　$_①$これらのもの　とは何か。本文中の言葉を使って具体的に説明せよ。

4　$_②$ヒトの言語コミュニケーションの真髄　とはどのようなことだと筆者は考えているか。本文中の言葉を使って説明せよ。

(☆☆☆☆◎◎◎)

【2】次は，第四学年の国語の授業で扱う詩について話し合っているA教諭とB教諭の会話の一部である。詩と会話文を読んで，以下の1～3の問いに答えよ。

【授業で扱う詩】

ねこゼンマイ　　武鹿悦子 ねこを　だきあげると ねこゼンマイが ゆゆ――ん ゆゆ――んと　のびて ねこ　ぶらさがる きりなくのびたら　どうしよう! 　きゃッ と　はなせば ねこ　ゆかのうえ 　わ――ご もう　かくれてみえない ねこゼンマイ

【A教諭とB教諭の会話の一部】

A　①猫を抱き上げたときの驚きを，ユニークに表現している点に魅力を感じました。 B　猫をゼンマイにたとえているのも面白いと思いました。ゼンマイという言葉から山菜のことだと考える子もいるでしょうし，詩全体から②ばねのことだと考える子もいるでしょうね。 A　言葉や表現から解釈したことを伝え合うことによって，一人一人の考えに違いがあるということに，子どもたちは改めて気付くでしょうね。

1　詩「ねこゼンマイ」の文体と形式を漢字5字で書け。

2　①猫を抱き上げたときの驚き　とあるが，どのようなことに驚いたのか，説明せよ。

3　ゼンマイを　②ばねのことだと考える子もいる　とB教諭が考えた理由を，詩の内容を踏まえて説明せよ。

(☆☆☆◎◎)

【3】次の文章を読んで，以下の1～3の問いに答えよ。

唐にありける者，我が田の苗をとく育てたく①思ふままに，②朝ごとに田へ行きて苗を抜きあげければ，その根離れけるによりて，終に枯れ侍りき。また，*根を深くして，そのほぞを固むともいへり。歌道にも，③もとをつとめ侍りて，のびんことを急ぐべからず。

＊根を深くして，そのほぞを固む…根本をしっかりと固めることのたとえ。ほぞは果実のへた

(『連歌比況集』による)

1 ①思ふ を現代仮名遣いに直して全て平仮名で書け。

2 ②朝ごと の意味を現代語で書け。

3 ③もとをつとめ侍りて，のびんことを急ぐべからず と筆者が述べる理由を，本文の内容を踏まえて説明せよ。

(☆☆☆◎◎)

【4】「小学校学習指導要領(平成29年3月告示)」を踏まえ，「小学校学習指導要領解説国語編(平成29年7月文部科学省)」に関する次の文章の(a)～(c)に当てはまる適切な語を，以下のア～ケからそれぞれ一つずつ選び，その記号を書け。

> 話や文章に含まれている情報を取り出して(a)したり，その(b)を捉えたりすることが，話や文章を正確に理解することにつながり，また，自分のもつ情報を(a)して，その(b)を分かりやすく明確にすることが，話や文章で適切に(c)することにつながるため，このような情報の扱い方に関する「知識及び技能」は国語科において育成すべき重要な資質・能力の一つである。

ア 分類　イ 説明　ウ 関係　エ 文言　オ 整理
カ 検討　キ 表現　ク 意味　ケ 比較

(☆☆☆◎◎)

【5】次の(1)～(4)の問いに答えよ。

(1) $\frac{2}{5}-\frac{2}{3}$ を計算せよ。

(2) 1次方程式　$5x-14=2(x-1)$を解け。

(3) 次の表は，ある学級の児童30人に対して，1週間の図書室の利用回数を調べた結果である。この表から，利用回数の中央値を求めよ。

利用回数(回)	0	1	2	3	4	5
人　　数(人)	4	9	6	4	4	3

(4) 次の図のように，長方形ABCDがある。対角線ACを折り目として折り返し，頂点Bが移った点をEとする。∠ACE＝25°のとき，∠xの大きさを求めよ。

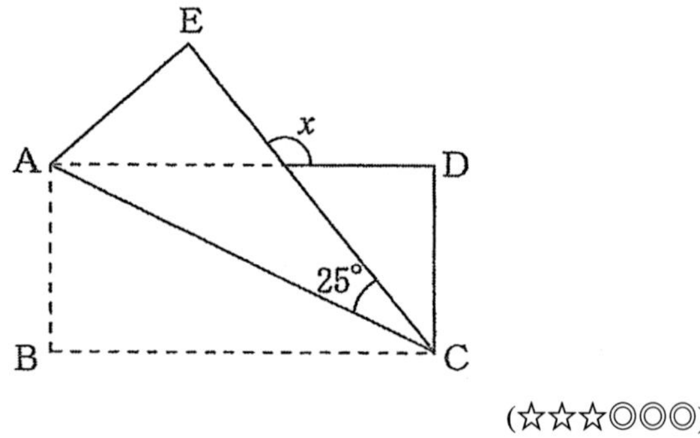

(☆☆☆◎◎◎)

【6】次の図のような△ABCがある。3つの頂点A，B，Cから等しい距離にある点Pを，定規とコンパスを用いて作図せよ。ただし，作図に用いた線は消さないこと。

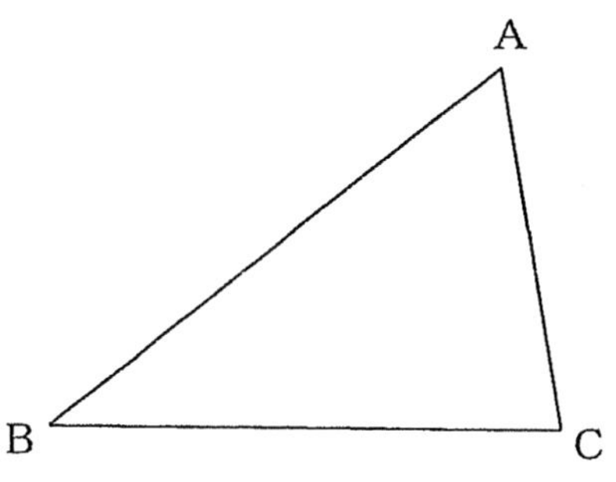

(☆☆☆◎◎◎)

【7】ある月のカレンダーにおいて，図1のような形に並ぶ4つの数を小さい順にa，b，c，dとする。図2は，$a=4$のときの例である。このとき，$bc-ad$の値はいつでも8になることを，b，c，dをそれぞれaの式で表し，説明せよ。

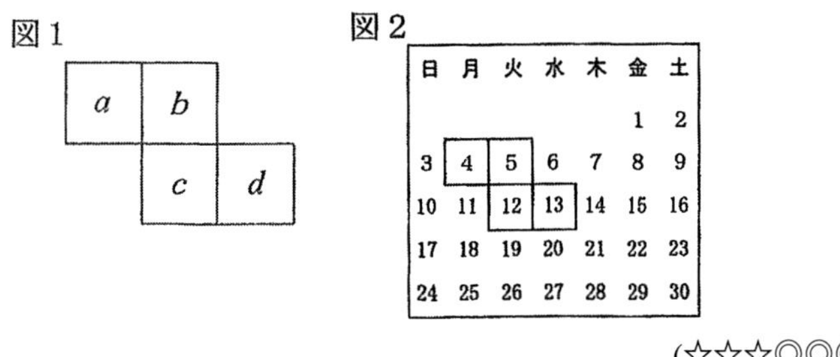

(☆☆☆◎◎◎)

【8】1次関数$y=2x-4$のグラフ上の点を，次のア～エから全て選んで記号で書け。

ア　(5，6)　　イ　(2，4)　　ウ　(−1，5)　　エ　(1，−2)

(☆☆☆◎◎◎)

【９】次の図で，円錐の底面の半径は3cm，母線の長さは5cmである。この円錐の体積を求めよ。ただし，円周率をπとする。

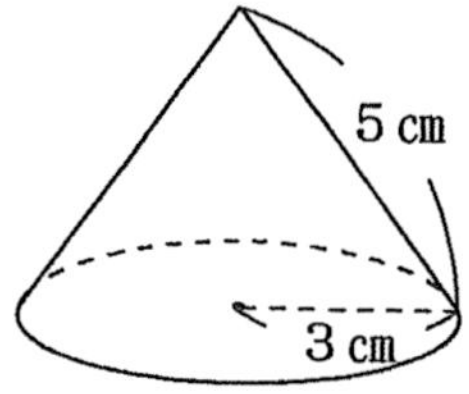

(☆☆☆◎◎◎)

【10】次は，令和4年度秋田県学習状況調査小学校第6学年算数の問題(抜粋)である。

> たくまさんの家では，畑で野菜を育てています。トマトを植えている部分の面積は84m²で，畑全体の面積の30％にあたります。畑全体の面積は，何m²になりますか。求める式と答えを[　　]の中にそれぞれ書きましょう。

この問題の通過率は60.6％であった。この問題で見られるつまずきを解消するための授業を構想する。次の(1)，(2)の問いに答えよ。

(1)　自力解決の場面において，畑全体の面積を児童が考える際に，想定される主なつまずきを簡潔に1つ記述せよ。

(2)　(1)で挙げた児童の主なつまずきを踏まえ，どのように学び合いを展開するか，具体的に記述せよ。

(☆☆☆◎◎◎)

○【11】～【14】の設問において「小学校学習指導要領(平成29年3月告示) 第2章 第2節 社会」を「学習指導要領」,「小学校学習指導要領解説社会編(平成29年7月文部科学省)」を「解説」と記す。

【11】「学習指導要領」に示されている社会科の目標に関する問題である。(1)～(3)の問いに答えよ。

資料 社会科の目標の一部

> 社会的な[a]を働かせ，課題を追究したり解決したりする活動を通して，グローバル化する国際社会に主体的に生きる平和で民主的な国家及び社会の形成者に必要な[b]としての資質・能力の基礎を次のとおり育成することを目指す。
> (1) 地域や我が国の国土の地理的環境，現代社会の仕組みや働き，地域や我が国の歴史や伝統と文化を通して[c]について理解するとともに，様々な資料や調査活動を通して情報を適切に調べまとめる技能を身に付けるようにする。
> (2) 社会的事象の特色や相互の関連，意味を多角的に考えたり，社会に見られる課題を把握して，その解決に向けて社会への関わり方を選択・判断したりする力，考えたことや選択・判断したことを適切に表現する力を養う。

(1) 資料の[a]～[c]に当てはまる語句をそれぞれ書け。

(2) 次は,「解説」の一部である。[ ]に入る適切な文言を上の資料から抜き出して書け。

> 三つの柱に沿った資質・能力を育成するためには，社会科，地理歴史科，公民科において，児童生徒が[ ]活動の一層の充実が求められる。

(3) 下線部が指す内容を,「解説」を踏まえて書け。

(☆☆☆◎◎◎)

【12】第4学年で学習する内容について，あとの(1)～(4)の問いに答えよ。

資料

2022年，羽後町の「西馬音内の盆踊」と鹿角市の「毛馬内の盆踊」を含む24都府県41件の民俗芸能「風流踊(ふりゅうおどり)」が［　a　］で審議され，無形文化遺産への登録が正式に決定しました。

表　児童がまとめた「西馬音内の盆踊」の年表

	おもなできごと
およそ800年前	「西馬音内の盆踊」のもとになった踊りが始まる
およそ230年前	盆踊りの場所が，現在の西馬音内本町通りに移ったといわれる
およそ40年前	国の重要無形文化財に登録される
現　在	約400年前に現在の［　b　］で始まったといわれる「阿波踊り」，岐阜県の「郡上おどり」と並び日本三大盆踊りの一つといわれるようになる

(1) ［　a　］に当てはまる語句を，一つ選んで記号を書け。

ア　サミット　　イ　ユニセフ　　ウ　ユネスコ　　エ　アセアン

(2) 下線部は日本の時代区分で見ると何時代か，時代区分を書け。

(3) ［　b　］に当てはまる県名を，一つ選んで記号を書け。

ア　香川県　　イ　徳島県　　ウ　兵庫県　　エ　埼玉県

(4) 次は，第4学年の2内容(4)を学習する際に，取り上げる「県内の主な文化財や年中行事」の例である。［　c　］と［　d　］に入る適切な内容を,「解説」を踏まえてそれぞれ書け。

文化財	・歴史を伝える建造物や[c] ・民俗芸能など
年中行事	・地域の人たちが楽しみにしている[d]など

(☆☆☆◎◎◎)

【13】第5学年で学習する内容について，あとの(1)～(4)の問いに答えよ。

地図

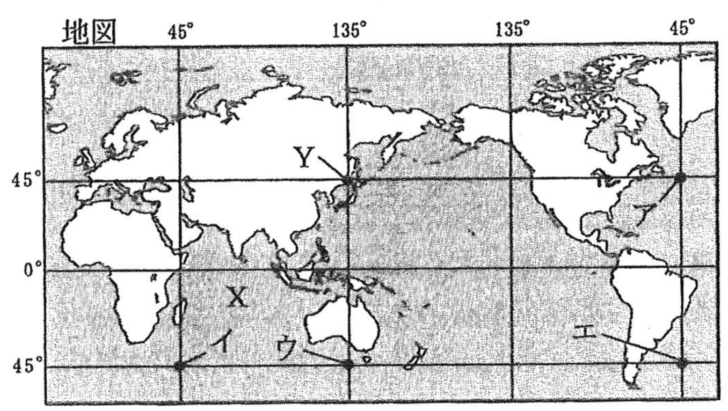

資料

国　名	国土面積（千㎢）	海岸線の長さ（㎞）
アメリカ	9 834	19 924
中　国	9 600	14 500
日　本	378	29 751

(「データブック オブ・ザ・ワールド2021」などから作成)

児童のメモ

資料から，日本は中国やアメリカと比べ，国土面積が[a]のに，海岸線が[b]ことが分かります。これは，日本が周囲を海に囲まれた島国だからだと考えられます。

(1) 地図のXの海洋名を書け。

(2) 地図のY地点から地球の中心を通り，正反対にある位置をア～エから一つ選んで，記号を書け。

(3) 児童のメモの[a]と[b]に当てはまる語句をそれぞれ書け。

(4)　次は，第5学年の2内容(1)の(内容の取扱い)の一部である。[　　]に当てはまる語句を書け。

地図帳や[　　]を用いて，方位，緯度や経度などによる位置の表し方について取り扱うこと。

(☆☆☆◎◎◎)

【14】第6学年で学習する内容について，あとの(1)～(4)の問いに答えよ。

資料　児童が作成した国際貢献・国際協力のカード

児童1

写真は，日本の[a]ODAの活動の一つである X の活動の様子です。教育や医療，農業などの分野で自分の知識や技術を生かしたい，という意欲をもった人たちが，発展途上の国や地域で活躍しています。

児童2

2015年，[b]国連気候変動枠組条約を結んだ国々の会議が行われ，日本も含め多くの国が参加しました。

図　ＯＤＡ上位５か国の実績（2021年）

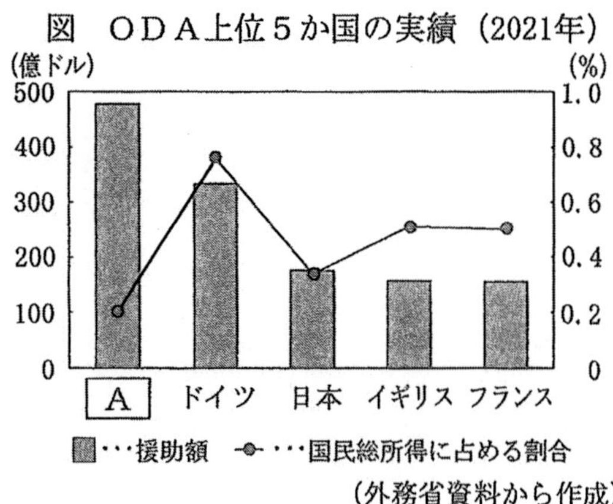

(外務省資料から作成)

(1) [X] に当てはまる語句を書け。

(2) 下線部aに関する問題である。

① 図の[A]に当てはまる国名を，一つ選んで記号を書け。

ア　中国　　イ　アメリカ　　ウ　カナダ

エ　オーストラリア

② 図から読み取れる，ドイツ，イギリス，フランスと比較したときの我が国のODAの特徴を，次の語句を用いて簡潔に書け。

〔援助額〕

(3) 下線部bの会議において，地球温暖化の対策について話し合われた結果，各国に提出を義務付けた目標はどのような内容の目標か，書け。

(4) 次は，第6学年の内容2(3)において，思考力・判断力・表現力等を身に付けるよう指導することに関わる，配慮事項をまとめたものである。[　　]に入る適切な内容を，「解説」を踏まえて書け。

世界の人々と[　　]大切なことや，今後，我が国が国際社会において果たすべき役割などを多角的に考えたり選択・判断したりできるようにする。

(☆☆☆◎◎◎)

【15】次の文は，小学校学習指導要領(平成29年3月告示)第2章第4節理科に示されている第6学年の目標の一部である。以下の(1)，(2)の問いに答えよ。

(1) 物質・エネルギー

① 略

② 燃焼の仕組み，水溶液の性質，てこの規則性及び電気の性質や働きについて追究する中で，主にそれらの仕組みや性質，規則性及び働きについて，より(　X　)をつくりだす力を養う。

③ 略

(2)　生命・地球
①　生物の体のつくりと働き，生物と環境との関わり，土地のつくりと変化，月の形の見え方と太陽との(　Y　)についての理解を図り，観察，実験などに関する基本的な技能を身に付けるようにする。
②，③　略

(1)　X，Yに当てはまる語句をそれぞれ書け。

(2)　下線部については，児童が何に着目して，物の燃え方を多面的に調べ，捉えるようにすればよいか。小学校学習指導要領解説理科編(平成29年7月文部科学省)に基づいて書け。

(☆☆☆◎◎◎◎◎)

【16】小学校第3学年「身の回りの生物」における指導について，次の(1)，(2)の問いに答えよ。

(1)　昆虫やダンゴムシなどは，体やあしに節があることから，何動物と呼ばれるか，書け。

(2)　身近な昆虫を飼育する活動を通して，昆虫の育ち方には一定の順序があることを捉えさせたい。次のア～カのうち，成虫へ変態する過程において蛹になる昆虫を，全て選んで記号を書け。

ア　チョウ　　イ　セミ　　ウ　カブトムシ　　エ　バッタ
オ　カマキリ　　カ　トンボ

(☆☆☆◎◎◎◎)

【17】小学校第4学年「電流の働き」における指導について，次の(1)～(3)の問いに答えよ。

(1)　児童に，乾電池と導線だけをつなぐと危険であることを説明したい。どのような危険を想定して説明すればよいか，書け。

(2)　乾電池を直列つなぎにした回路と，乾電池を並列つなぎにした回路で，モーターが回る速さが違うのはなぜか，書け。

(3)　電流の向きによって，乾電池につないだ物の様子が変化することを捉えさせたい。乾電池につなぐ物としてどのような器具を用いて，どのような現象を捉えさせればよいか，書け。

(☆☆☆◎◎◎◎)

【18】小学校第5学年「流れる水の働きと土地の変化」における指導について，次の(1)，(2)の問いに答えよ。

(1)　侵食とはどのような働きか，書け。

(2)　児童に，流れる水の量と土地の変化との関係を調べることのできる実験の方法を発想させたい。どのような実験を発想させればよいか，書け。

(☆☆☆◎◎◎)

【19】小学校第6学年「水溶液の性質」における指導について，次の(1)，(2)の問いに答えよ。

(1)　次のア～オのうち，赤色リトマス紙を青色に変化させる水溶液はどれか，2つ選んで記号で書け。

ア　食塩水　　イ　石灰水　　ウ　うすい塩酸

エ　うすいアンモニア水　　オ　炭酸水

(2)　児童に，次のような実験を行わせ，下線部aと下線部bが異なる物質であることを捉えさせたい。色，つやを確かめることのほかに，どのような実験を行わせるとよいか。また，その実験の結果はどのようになるか，書け。

【実験1】
①試験管に$_a$<u>アルミニウム</u>を入れる。
②うすい塩酸を注ぐ。
③アルミニウムや液の様子を観察し，記録する。
【実験2】
①【実験1】でできた，塩酸にアルミニウムがとけた液を，

ピペットで蒸発皿に少量とり，加熱する。
②液が少し残るくらいで加熱をやめる。
③蒸発皿に$_b$残った固体を観察し，記録する。

(☆☆☆◎◎◎◎)

【20】次の文は，小学校学習指導要領(平成29年3月告示)第2章第5節生活に示されている各学年の目標及び内容の一部である。以下の(1)，(2)の問いに答えよ。

1　目標
(1)　学校，家庭及び地域の生活に関わることを通して，自分と身近な人々，社会及び自然との関わりについて考えることができ，それらのよさやすばらしさ，(　X　)に気付き，地域に愛着をもち自然を大切にしたり，集団や社会の一員として安全で適切な行動をしたりするようにする。
(2)，(3)　略
2　内容　　略

(1)　Xに当てはまる語句を書け。
(2)　下線部については，どのようなことを最優先に考え，自然災害，交通災害，人的災害などに対する適切な行動や危険を回避する行動などができるようにすることに配慮する必要があるか。小学校学習指導要領解説生活編(平成29年7月文部科学省)に基づいて，書け。

(☆☆☆☆◎◎◎◎)

【21】次の(1)～(3)について，それぞれの英文の[　　]内に入る最も適切なものを，以下の□から一つずつ選び，英語1語に直して書け。
(1)　A : Which [　　] do you like?
B : I like France. I want to see the Eiffel Tower.
(2)　A : This cake is very good.

B : Thank you. My [　　] made it. She is good at cooking.

(3)　A : What are you going to do this weekend?

B : I'm going to go to the [　　]. I like books.

色　　叔父　　病院　　国　　図書館　　母

(☆☆☆◎◎◎)

【22】次の(1)～(3)について，それぞれの英文の[　　]内に入る最も適切なものを，ア～エから一つずつ選び，その記号を書け。

(1)　A : Who is the boy [　　] at the door?

B : He is my friend, Eric.

ア　stands　　イ　standing　　ウ　is standing　　エ　to stand

(2)　Mt. Fuji is [　　] any other mountain in Japan.

ア　the highest　　イ　the higher　　ウ　higher than

エ　the highest of

(3)　A : Where are you from?

B : I'm from Canada.

A : How long haye you been here?

B : [　　]

ア　Five years ago.　　イ　Five years later.　　ウ　Since five years.

エ　For five years.

(☆☆☆◎◎◎)

【23】次の(1)，(2)は，授業における教師のクラスルームイングリッシュである。日本語の意味になるように英語で書け。

(1)　座ってください。

(2)　この写真を見てください。

(☆☆☆◎◎◎)

【24】プレゼンテーションを行う上での主題の設定の仕方について書かれた次の英語を読んで，(1)，(2)の設問に答えよ。

Naturally the subject we are talking about has a powerful influence on the language we use. For example, it is difficult to talk about using a computer without using words like *screen*, *mouse*, *curso*r, *and hard drive*.

(A)Choosing the best words is thus an important part of effective communication. There are (B)five factors that affect this process and determine how effectively you communicate:

・precision

・confusion

・exclusion

・emotion

・style

【出典　John Seely, *OXFORD GUIDE TO EFFECTIVE WRITING & SPEAKING,* OXFORD UNIVERSITY PRESS】

(1)　下線部(A)のように述べられている理由を日本語で書け。

(2)　下線部(B)の英語が示しているもののうち，「正確さ」と「形式」以外の三つを日本語で書け。

(☆☆☆◎◎◎)

【25】小学校学習指導要領解説外国語活動・外国語編(平成29年7月文部科学省)に関する問題である。(1)，(2)の設問に答えよ。

第1節　外国語科の目標　第1　目標　「学びに向かう力，人間性等」 (3)　外国語の(　①　)にある文化に対する理解を深め，(　②　)に配慮しながら，(　③　)に外国語を用いてコミュニケーションを図ろうとする態度を養う。

(1)　①～③にそれぞれ当てはまる語を，次の□から選んで書け。

意欲的	場面	状況	主体的	他者	背景

(2) 授業において言語活動に取り組ませる上で，コミュニケーションを行う目的を児童に意識させるために，あなたならどのような手立てを講じるか。小学校学習指導要領解説外国語活動・外国語編(平成29年7月文部科学省)の趣旨を踏まえて，手立ての例を二つ日本語で具体的に書け。

(☆☆☆◎◎◎)

解答・解説

【1】1 a いかく b 単純 2 連体詞 3 (解答例) 動物のコミュニケーションのように，発信者は自分の状態や世界の状態について発信するが，信号は，発信者には他者の行動を変化させる手段，受信者には自分の行動を変化させる手段であって，双方とも自分(個体)にとってもっとも適切な発信，受信をすればよいコミュニケーション。 4 (解答例) 発信者の心的状況でも，世界についての認識でも，信号(情報)そのものを送受するだけでなく，発信している個体と受信している個体とが，心的表象を共有して世界に関する認識を共有しようとしていること。

〈解説〉1 漢字を書く問題では，前後の文脈から適切な漢字を捉え，楷書で正しく書くことが大切である。 2 「その」は，自立語で活用がなく，名詞と名詞に準ずる語を修飾する連体詞である。 3 「これらのもの」とは，大きくは第1，2段落で述べられた動物のコミュニケーションを指している。動物のコミュニケーションは，第1段落の発信者自身の状態についての信号と第2段落の警戒音であり，発信者，受信者それぞれが自分(個体)にとって適切な発信，受信をすればよいという特徴をもつコミュニケーションである。この特徴を入れて説明することが必要である。公開解答では，「個体」「世界」等のキーワードの有無で評価するとしている。　4　ヒトの言語コミュニケーションの特質について筆者は，第3段落で「発信者の心的状態であれ，発信者の世界についての認識であれ，信号(情報)そのものだけではなく，信号を発している個体と受信している個体とが，心的表象を共有しようとしている」と考えを述べ，第4段落で具体例によって説明している。第6段落では，このことを「こうして世界に関する認識を共有してうなずくことは，誰にとっても心地よいことであり，ヒトは，赤ん坊のころからそれを欲する」と表して，ヒトのその特質を価値付けている。これらのことから，第3段落で述べられた筆者の考えを中心に，人の言語コミュニケーションの真髄といえる特質についてまとめるとよい。公開解答では，「認識」「共有」等のキーワードの有無で評価するとしている。

【2】1　口語自由詩　　2　(解答例)　猫の身体が長く伸びてぶら下がったこと。　　3　(解答例)　抱き上げると猫の身体が伸びてぶら下がり，手を離すと床の上で縮まって元の状態に戻り，伸びていた姿が隠れて見えなくなると書いてあることから，ばね仕掛けのおもちゃと考える子もいると考えた。

〈解説〉1　詩には，用語として文語と口語の2種類があり，形式には「自由詩」「定型詩」「散文詩」がある。一定の形式をもっている定型詩に対して，自由詩は，伝統的な詩の韻律・形式にとらわれず，自由な内容・形式で作る詩のことである。　2　詩の第1連で「ねこを　だきあげると」に続いて「ゆゆーん　ゆゆーんと　のびて　ねこぶらさがる」とあり，続いて，ぶらさがるねこの様子に驚いて不安を感じた表現があることから想像するとよい。公開解答では，「伸びる」等のキーワードの有無で評価するとしている。　3　児童にとってばねの特徴は，形は変わらず伸びたり縮んだりすることと想像でき，詩に書かれた猫の様子から，ばねと共通する部分を取り上げるとよい。公開解答では，「元の状態」等のキーワードの有無で評価するとしている。

【3】1　おもう　　2　毎朝　　3　(解答例)　昔，唐の人が，自分の田の稲の苗を早く育てたいと思って，毎朝田んぼへ出かけて，伸びるように苗を引っ張っていたが，根が浮いてとうとう枯れてしまった。また「根を深くして，そのほぞを固む(根を深く張り，へたをしっかりとすることが大切だ)」という教えもある。だから，歌の道も，基礎を一生懸命学んでしっかり身に付けることに努め，上達することばかり急いではいけない。

〈解説〉1　語頭以外の「は・ひ・ふ・へ・ほ」は，「わ・い・う・え・お」と読む。　2「朝ごと」は漢字で書くと「朝毎」。　3『連歌比況集』は室町時代にまとめられた連歌の作法集で，著者は連歌師である宗長。「根を深くして，そのほぞ(果物や花などの茎についた部分，へた)を固む」は，老子の言葉である。唐人のエピソードと金言を挙げて，上達のみを急がず，基礎をしっかり身に付けることの大切さを述べている。公開解答では，「根」「基礎」等のキーワードの有無で評価するとしている。

【4】a　オ　　b　ウ　　c　キ

〈解説〉小学校学習指導要領(平成29年告示)国語科の内容〔知識及び技能〕「(2)話や文章に含まれている情報の扱い方」に関する事項についての解説文の一部である。今回の改訂では，重要な資質・能力の一つとして「情報の扱い方に関する事項」が新設された。この事項は，「情報と情報との関係」，「情報の整理」の二つの内容で構成され，系統的に示されている。「情報と情報との関係」では，話や文章に含まれている情報と情報との関係を捉えて理解したり，自分のもつ情報と情報との関係を明確にして話や文章で表現したりすることが重要となる。また，「情報の整理」では，情報を取り出したり活用したりする際に行う整理の仕方やそのための具体的な手段について示されている。

【5】(1)　$-\frac{4}{15}$　　(2)　$x=4$　　(3)　2回　　(4)　130°

〈解説〉(1)　$\frac{2}{5}-\frac{2}{3}=\frac{6}{15}-\frac{10}{15}=-\frac{4}{15}$　(2)　$5x-14=2(x-1)$　⇔　$5x-14=2x-2$　⇔　$5x-2x=-2+14$　⇔　$3x=12$　よって，$x=4$

(3)　中央値は，資料の値を大きさの順に並べたときの中央の値。児童の人数は30人で偶数だから，利用回数の少ない方から15番目と16番目の利用回数の平均値が中央値。利用回数1回以下には児童が4＋9＝13で13人含まれていて，利用回数2回以下には児童が13＋6＝19で19人含まれているから，15番目と16番目はどちらも2回なので，中央値は2回。

(4)　辺ADと辺CEの交点をFとする。折り返した角だから，∠ACB＝∠ACE＝25〔°〕　∠ECB＝∠ACB＋∠ACE＝25＋25＝50〔°〕　∠EFAと∠ECBは同位角より，∠EFA＝∠ECB＝50〔°〕　これより，∠x＝180－∠EFA＝180－50＝130〔°〕

【6】(解答例)

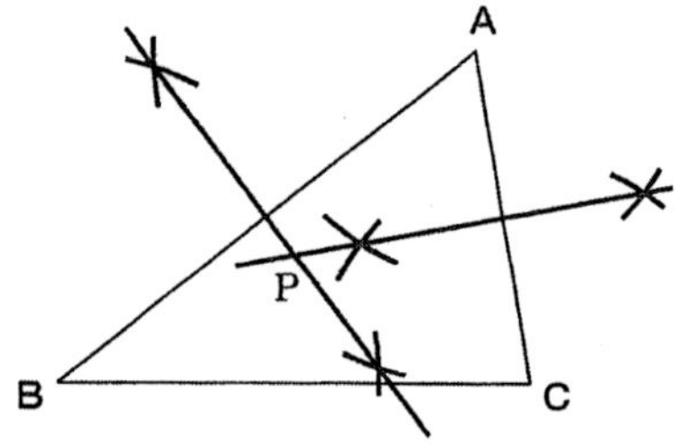

〈解説〉2つの点から等しい距離にある点は，その2点を端点とする線分の垂直二等分線上にある。これより，3つの頂点A，B，Cから等しい距離にある点Pは，辺AB，BC，CAの3本の垂直二等分線のうち，何れか2本の垂直二等分線の交点として求めることができる。

【7】(解答例)　b，c，dの値はそれぞれaを用いて，$b=a+1$，$c=a+8$，$d=a+9$と表される。これより，$bc-ad$の値は，$bc-ad=(a+1)(a+8)-a(a+9)=(a^2+9a+8)-(a^2+9a)=8$となり，いつでも8になる。

〈解説〉変数は4つあるが，4つの数の間には加法(又は減法)の式に表すことができる関係にあることから，4つの数を全て1つの変数で表すことで，提示された式の値が一定になることを説明することができる。

【8】ア，エ

〈解説〉ア　$x=5$のとき，$y=2\times5-4=6$で，$y=6$　イ　$x=2$のとき，$y=2\times2-4=0$で，$y\neq4$　ウ　$x=-1$のとき，$y=2\times(-1)-4=-6$で，$y\neq5$　エ　$x=1$のとき，$y=2\times1-4=-2$で，$y=-2$　以上より，$y=2x-4$のグラフ上の点はアとエの点で，イとウの点は通らない。

【9】12π〔cm³〕

〈解説〉問題の円錐の高さは，三平方の定理を用いて，(円錐の高さ)＝$\sqrt{(\text{母線の長さ})^2-(\text{底面の半径})^2}=\sqrt{5^2-3^2}=4$〔cm〕　よって，求める円錐の体積は$\frac{1}{3}\times(\pi\times3^2)\times4=12\pi$〔cm³〕

【10】(1)　(解答例)　$84\div\frac{30}{100}$と表すところを，$84\div30$や$84\times\frac{30}{100}$と表して求めている。　(2)　(解答例)　(1)のつまずきを踏まえ，つまずきの原因を何だったのか，学び合いで考えさせる。つまずきの原因を考えるに当たっては，児童自ら，数直線やテープ図，面積図等を使って，出題の2つの数値と未知数のもとにする量との関係を表し，学び合いの中でもとにする量はどのように求めればよいかを考えさせる。もとにする量を求める際，必要に応じて，xなどの文字や□を使って式に表すと考えやすいなどの助言を行う。

〈解説〉(1)　割合の意味を具体的に理解していない児童は，$84\div30$や$84\times\frac{30}{100}$と表して求めてしまう。ここでは，割合と比較量から，基準量を求める場面である。数直線などを基に，未知数である基準量をxとして関係を式に表すと，$x\times\frac{30}{100}=84$　より，$x=84\div\frac{30}{100}=240$　で，結果的に除法計算で求めることになることを理解する必要がある。公開解答では，「児童が働かせる数学的な見方・考え方を踏まえて，つまずきを想定している」，「内容が具体的で分かりやすく説得力がある」

等を主な観点として，相対的に評価するとしている。　(2)　つまずきの原因としては，割合と比較量，基準量の関係を，正しく理解していなかったためといえる。児童にはまず，つまずきの原因は何だったかを考えさせる。その上で，割合の意味を再確認し，そうしたつまずきをなくすためには，どうすればよいかを考えさせる。割合の意味を理解するためには，問題の場面において，提示された数値の84m²が比較量で，30%が割合で，それらの数値から基準量である畑全体の面積を求めるという関係を正しく理解する必要がある。そのためには数直線やテープ図，面積図などに表し，3つの数量の関係を理解して，児童が主体的に問題解決できるように導いていくことが大切である。公開解答では，「(1)のつまずきを踏まえ，具体的な手立てを明らかにして，どのように学び合いを展開するかを示している」，「内容が具体的で分かりやすく説得力がある」等を主な観点として，相対的に評価するとしている。

【11】(1)　a　見方・考え方　　b　公民　　c　社会生活　　(2)　課題を追究したり解決したりする　　(3)　(解答例)　多角的に考えるとは，児童が複数の立場や意見を踏まえて考えることを指している。

〈解説〉(1)　a　各教科等の「見方・考え方」は，その教科等ならではの物事を捉える視点や考え方であり，社会科においてはその特質に応じて「社会的な見方・考え方」として示されている。　b　社会科における資質・能力は，三つの柱に整理し直す観点から，改めて「公民としての資質・能力」として示された。　c　小学校の社会科は，社会生活や国家及び社会について総合的に理解することを通して，公民としての資質・能力の基礎を育成することをねらいとしている。
(2)　児童が課題を追究したり解決したりする活動の一層の充実を図るためには，学習の問題を追究・解決する活動，すなわち問題解決的な学習過程を充実させることが大切になる。　(3)　小学校社会科における「思考力，判断力」は，社会的事象の特色や相互の関連，意味を多角的に考える力，社会に見られる課題を把握して，その解決に向けて，学習したことを基に，社会への関わり方を選択・判断する力である。小学校社会科では，学年が上がるにつれて徐々に多角的に考えることができるようになることを求めている。公開解答では，「複数の立場や意見を踏まえて考えること」等に触れた記述かどうかを主な観点として，相対的に評価するとしている。

【12】(1)　ウ　(2)　江戸時代　(3)　イ　(4)　c　遺跡　d　祭り

〈解説〉(1)　無形文化遺産の審議，登録を行うのは，国連の専門機関の一つであるユネスコ(国連教育科学文化機関)である。アのサミットは主要国首脳会議，イのユニセフは国連児童基金，エのアセアン(ASEAN)は東南アジア諸国連合のことである。　(2)　およそ230年前というと，1790年代になる。18世紀の終わりは江戸時代の後期に当たる。　(3)　阿波国は，現在の徳島県に当たる。アの香川県はかつての讃岐国，ウの兵庫県は摂津国，丹波国，但馬国，播磨国，淡路国を合わせた地域，エの埼玉県はかつての武蔵国に当たる。　(4)　小学校学習指導要領(平成29年告示)社会科の内容の取扱いには，「県内の主な文化財や年中行事が大まかに分かるようにする」とともに「具体的事例を取り上げること」として示され，学習指導要領解説において「県内を代表するような歴史を伝える建造物や遺跡，民俗芸能などの文化財，地域の人々が楽しみにしている祭りなどの年中行事など」という記述で，例示されている。

【13】(1)　インド洋　(2)　エ　(3)　a　小さい　b　長い
(4)　地球儀

〈解説〉(1)　第5学年の学習事項として，「世界の大陸と主な海洋」があり，三海洋である太平洋，大西洋，インド洋の名称と位置について調べることとなっている。アフリカ大陸・ユーラシア大陸・オーストラリア大陸に囲まれたXの海洋は，インド洋である。　(2)　Y地点から地球の中心を通り，正反対にある位置とは，対蹠点のことである。緯度の絶対値は同じで，北緯と南緯が逆になる。経度は180度の差がある。イ・ウ・エ共に南緯45度であるが，経度が180度差になるのは，エの西経45度の地点である。　(3)　資料から読み取れる内容である。日本の国土面積は中国やアメリカと比べ小さいが，海岸線の長さは3か国の中で一番長い。　(4)　方位，緯度や経度などによる位置の表し方について取り扱う際に用いるものなので，地図帳や地球儀が考えられる。地球儀の活用については，第5学年及び第6学年の目標(1)に「地図帳や地球儀，統計(や年表)などの各種の基礎的資料を通して情報を適切に調べまとめる技能を身に付けるようにする」と示されている。

【14】(1)　青年海外協力隊　　(2)　①　イ　　②　(解答例)　日本の援助額はイギリス，フランスより多いが，国民総所得に占める割合は低い。　(3)　(解答例)　発展途上国を含む全ての締約国が自主的に温室効果ガス排出削減目標を設定し，その達成に向けた対策をとることが義務付けられた。　　(4)　(解答例)　共に生きていくために

〈解説〉(1)　ODA(政府開発援助)活動の一つで，教育・医療・農業などの分野での経験を活かした人々が発展途上国などで活躍しているのは，青年海外協力隊の活動である。　(2)　先進国の発展途上国に対するODAの実績で，1位はアメリカで突出している。ただし対GNI比で見ると，スウェーデン，ノルウェー，ドイツなどが上位の国で，フランス，イギリスを含めたヨーロッパ諸国が多くなっており，日本は15位となっている(2022年度暫定値　外務省資料より)。国連のODA目標値は国民総所得の0.7%であるが，日本のODAはそれに及んでいない。②の公開解答では，「援助額」の語句を用い，「国民総所得に占める割合が低い」等に触れた記述かどうかを主な観点として，相対的に評価するとしている。　(3)　2015年に行われた国連気候変動枠組条約を結んだ国々の会議とは，第21回締約国会議(COP21)のことである。ここでパリ協定が採択され，2020年以降の新たな枠組みが合意された。発展途上国を含む全ての締約国が，自主的に温室効果ガス排出削減目標を設定し，その達成に向けた対策をとることが義務付けられた。公開解答では，「温室効果ガス」「削減」等に触れた記述かどうかを主な観点

として，相対的に評価するとしている。 (4) 教科の目標(3)にも，「世界の国々の人々と共に生きていくことの大切さについての自覚」などを養うことが示されている。公開解答では，「共に生きていく」等に触れた記述かどうかを主な観点として，相対的に評価するとしている。

【15】(1) X 妥当な考え Y 位置関係 (2) 空気の変化

〈解説〉(1) X 小学校理科においては，学年を通して育成を目指す問題解決の力が，学年別に整理して示されている。第6学年では，問題解決において主により妥当な考えをつくりだす力の育成を目指している。学年ごとの力を，整理して覚えておくことが必要である。

Y 第6学年の「B生命・地球」の区分には，指導事項の一つである「月と太陽」において，月と太陽の位置に着目して，それらの位置関係を多面的に調べ，月の形の見え方と，月と太陽の位置関係についての理解を図ることが主なねらいとなっている。 (2) 「A物質・エネルギー」の区分の「燃焼の仕組み」においては，空気の変化に着目して，物の燃え方を多面的に調べる活動を通して，燃焼の仕組みについての理解を図るなどがねらいとなっている。

【16】(1) 節足動物 (2) ア，ウ

〈解説〉(1) 外骨格があり，体やあしが節に分かれている動物のグループを節足動物という。昆虫類や，ダンゴムシやエビなどの甲殻類などが属している。 (2) 幼虫から成虫になる過程で蛹になるのが完全変態，蛹にならずに成虫になるのが不完全変態である。完全変態する昆虫は，チョウ目，カブトムシなどの甲虫目，ハエ目，ハチ目が該当する。なお，トビムシ，シミなど，幼虫から成虫まで全く形を変えない無変態の昆虫もいる。

【17】(1) (解答例) 大きな電流が流れて，導線や乾電池が発熱してやけどをしたり乾電池が破裂したりする危険を想定する。 (2) (解答

例)　電池を直列につないだ時と並列につないだ時では，電圧の値が異なるため，流れる電流の大きさが異なるから。　(3)　(解答例)　器具…モーター　現象…電流の向きを変えるとモーターが回る向きも逆になる。

〈解説〉(1)　乾電池に導線だけをつなぐと，抵抗がないため非常に大きな電流が流れ，それに伴い大きな熱も発生する。公開解答では，「熱」等のキーワードを主な観点として，相対的に評価するとしている。(2)　2個の乾電池を直列につなぐと電圧は2倍になるので，モーターに流れる電流の大きさも2倍になるが，並列につなぐと，電圧は乾電池1個のときと変わらないので電流の大きさも乾電池1個のときと変わらない。公開解答では，「電流の大きさ」等のキーワードを主な観点として，相対的に評価するとしている。　(3)　解答例のほかに，発光ダイオードを用いて，電流の向きが変わると明かりがつかなくなるという現象を捉えさせる　などがある。公開解答では，電流の向きによって様子が変化する器具を示し，変化する現象を説明しているかを主な観点として，相対的に評価するとしている。

【18】(1)　(解答例)　流水により土砂をけずるはたらき　(2)　(解答例)　トレイなどに敷き詰めた土に溝をつくり，そこに水を流す。流す水の量を変えて同様に行う。

〈解説〉(1)　河川などを流れる水には侵食，運搬，堆積の働きがある。侵食は土砂をけずる，運搬はけずった土砂を流水により運ぶ，堆積は土砂を積もらせる働きである。公開解答では，「けずる」等のキーワードを主な観点として，相対的に評価するとしている。　(2)　流れる水の量によって，土地の様子がどのように変わるかがつかめるような実験を計画する。そのため流す水の量は変え，他の条件は変えないようにする。公開解答では，流れる水の量と土地の変化との関係を調べることのできる実験の方法であるかを主な観点として，相対的に評価するとしている。

【19】(1)　イ，エ　　(2)　(解答例)　実験…残った固体に電気を通してみる。　　結果…電気は通らない。

〈解説〉(1)　アルカリ性の水溶液を選択する。うすい塩酸と炭酸水は酸性で，食塩水は中性である。　(2)　残った固体は塩化アルミニウムである。塩化アルミニウムの固体は電気を通さない。公開解答では，異なる物質であることを捉えさせるための実験の方法と，その結果について説明しているかを主な観点として，相対的に評価するとしている。

【20】(1)　自分との関わり　　(2)　(解答例)　自分の身を守ること

〈解説〉(1)　学年の目標(1)は，学校，家庭及び地域の生活に関する目標である。ここでは，地域に愛着をもち自然を大切にしたり，集団や社会の一員として安全で適切な行動をしたりする態度の育成を目指す。自分と対象との結び付きを意識し，関わりが具体的に見えてくることが「自分との関わりに気付く」ということである。　(2)　学習指導要領解説(平成29年7月)「第2章　第2節　2　学年の目標の趣旨(1)」には，「集団や社会の一員として安全で適切な行動」として児童が自ら進んでできるようになる行動が示され，さらに特に配慮する必要があることとして，「自分の身を守ること」を最優先に考え，適切な行動や危険を回避する行動などができるようになることが示されている。公式解答では，「自分」等のキーワードを主な観点として，相対的に評価するとしている。

【21】(1)　country　　(2)　mother　　(3)　library

〈解説〉空欄穴埋め問題。空欄内に入る日本語を選び，適切に英訳して記述する。英訳は複数の語があり得るため，解答はあくまで解答例である。　(1)「私はフランスが好きです」と，国の名称を答えていることから，「国」に対応するcountry等が適切。　(2)「私の(空欄)」とあることから，「母」又は「叔父」である。「彼女は料理が上手なんです」と話していることから，「母」に対応するmother等が適切。　(3)　本が好きと話していることから，行先は「図書館」に対応するlibrary等が適切。

【22】(1)　イ　　(2)　ウ　　(3)　エ

〈解説〉選択式空欄穴埋め問題。　(1)　動詞standの活用が問われている。ここでは，現在分詞による修飾なので，イ。　(2)　比較表現に関する知識が問われている。比較級＋than any other ～で，最上級を意味する表現。　(3)　How long ～? で，滞在の期間を尋ねられているので，エが適切。

【23】(1)　Sit down.　　(2)　Look at this picture.

〈解説〉クラスルームイングリッシュに関する問題。様々な答えがありうるので，解答はあくまで解答例である。　(1)　命令形なので，文の頭に動詞の原型をおいている。ほかには，Take a seat. などがある。なお，社会生活の中で客に対応するような場合には，着席を促すニュアンスをもつ (Please) have a seat. が多く用いられ，指示的ニュアンスをもつSit down. はあまり用いられない。　(2)　(1)と同様の命令形である上に，Look at ～で何を指示しているかを明確にしている。「見る」という英語にはほかに，seeやwatchがある。seeは「目に入る」というニュアンスがあり，watchは動くものを見るようなときに用いられることから，写真を見る場面では，どちらもあまり相応しくない。

【24】(解答例)　(1)　主題と関わる語を用いずに主題を語ることは難しいため。　　(2)　混同，除外，感情

〈解説〉英文読解問題。記述式であり，解答はあくまで解答例である。　(1)　文中にthusとあり，理由はその直前に書かれている。公開解答では，「使わずに」「難しい」等のキーワードを主な観点として評価するとしている。　(2)　文の最後にリストアップされているもののうち，precisionとstyle以外の三つを日本語訳すれば良い。

【25】(1) ① 背景 ② 他者 ③ 主体的 (2) (解答例) 「特定の目的地への道を聞く」ような，場面の設定と目的を明確にしたロールプレイを実践する。

〈解説〉(1) ① 外国語の背景にある文化に対する理解を深めることで，その言語を適切に使うことにつながる。 ② 中学年の外国語活動では，目の前にいる「相手」を対象としていたが，高学年の外国語科では，「読むこと」，「書くこと」も扱い，コミュニケーションを図る対象が必ずしも目の前にいる「相手」とは限らないため，「他者」として示されている。 ③ 従前の外国語活動や中学校の外国語科では，「積極的にコミュニケーションを図ろうとする態度」と示されていたが，今回の改訂では，外国語科，外国語活動とともに「自主的にコミュニケーションを図ろうとする態度」と示されている。 (2) 買い物をするときや道を尋ねられたときなどの日常生活における身近な活動の中で，外国語を身に付けていれば便利で役に立つと実感できるような活動を体験させることによって，コミュニケーションを行う必要性を感じることにつながることが期待される。児童が興味・関心を示す題材を取り扱い，児童がやってみたいと思うような活動を体験させることによって，主体的に英語を用いてコミュニケーションを図ろうとする態度を養うことが大切である。公開解答では，「言語活動に取り組ませることを通して，児童の学びの状況に応じて，その都度目的を確認させるための手立てかどうか」等を主な観点として評価するとしている。

2023年度　実施問題

【1】次の文章を読んで，以下の1～4の問いに答えよ。

無駄なものを捨てて暮らしを簡潔にするということは，家具や調度，生活用具を味わうための背景をつくるということである。芸術作品でなくとも，あらゆる道具には相応の美しさがある。何の変哲もないグラスでも，しかるべき氷を入れてウイスキーを注げば，めくるめく琥珀色がそこに現れる。霜の付いたグラスを優雅な紙敷の上にぴしりと置ける片付いたテーブルがひとつあれば，グラスは途端に魅力を増す。逆に，漆器がa艶やかな漆黒をたたえて，陰影を礼讃する準備ができていたとしても，リモコンが散乱していたり，ものが溢れかえっているダイニングではそのbフゼイを味わうことは難しい。

白木のカウンターに敷かれた一枚の白い紙や，漆の盆の上にことりと置かれた青磁の小鉢，塗り椀の蓋を開けた瞬間に香りたつ出し汁のにおいに，ああこの国に生まれてよかったと思う刹那がある。そんな高踏な緊張など日々の暮らしに持ち込みたくはないと言われるかもしれない。緊張ではなくゆるみや開放感こそ，心地よさに繋がるのだという考え方も当然あるだろう。家は休息の場でもあるのだ。しかし，だらしなさへの無制限の許容がリラクゼーションにつながるという考えは，ある種の堕落をはらんではいまいか。ものを用いる時に，そこに①潜在する美を発揮させられる空間や背景がわずかにあるだけで，暮らしの喜びは必ず生まれてくる。そこに人は充足を実感してきたはずである。

伝統的な工芸品を活性化するために，様々な試みが講じられている。たとえば，現在の生活様式にあったデザインの導入であるとか，新しい用い方の提案とかである。自分もそんな活動に加わったこともある。そういう時に痛切に思うのは，漆器にしても陶磁器にしても，問題の本質はいかに魅力的なものを生み出すかではなく，それらを魅力的に味わう暮らしをいかに再興できるかである。漆器が売れないのは漆器の人気が失われたためではない。今日でも素晴らしい漆器を見れば人々は感動する。しかし，それを味わい楽しむ暮らしの余白がどんどんと失われているのである。

伝統工芸品に限らず，現代のプロダクツも同様である。豪華さや所有の多寡ではなく，利用の深度が大事なのだ。よりよく使い込む場所がないと，ものはc成就しないし，ものに託された暮らしの豊かさも成就しない。だから僕たちは今，未来に向けて②住まいのかたちを変えていかなくてはならない。育つものはかたちを変える。「家」も同様である。

ものを捨てるのはその一歩である。「もったいない」をより前向きに発展させる意味で「捨てる」のである。どうでもいい家財道具を世界一たくさん所有している国の人から脱皮して，簡潔さを背景にものの素敵さを日常空間の中で開花させることのできる繊細な感受性をたずさえた国の人に立ち返らなくてはいけない。

持つよりもなくすこと。そこに住まいのかたちを作り直していくヒントがある。何もないテーブルの上に箸置きを配する。そこに箸がぴしりと決まったら，暮らしはすでに豊かなのである。

(原（はら）　研哉（けんや）『日本のデザイン――美意識がつくる未来』による)

1　bフゼイ　は漢字に，c成就　は平仮名に，それぞれ直して書け。

2　a艶やかな　の品詞名を書け。

3　①潜在する美　とは何か，説明せよ。

4　②住まいのかたちを変えていかなくてはならない　とは，どういうことか。本文中の語句を用いて，具体的に説明せよ。

(☆☆☆◎◎◎)

【2】次は，第五学年の国語の授業で扱う詩と，授業の構想について話し合っているA教諭とB教諭の会話の一部である。詩と会話文を読んで，以下の1～3の問いに答えよ。

【授業で扱う詩】

ぶんちん　　まど・みちお

①しるひとぞ
しるだろう
しごと
しないのが
しぜんに
しごという
ししそんそんへの
しびあなしきたりを
しんじつしんじ
しろくじちゅう
しーんと
している

【A教諭とB教諭の会話の一部】

A　全てひらがなで書かれていたり，行頭ではなく行末がそろっていたりすることに，児童は興味をもちそうですね。

B　そうですね。②行末をそろえた書き表し方による視覚的な効果について考え，それを伝え合う学習活動を設定するのはどうでしょう。

A　おもしろい案だと思います。わたしは，繰り返し音読することで，③この詩の特徴的な響きを児童に味わわせたいと考えました。

1　①しるひとぞ　しる　という慣用句の意味を書け。

2　②行末をそろえた書き表し方による視覚的な効果　について，具体的に説明せよ。

3　③この詩の特徴的な響き　を生み出している工夫について，具体的に説明せよ。

(☆☆☆◎◎◎)

【3】次の文章を読んで，以下の1～3の問いに答えよ。

ふるまひの菜（さい）に，茗荷（みやうが）のさしみありしを，人ありて小児（こちご）に①むかひ，「②これをば，古（いにし）へより今に到り，物読みおぼえむ事をたしなむほどの人は，みな鈍根草（とんこんさう）となづけ，物忘れするとてくはぬ」よし申したれば，児聞いて，「あこは，③それなら喰はう。くうて，*ひだるさ忘れう」と。

＊ひだるさ…ひもじさ

(『醒睡笑』による)

1　①むかひ　を現代仮名遣いに直して書け。

2　②これ　は何を指すか，書け。

3　③それなら喰はう　とあるが，児がこのように言ったのは，どのような理屈からか，説明せよ。

(☆☆☆◎◎◎)

【4】「小学校学習指導要領(平成29年3月告示)」を踏まえ，「小学校学習指導要領解説国語編(平成29年7月文部科学省)」に関する次の文章の(a)～(c)に当てはまる適切な語句を書け。

> 読書は，国語科で育成を目指す資質・能力をより高める重要な活動の一つである。自ら進んで読書をし，読書を通して(a)を豊かにしようとする態度を養うために，国語科の学習が読書活動に結び付くよう発達の段階に応じて(b)に指導することが求められる。
>
> なお，「読書」とは，本を読むことに加え，(c)，雑誌を読んだり，何かを調べるために関係する資料を読んだりすることを含んでいる。

(☆☆☆◎◎◎)

【5】次の(1)～(4)の問いに答えよ。

(1)　連立方程式$\begin{cases} 2x+7y=-1 \\ 3x+2y=7 \end{cases}$を解け。

(2)　aとbが負の数のとき，計算の結果がいつでも正の数になる式を，次のア～エから全て選んで記号を書け。

ア　$a+b$　　イ　$a-b$　　ウ　$a\times b$　　エ　$a\div b$

(3)　5本のうち，当たりが2本入っているくじがある。このくじを同時に2本引くとき，少なくとも1本が当たりである確率を求めよ。

(4)　次の図で，四角形ABCDはAD//BCの台形であり，点E，Fは，それぞれ辺AB，CDの中点である。AD＝3cm，BC＝12cmのとき，線分EFの長さを求めよ。

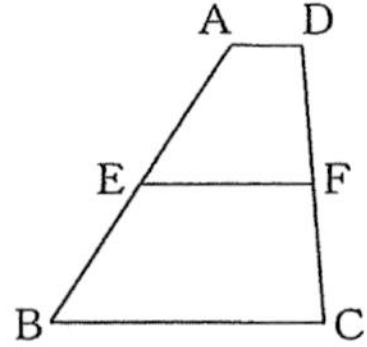

(☆☆☆◎◎◎)

【6】次の図のような∠ACB＝90°の直角三角形ABCがある。辺AB上に，∠PCA＝30°となる点Pを，定規とコンパスを用いて作図せよ。ただし，作図に用いた線は消さないこと。

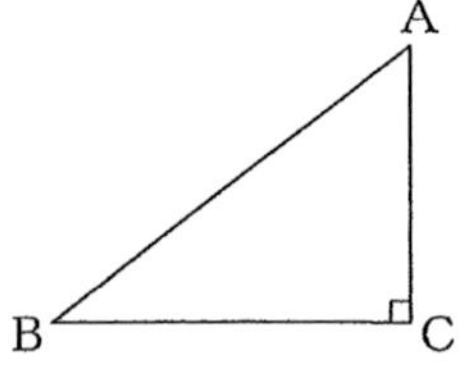

(☆☆☆◎◎◎)

【7】「奇数と偶数の差は奇数である。」ということがいつでも成り立つことを説明せよ。

(☆☆☆◎◎◎)

【8】次の表は，yがxに反比例する関係を表している。表の□に当てはまる数を求めよ。

x	… −1 …	0	… 2 …
y	… □ …	╳	… 4 …

(☆☆☆◎◎◎)

【9】次の図で，△ABCと△DBEは合同な三角形であり，AB＝DB，BC＝BE，∠ABC＝68°である。DA//BCのとき，∠xの大きさを求めよ。

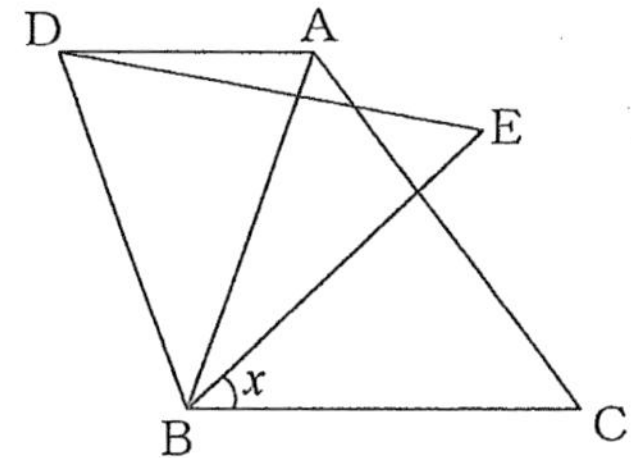

(☆☆☆◎◎◎)

【10】次は，令和3年度秋田県学習状況調査小学校第6学年算数の問題(抜粋)である。

> 次の図のように，18cmの針金（はりがね）を使って，周りの長さが18cmの長方形をつくります。
>
> 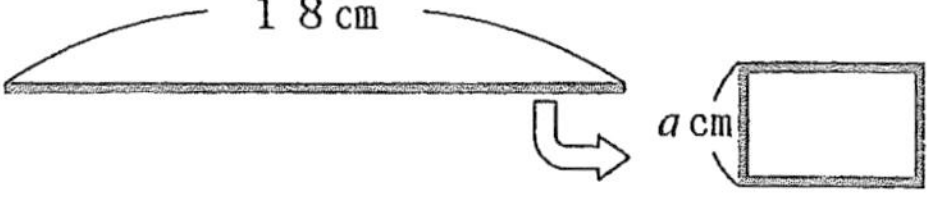
>
>
> この長方形の縦の長さを$a$cmとするとき，横の長さを正しく表している式を，次のア～エから1つ選んで，その記号を□の中に書きましょう。
>
> (選択肢は省略)

この問題の通過率は56.3%であった。この問題で見られるつまずきを解消するための授業を構想する。次の(1)，(2)の問いに答えよ。

(1)　自力解決の場面において，長方形の横の長さを表す式を児童が考える際に，想定される主なつまずきを簡潔に1つ記述せよ。

(2)　(1)で挙げた児童の主なつまずきを踏まえ，どのように学び合いを展開するか，具体的に記述せよ。

(☆☆☆◎◎◎)

○　【11】～【14】の設問において「小学校学習指導要領(平成29年3月告示)　第2章　第2節　社会」を「学習指導要領」，「小学校学習指導要領解説社会編(平成29年7月文部科学省)」を「解説」と記す。

【11】「学習指導要領」第2〔第3学年〕2内容(1)に関する問題である。(1)～(3)の問いに答えよ。

資料　「解説」の一部

> ア　次のような知識及び技能を身に付けること。
>
> (ア)　身近な地域や自分たちの市の様子を大まかに理解すること。
>
> (イ)　観察・調査したり地図などの[　a　]で調べたりして，①<u>白地図などにまとめる</u>こと。
>
> イ　次のような思考力，判断力，表現力等を身に付けること。
>
> (ア)　都道府県内における市の[　b　]，市の地形や土地利用，交通の広がり，市役所など主な②<u>公共施設</u>の場所と働き，古くから残る建造物の分布などに着目して身近な地域や市の様子を捉え，[　c　]による違いを考え，表現すること。

(1)　資料の[　a　]～[　c　]に当てはまる語句をそれぞれ書け。

(2)　次は，下線部①に関する(内容の取扱い)の一部である。[　　]に当てはまる語句を書け。

> (前略)教科用図書「地図」(中略)を参照し，[　　]や主な地図記号について扱うこと。

(3)　次に示す地図記号のうち，下線部②をすべて選んで，記号を書け。

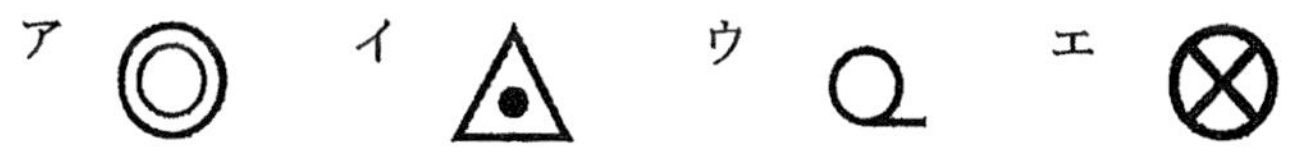

(☆☆☆◎◎◎)

【12】「学習指導要領」第2〔第4学年〕2内容(1),〔第5学年〕2内容(2)に関する問題である。(1)～(3)の問いに答えよ。

資料1　三大都市圏の人口が総人口に占める割合（%）

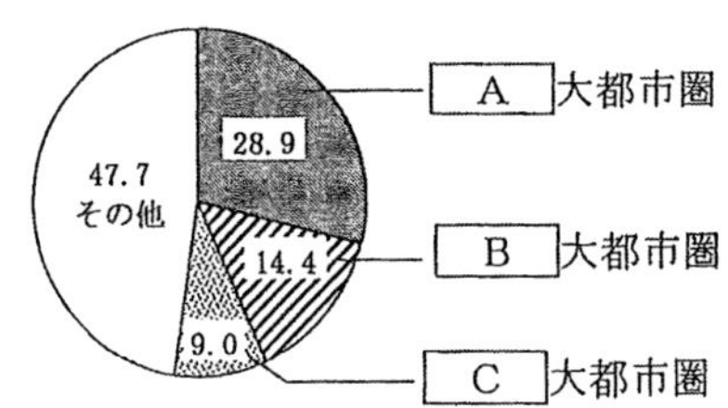

(総務省資料「人口推計　2019年」から作成)

資料2　農業産出額に占める地方別割合

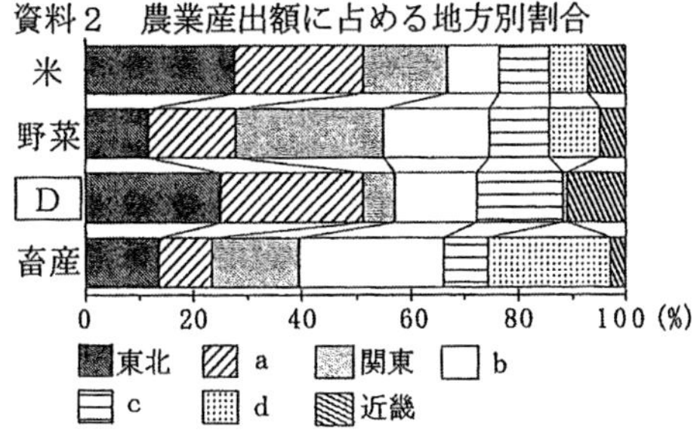

(農林水産省資料「生産農業所得統計　令和2年」から作成)

(1)　資料1の C 大都市圏は，三つの県に及んでいる。その県名を一つ書け。

(2)　資料2に関する問題である。

①　aが示す地方を一つ選んで，記号を書け。

ア　九州　　イ　北海道　　ウ　中部　　エ　中国・四国

②　[D]に当てはまる語句を一つ選んで，記号を書け。

ア　茶　　イ　果物　　ウ　いも類　　エ　花き

(3)　我が国の食料生産について，「稲作」と，「野菜，果物，畜産物，水産物など」の取り上げ方の違いを，「解説」を踏まえて書け。

(☆☆☆◎◎◎)

【13】学習指導要領〔第5学年〕2内容(4)に関する問題である。(1)～(4)の問いに答えよ。

資料　単元の学習を終えた児童の振り返り

Aさん
住所や名前，電話番号などの①個人情報の扱いや，SNSなどの使い方に十分に気を付け，情報モラルを大切にしていきたいです。

Bさん
②テレビや新聞などのメディアから，必要な情報を自分で選び，内容の正しさを確認して活用する力である[　X　]を身に付けていきたいです。

Cさん
③さまざまな産業で情報が活用されています。これらの産業から受けられる便利なサービスを活用していきたいです。

(1)　下線部①に関して，2005年に全面施行された，個人を特定し得る情報を扱う企業・団体，自治体などに対して，適切な取り扱い方法などを定めた法律の名称を書け。

(2) 次は，下線部②に関して，放送・新聞などの産業の様子を捉える際に設ける問いの例である。[ ]に入る適切な内容を，「解説」を踏まえて書け。

・テレビ局や新聞社は，情報をどのように集めているのでしょうか。
・テレビ局や新聞社は，情報をどのように[ ]のでしょうか。

(3) 資料の[X]に当てはまる語句をカタカナで書け。

(4) 下線部③に関して，情報や情報技術を活用して発展している産業の中から選択して取り上げる産業を，「解説」を踏まえて一つ書け。

(☆☆☆◎◎◎)

【14】学習指導要領〔第6学年〕2内容(2)に関する問題である。(1)～(3)の問いに答えよ。

資料1 江戸時代の主な大名配置(1632年ごろ)

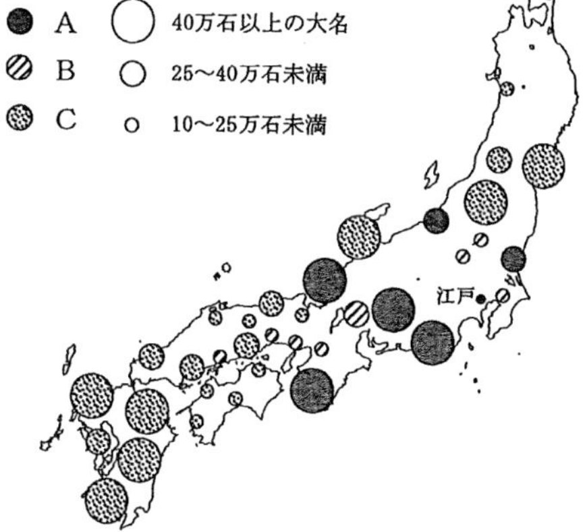

資料2　松江藩の1年間の支出(1768年)

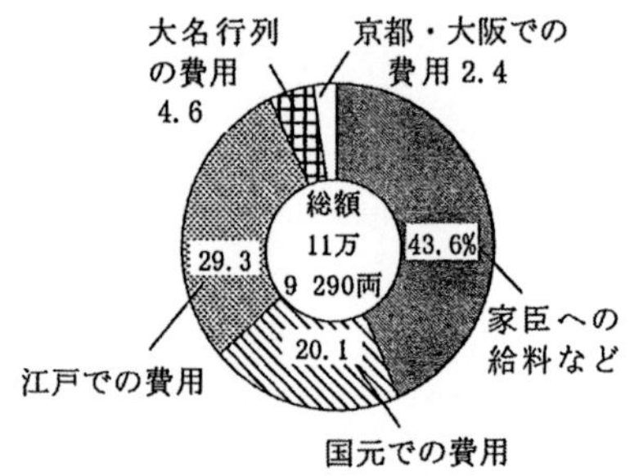

資料3　武家諸法度(寛永令・抜粋)

> 一　大名が国元と江戸とを参勤交代するよう定めるものである。毎年四月中に江戸へ参勤せよ。

(1)　資料1のA～Cは，親藩，譜代，外様のいずれかの大名を示している。Cの大名の名称を書け。

(2)　次は，資料2と資料3を読み取り，児童がまとめたものである。[　X　]に当てはまる人物名と，[　Y　]，[　Z　]に入る適切な内容を書け。ただし[　Y　]には次の語句を用いること。〔費用〕

> [　X　]が将軍のときに定められた参勤交代は，大名にとって[　Y　]ため，幕府に反抗できないようにする意味があった。また，将軍と大名の[　Z　]する意味があった。

(3)　「学習指導要領」第6学年2内容(2)アについて，[　　]に当てはまる語句を書け。

> (キ)　江戸幕府の始まり，参勤交代や鎖国などの幕府の政策，[　　]を手掛かりに，武士による政治が安定したことを理解すること。

(☆☆☆◎◎◎)

【15】次の文は，小学校学習指導要領(平成29年3月告示)第2章第4節理科に示されている第5学年の目標の一部である。以下の(1)，(2)の問いに答えよ。

> (1) 物質・エネルギー
> ① 物の溶け方，振り子の運動，電流がつくる(　X　)についての理解を図り，観察，実験などに関する基本的な技能を身に付けるようにする。
> ②，③ 略
> (2) 生命・地球
> ① 略
> ② 生命の連続性，流れる水の働き，気象現象の規則性について追究する中で，主に予想や仮説を基に，(　Y　)を発想する力を養う。
> ③ 略

(1) (　X　)，(　Y　)に当てはまる語句をそれぞれ書け。

(2) 第5学年では，条件を制御しながら調べる活動を通して，問題解決の力を育成することに重点が置かれている。「条件を制御する」とは，どのようなことか。小学校学習指導要領解説理科編(平成29年7月文部科学省)に基づいて書け。

(☆☆☆◎◎◎◎)

【16】小学校第3学年「光と音の性質」における指導について，次の(1)，(2)の問いに答えよ。

(1) 虫眼鏡で日光を集める実験を安全に行わせるため，児童に指導しなければならないことは何か，書け。

(2) 楽器から音が出たり伝わったりするとき，楽器が震えていることを視覚的に捉えさせたい。どのような実験を行わせればよいか，図と言葉でかけ。

(☆☆☆◎◎◎◎)

【17】小学校第4学年「月と星」における指導について，次の(1)～(3)の問いに答えよ。

(1)　月や星の位置を観察するときは，木や建物など地上の物を目印にして調べるように話したところ，ある児童から「なぜ目印が必要なのですか。」と質問された。この児童に，月や星の位置を正確に観察するために目印が必要な理由を説明したい。どのような説明をすればよいか，書け。

(2)　星の位置の変化と時間の経過に着目して星の観察を行った。観察の結果をまとめた次の文が正しくなるように，当てはまる内容を以下のア～エから1つ選んで記号を書け。

星の集まりは，時間の経過によって，[　X　]。

ア　並び方は変わらないが，位置は変わる
イ　並び方は変わるが，位置は変わらない
ウ　並び方も位置も変わらない
エ　並び方も位置も変わる

(3)　月の形は毎日少しずつ形が変わって見える。満月から次の満月までは，およそどのくらいかかるか。次のア～オのうち，最も適切なものを1つ選んで記号を書け。

ア　7日　　イ　15日　　ウ　30日　　エ　45日　　オ　60日

(☆☆☆◎◎◎◎)

【18】小学校第5学年「物の溶け方」における指導について，次の(1)，(2)の問いに答えよ。

(1)　図は，50mLの水の温度とミョウバンの溶ける量との関係をグラフに表したものである。表のア～オのうち，20gのミョウバンを，溶け残りが出ないように水に溶かすことのできる水の温度と水の量の組み合わせを1つ選んで，記号を書け。

図

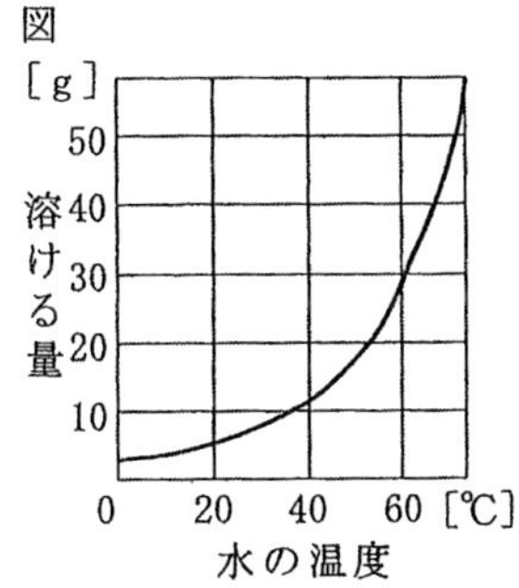

表

	水の温度 [℃]	水の量 [mL]
ア	20	25
イ	20	100
ウ	40	25
エ	40	100
オ	60	25

(2) 児童に，60℃の水にミョウバンを溶けるだけ溶かした水溶液から，溶けているミョウバンを取り出させたい。どのような方法で取り出させたらよいか，2つ書け。

(☆☆☆◎◎◎)

【19】小学校第6学年「植物の養分と水の通り道」における指導について，次の(1)，(2)の問いに答えよ。

(1) 図のように，根のついたホウセンカを赤い色水に入れて，光を十分に当てた後に，茎を横に切り，その切り口を観察したところ，赤く染まった部分が見られた。以下のア～エのうち，茎を横に切った切り口に最も近いものを1つ選んで記号を書け。ただし，塗りつぶしている部分は赤く染まった部分を表していることとする。

図

ア 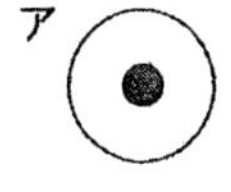 イ 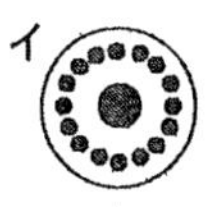 ウ 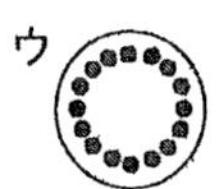 エ 

(2) 児童に植物の葉から水蒸気が出ていることを捉えさせたい。どのような実験を行わせ，どのような現象を確認させればよいか，図と言葉でかけ。

(☆☆☆◎◎◎◎)

【20】次の文は，小学校学習指導要領(平成29年3月告示)第2章第5節生活に示されている目標の一部である。以下の(1)，(2)の問いに答えよ。

> 第1　目標
> 具体的な活動や体験を通して，aＳ身近な生活に関わる見方・考え方を生かし，自立し生活を豊かにしていくための資質・能力を次のとおり育成することを目指す。
> (1)　活動や体験の過程において，自分自身，身近な人々，社会及び自然の特徴やよさ，それらの関わり等にb気付くとともに，生活上必要な習慣や技能を身に付けるようにする。
> (2)，(3)　略

(1)　下線部aは，身近な人々，社会及び自然を自分との関わりで捉え，よりよい生活に向けて何を実現しようとすることであると考えられるか。小学校学習指導要領解説生活編(平成29年7月文部科学省)に基づいて書け。

(2)　下線部bについて，生活科でいう気付きには情意的な側面とどのような側面が含まれるか。小学校学習指導要領解説生活編(平成29年7月文部科学省)に基づいて書け。

(☆☆☆◎◎◎)

【21】次の(1)～(3)について，それぞれの英文の[　　]内に入る最も適切なものを，以下の[　　]から一つずつ選び，英語1語に直して書け。

(1)　A : You have a nice [　　].
　　B : Thank you. This is very small and light.

(2)　A : Are you interested in Japanese [　　]?
　　B : Yes, I am. I like *rakugo*.

(3)　A : What is your brother doing now?
　　B : He is playing soccer in the [　　]. He likes sports very much.

[駅　文化　公園　コンピュータ　兄弟　食品]

(☆☆☆◎◎◎)

【22】次の(1)～(3)について，それぞれの英文の[　　]内に入る最も適切なものを，ア～エから一つずつ選び，その記号を書け。

(1) A : Do you know that man?

B : Yes. I know [　　].

ア his　イ him　ウ their　エ them

(2) When I got home, my sister [　　] TV.

ア watched　イ is watching　ウ watching

エ was watching

(3) A : Show me your passport, please.

B : Sure. Here you are.

A : [　　]

B : For two weeks.

ア What's the purpose?　イ Where do you live?

ウ How long are you going to stay?　エ How did you come here?

(☆☆☆◎◎◎)

【23】次の(1)，(2)は，授業における教師の発話である。日本語の意味になるように英語で書け。

(1) 教科書を開いてください。

(2) 質問はありませんか。

(☆☆☆◎◎◎)

【24】流暢さに焦点化した活動について書かれた次の英語を読んで，(1)，(2)の設問に答えよ。

Activities focusing on *fluency*

・reflect natural use of language;

・concentrate on achieving communication through negotiation of meaning;

・require meaningful use of language;
・require the use of (A)<u>communication strategies</u>;
・produce language that may not be predictable;
・seek to (B)<u>link language use to context</u>.

【出典　Jack C. Richards and Theodore S. Rodgers, *APPROACHES AND METHODS IN LANGUAGE TEACHING THIRD EDITION*, CAMBRIDGE UNIVERSITY PRESS】

(1)　下線部(A)の内容について例を一つ挙げ，日本語で書け。

(2)　下線部(B)の英語を日本語に直せ。

(☆☆☆◎◎◎)

【25】小学校学習指導要領(平成29年3月告示)に関する問題である。(1)，(2)の設問に答えよ。

> 第1節　外国語科の目標　第1　目標　「思考力，判断力，表現力等」
>
> (2)　コミュニケーションを行う目的や(　①　)，状況などに応じて，身近で簡単な事柄について，聞いたり話したりするとともに，音声で十分に慣れ親しんだ外国語の語彙や基本的な表現を(　②　)しながら読んだり，語順を意識しながら書いたりして，自分の考えや気持ちなどを伝え合うことができる(　③　)な力を養う。

(1)　(　①　)～(　③　)にそれぞれ当てはまる語を，次の[　　]から選んで書け。

[　統合的　　推測　　手段　　基礎的　　場面　　想起]

(2)　実際の授業の中で，「話すこと[やり取り]」の言語活動に取り組ませるとしたら，あなたならどのような活動を展開するか。小学校学習指導要領(平成29年3月告示)の趣旨を踏まえて指導事例を一つ挙げ，日本語で具体的に書け。

(☆☆☆◎◎◎)

解答・解説

【1】1　b　風情　　c　じょうじゅ　　2　a　形容動詞　　3　(解答例)　あらゆる道具にある相応な美しさ　　4　(解答例)　無駄なものを捨てて暮らしを簡潔にすることで，ものの素敵さを日常空間の中で開花させ，暮らしの豊かさを成就させる。

〈解説〉1　b「風情」とは，独特の趣，味わいという意味。　c「成就」は，願いがかなうこと，望みや計画どおりになしとげることの意味。
2「艶やかな」は「艶やかだ」と，言い切りの形に言い換えられるので，形容動詞。「大きな」などの連体詞は，言い換えられない。
3「潜在する」とは，表面には表れず内に潜んで存在するという意味。そのものが持っている美しさという意味を表す言葉を，文章全体から探し，簡潔に表す。多くは，該当の語句の前で述べられている。公開解答では，「相応」等のキーワードの有無で評価するとしている。
4　下線部の内容である，「住まいのかたち」をどう変えるのかは，次の段落にある「簡潔さを背景にものの素敵さを日常空間の中で開花させる」という言葉で，概ね説明している。また最終段落には，本文のテーマである「無駄なものを捨てて暮らしを簡潔にする」ことができれば，暮らしが豊かになることが述べられている。それらのことを整理して，まとめて表すとよい。公開解答では，「豊か」「日常空間」等のキーワードの有無で評価するとしている。

【2】1　(解答例)　広くは知られていないが，ある一部の人にはその存在や価値がよく知られている。　　2　(解答例)　行末がそろっていることで，視覚的に下が平らになり，文鎮の形状を読者に連想できるように表現している。　　3　(解答例)　全ての行が「し」で始まる頭韻の表現で，全ての行に自然と拍が入り，リズムよく音読できるようにしている。

〈解説〉1「知る人ぞ知る」は，多くの人が知っているという意味だと誤解されがちなので，注意が必要である。公開解答では，「価値」等のキーワードの有無で評価するとしている。　2　作者は文鎮についての詩を書くうえで，言葉を下にそろえることで，視覚的に文鎮の形状を表現して，文鎮のことをより連想しやすくする効果をねらっている。公開解答では，「形状」「連想」等のキーワードの有無で評価するとしている。　3　最初の文字が全て「し」ではじまる頭韻の表現が用いられていることを書けていることが絶対条件。その特徴から，妥当な解釈を書けば正解となる。ここでは拍が入る，リズムよく読めるなどを書いたが，繰り返しのここちよさ，「し」という発音しにくい音を繰り返すことで，しごとの大変さを連想させるなどでも可。公開解答では，「頭韻」等のキーワードの有無で評価するとしている。

【3】1　むかい　　2　茗荷　　3　(解答例)　茗荷を食べると物忘れをすると言われたが，ひもじさを忘れることができると考えたから。

〈解説〉『醒睡笑』は，江戸時代前期の噺本である。　1　語頭と助詞以外の「は・ひ・ふ・へ・ほ」は，「わ・い・う・え・お」に置き換える。　2　指示語「これ」の指示対象は，直前にあることが多い。ここでは茗荷(のさしみ)を指す。　3　本来，物忘れは困ることだが，ひもじさは忘れた方がよいという視点の転換が書かれていればよい。公開解答では，「物忘れ」「ひもじさ」等のキーワードの有無で評価するとしている。

【4】a　人生　　b　系統的　　c　新聞

〈解説〉学習指導要領解説(平成29年7月)の第2章　第2節　2の「(3)我が国の言語文化に関する事項」の中の「読書」に関する解説からの出題である。今回の学習指導要領改訂において，国語科の学習が読書活動に結びつくように，〔知識及び技能〕に，「読書」に関する指導事項が位置付けられた。小学校学習指導要領(平成29年告示)国語科の読書の指導事項としては，読書への親しみ方を学年別に示した後，読書に関する学びについて，低学年では「いろいろな本があることを知る」，中学年では「読書が，必要な知識や情報を得ることに役立つことに気付く」，高学年では「読書が，自分の考えを広げることに役立つことに気付く」と，発達の段階に応じて系統的に示している。

【5】(1)　$x=3$，$y=-1$　(2)　ウ，エ　(3)　$\frac{7}{10}$　(4)　$\frac{15}{2}$cm

〈解説〉(1)　$2x+7y=-1$…①，$3x+2y=7$…②　とする。①×3－②×2より，$3(2x+7y)-2(3x+2y)=-1\times3-7\times2$　$17y=-17$　$y=-1$　これを②に代入して，$3x+2\times(-1)=7$　$x=3$　よって，連立方程式の解は$x=3$，$y=-1$　(2)　ア　同符号の2数の和の符号は2数と同じ符号で，絶対値は2数の絶対値の和だから，$a<0$，$b<0$のとき，$a+b<0$である。イ　反例として，$a=-2$，$b=-1$のとき，$a-b=-2-(-1)=-1<0$だから，$a-b$の計算の結果はいつでも正の数になるとは限らない。ウ　同符号の2数の積の符号は正で，絶対値は2数の絶対値の積だから，$a<0$，$b<0$のとき，$a\times b>0$である。　エ　同符号の2数の商の符号は正で，絶対値は2数の絶対値の商だから，$a<0$，$b<0$のとき，$a\div b>0$である。　(3)　5本のうち，当たりが2本入っているくじを，同時に2本引くとき，全ての引き方は${}_5C_2=\frac{5\cdot4}{2\cdot1}=10$〔通り〕。このうち，2本ともはずれであるのは${}_3C_2={}_3C_1=3$〔通り〕だから，少なくとも1本が当たりである確率は$1-\frac{3}{10}=\frac{7}{10}$　(4)　直線ABとDCの交点をGとし，線分ACとEFの交点をHとする。AD//BCより，GA：AB＝GD：DC　⇔　GA×DC＝AB×GD　⇔　$GA\times\frac{DC}{2}=\frac{AB}{2}\times GD$　⇔　GA：$\frac{AB}{2}$＝GD：$\frac{DC}{2}$　⇔　GA：AE＝GD：DF　よって，AD//EFより，AD//EF//BCである。以上より，点Hも線分ACの中点だから，△ABCと△ACDにそれぞれ中点連結定理を用いて，$EF=EH+HF=\frac{BC}{2}+\frac{AD}{2}=\frac{12}{2}+\frac{3}{2}=\frac{15}{2}$〔cm〕

【6】

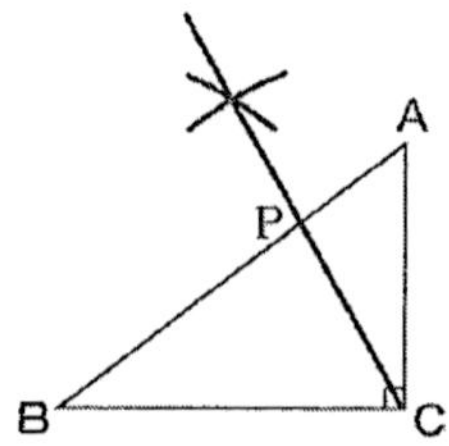

〈解説〉直線BCに対して，点Aと同じ側に△QBCが正三角形となるように点Qをとり，辺QCと辺ABとの交点をPとすると，∠PCA＝∠ACB－∠PCB＝∠ACB－∠QCB＝90－60＝30〔°〕となる。

【7】(解答例)　整数m，nを用いると，奇数は$2m+1$，偶数は$2n$と表される。これより，奇数と偶数の差は，$(2m+1)-2n=2m+1-2n=2(m-n)+1$となり，いつでも奇数となる。

〈解説〉偶数は2で割り切れる整数であり，2×(整数)で表される。一方奇数は，2で割って1余る整数であり，2×(整数)＋1で表される。計算結果が，そのいずれかになることを説明できればよい。

【8】－8

〈解説〉yがxに反比例するから，xとyの関係は$y=\frac{a}{x}$と表せる。$x=2$のとき$y=4$だから，$4=\frac{a}{2}$　$a=8$　xとyの関係は$y=\frac{8}{x}$と表せる。これより，$x=-1$のときのyの値は$y=\frac{8}{-1}=-8$である。

【9】44°

〈解説〉DA//BCで，平行線の錯角は等しいから，∠DAB＝∠ABC＝68〔°〕△ABDはAB＝DBの二等辺三角形であるから，∠ABD＝180－2∠DAB＝180－2×68＝44〔°〕　したがって，∠x＝∠ABC－∠ABE＝∠ABC－(∠DBE－∠ABD)＝∠ABC－(∠ABC－∠ABD)＝∠ABD＝44〔°〕

【10】(1)　(解答例)　18÷2−aと表すところを，問題で提示されている18とaの2量だけを使って，18−aとしてしまう。　(2)　(解答例)　(1)のつまずきを踏まえ，つまずきの原因は何だったのか，つまずかないようにするにはどうすればよいかを，児童に問いかけ考えさせる。その上で，長方形の周りの長さは縦の長さ，横の長さとどのような関係にあるかを考えた上で，問題を解くことが大事であることを理解させる。その考察の過程においては，児童が主体となって具体物や図などを使いながら考えた上で，その関係性を捉えることが重要である。

〈解説〉(1)　式の意味を具体的に理解していない児童は，針金でつくる長方形の縦の長さ，横の長さ，周りの長さの関係を，図などに表して考えず，18−aとしてしまう。そのような児童の実態を具体的に予想できる。公開解答では，「児童が働かせる数学的な見方・考え方を踏まえて，つまずきを想定している」，「内容が具体的で分かりやすく説得力がある」等を主な観点として，相対的に評価するとしている。式を用いて，具体的に数学的な間違えを書くことが重要である。

(2)　今回のつまずきは，問題に出された数量の関係を理解せず，あるいは考えず，問題で示された数や記号だけで式に表そうとしたことによるものである。まず，つまずきの原因は何だったか，そうしたつまずきをなくすためには，どうすればよいかを考えさせる。そして，問題における数量の関係を具体物や図，表などで考えて，論理的に考えて解くことが重要であることを，児童が主体的に学び合うことによって，理解することが大切である。実際の授業を想定して書けるとよい。公開解答では，「(1)のつまずきを踏まえ，具体的な手だてを明らかにして，どのように学び合いを展開するかを示している」，「内容が具体的で分かりやすく説得力がある」等を主な観点として，相対的に評価するとしている。

【11】(1)　a　資料　　b　位置　　c　場所　　(2)　方位　　(3)　ア，エ

〈解説〉(1)　第3学年の「地理的環境と人々の生活」に区分される内容で，身近な地域や市区町村の様子についての学習で身に付ける事項であ

る。　a　内容アの(イ)では，観察・調査して必要な情報を集めたり，地図などの資料から位置や地形，広がりや分布などを読み取ったり，地図記号を使って，調べたことを白地図などにまとめるなどの技能を身に付けることが示されている。　b　内容イは，思考力，判断力，表現力等に関わる事項である。その中で，都道府県全体から見た自分たちの市や隣接する市などの位置や位置関係について調べる活動が示されている。　c　駅や市役所の付近，工場や住宅の多いところ，田畑や森林が多いところなど，場所によって違いがあることを考え，文章や白地図などに表現して説明する活動が示されている。　(2)　地図帳を使った学習の基本事項として，方位や主な地図記号を理解することが示されている。　(3)　アは市役所・特別区の区役所，イは三角点，ウは広葉樹林，エは警察署を示す地図記号である。

【12】(1)　愛知県(岐阜県，三重県)　　(2)　①　ウ　　②　イ

(3)　(解答例)　国民の主食として，重要な役割を果たしている「稲作」については必ず取り上げ，国民の食生活と関りの深い「野菜，果物，畜産物，水産物など」については，それらの中から一つを選択して取り上げる。

〈解説〉(1)　三大都市圏とは，東京を中心とした首都圏，大阪を中心とした関西圏，名古屋を中心とした中京圏である。資料1において人口規模最大のAが首都圏，2位のBが関西圏，3位のCが中京圏である。中京圏は，愛知県・岐阜県・三重県の三県に及んでいる。三県のうちのどこか一県を答えること。　(2)　①　資料2中のaは，米の産出高が東北地方と同じ程度の割合を占めている。米の産出高は，新潟県，北海道，秋田県，山形県，宮城県の順に多い。中部地方は，1位の新潟県を含み，富山県や長野県も多く生産していることから，東北地方と並んで多い地方と推し量ることができる。　②　Dも，東北地方，中部地方の割合が多くなっている。茶や花きは，東北地方ではあまり産出されていないことから，除外される。いもは，北海道及び関東地方で多く産出されているので，除外される。果実は，青森県，長野県，和

歌山県，山形県，山梨県の順に多くなっており，上位に東北地方と中部地方の県が占めていることが分かる。(農林水産省「生産農業所得統計　令和2年」データより)　(3)　公開解答では，「稲作については必ず取り上げ，野菜，果物，畜産物，水産物などに関しては，それらの中から一つを選択して取り上げる」等に触れた記述かどうか主な観点として，相対的に評価するとしている。

【13】(1)　個人情報保護法　(2)　(解答例)　選択・加工・整理して国民に分かりやすく伝えている　(3)　メディアリテラシー　(4)　販売(運輸，観光，医療，福祉)

〈解説〉(1)　個人情報保護法は，個人の権利・利益の保護と個人情報の有用性とのバランスを図るための法律で，民間事業者の個人情報の取扱いについて規定している。2003(平成15)年に制定され，2015(平成27)年に改正された。　(2)　学習指導要領解説(平成29年7月)には，放送，新聞などの産業について，「国民に正確な情報を分かりやすく速く伝えるために多種多様な情報を収集し，選択・加工していること」，「社会の出来事をより多くの国民に伝えるためにインターネットなど様々な情報媒体を活用していること」などを基に，その役割について理解することが解説されている。公開解答には，「選択」，「加工」，「整理」，「国民に伝えている」等のキーワードを主な観点として，相対的に評価するとしている。　(3)　メディアリテラシーは，テレビや新聞などのメディアが発信する情報を評価して批判的に理解し，メディアを活用する能力を指す。　(4)　内容の取扱いには，情報や情報技術を活用して発展している販売，運輸，観光，医療，福祉などに関わる産業の中から選択して取り上げることが示されている。

【14】(1)　外様大名　(2)　X　徳川家光　Y　(解答例)　多大な費用がかかり，重い負担となった　Z　(解答例)　主従関係を確認　(3)　身分制

〈解説〉(1)　外様大名は，親藩・譜代大名に対し，関ケ原の戦い以降，

新しく徳川氏に帰属した大名を指す。江戸から離れた場所に配置され，知行高は比較的高い藩が多い。Aは尾張・紀伊・水戸を含む親藩，Bが譜代である。　(2)　X　参勤交代は，1635年に，3代将軍徳川家光の改正した武家諸法度で制度化された。　Y　資料2のグラフから，参勤交代関連の費用が江戸での費用と大名行列の費用で全体の33.9%を占め，松江藩にとっては重い負担となっていたことが読み取れる。公開解答では，「多くの費用がかかり，重い負担となった」等に触れた記述かどうかを主な観点として，相対的に評価するとしている。　Z　参勤交代では，大名は江戸と国元1年交代を原則とし，妻子は事実上の人質として，江戸在住を強制された。この制度に従うことで，将軍と大名の主従関係を確認するという意味があった。公開解答では，「主従関係を確認」等に触れた記述かどうかを主な観点として，相対的に評価するとしている。　(3)　空欄直後に，「武士による政治が安定した」とある。江戸時代の武士による政治の基礎は，士農工商の身分制にあると考えられる。

【15】(1)　X　磁力　　Y　解決の方法　　(2)　(解答例)　どの要因が影響を与えるかを調べる際に，変化させる要因と変化させない要因を区別するということ。

〈解説〉(1)　X　①の目標は，知識及び技能に関するもので，第5学年に学習する内容が並べられている。第5学年の「エネルギー」の領域の内容は，「振り子の運動」と「電流がつくる磁力」である。理科の内容は，学習指導要領解説(平成29年7月)に掲載されている，学年を通した内容の構成の表等で確認しておくことが必要である。　Y　②の目標は，思考力，判断力，表現力等に関するものである。小学校理科では，学年を通して育成を目指す問題解決の力を，学年別に示している。第5学年では，主に予想や仮説を基に，解決の方法を発想する問題解決の力の育成を目指している。他の学年の目標も確認しておくこと。
(2)　「条件を制御する」ことについては，解決したい問題について，解決の方法を発想する際に，制御すべき要因と制御しない要因を区別しながら計画的に観察，実験などを行うことであることが，学習指導要領解説(平成29年7月)に記述されている。公開解答では，変化させる要因，変化させない要因等のキーワードを主な観点として，相対的に評価するとしている。

【16】(1)　(解答例)　直接目で太陽を見ない。虫眼鏡で集めた日光を衣服や生物に当てたりしない。虫眼鏡を破損して指を切ったりしないよう取り扱いは慎重にする。　(2)　(解答例)　太鼓の上にピンポン玉を置いてたたき，ピンポン玉がはねる様子を観察する。

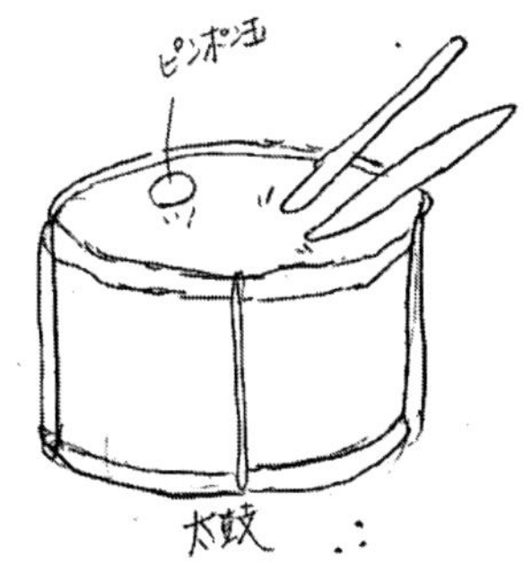

〈解説〉(1)　太陽を直接目で見ると，目を傷めるので絶対に行わない。レンズで集めた光を，人の顔に当てたり，衣服や生物に当てたりすると，光を集めた部分が高温になり，顔の表面，衣服の繊維や生物を傷めるので，絶対に行わない。虫眼鏡のレンズは落としたりぶつけたりすると割れるので，取り扱いに注意する。安全に配慮しながら指導することが大切である。公開解答では，虫眼鏡の正しい使い方を説明しているかどうかを主な観点として，相対的に評価するとしている。
(2)　例えば，太鼓をたたくと，太鼓の皮が震えている様子を，ピンポン玉等がはねる様子で視覚的に分かりやすく見せることが考えられる。公開解答では，楽器が震えていることを視覚的に捉える実験について，図で示しながら説明しているかを主な観点として，相対的に評価するとしている。

【17】(1)　(解答例)　目印となる木や建物と観察する星や月との位置関係を比較することで，星や月の動きを分かりやすくするため。　(2)　ア　(3)　ウ

〈解説〉(1)　木や建物など動かないものを基準にすると，基準に対する星や月の位置の変化が分かりやすくなる。公開解答では，目印が必要な理由を適切に説明しているかを主な観点として，相対的に評価するとしている。　(2)　時間の経過による星の動きは，地球の自転による見かけの運動である。星は実際には動いていないので，並び方はそのままで，地球が自転することによってその位置が変わって見える。(3)　地球から見て，月が太陽の反対方向にあるときに満月になる。月は地球の周りを約1か月かけて公転しているので，月と太陽は約1か月後にまた同じ位置関係になる。

【18】(1)　エ　(2)　(解答例)　・水溶液を冷やす。　・水溶液を加熱して水を蒸発させる。

〈解説〉(1)　ア・イ　図より20℃のときは，50mLの水に約5gのミョウバンが溶ける。アは水の量が25mLだから，約2.5g溶け，イは水の量が100mLだから約10g溶ける。これらから，どちらも20gのミョウバンは溶け残りが出る。　ウ・エ　40℃では，50mLの水に約12gのミョウバンが溶ける。ウは水の量が25mLだから約6g溶けるので，20gのミョウバンは溶け残りが出る。エは水の量が100mLだから約24g溶けるので，20gのミョウバンは全部溶ける。　オ　60℃では，50mLの水に約30gのミョウバンが溶ける。水の量が25mLだから約15g溶けるので，20gのミョウバンは溶け残りが出る。　(2)　温度が下がると水に溶かせるミョウバンの量が減少するので，溶けていたミョウバンが溶けきれずに析出する。また水が蒸発すれば，蒸発した水に溶けていたミョウバンが析出する。公開解答では，蒸発，冷やす等のキーワードを主な観点として，相対的に評価するとしている。

【19】(1)　ウ　　(2)　(解答例)　葉がついたホウセンカと葉をすべて取ったホウセンカを別々の水の入った試験管に挿し，ポリ袋をかぶせ，1日放置する。放置後，ポリ袋に集まった水の量を比較する。

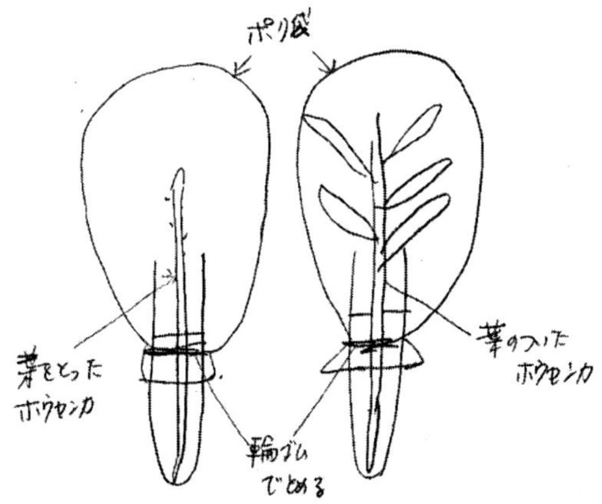

〈解説〉(1)　ホウセンカは双子葉類なので，維管束が茎の断面に輪状に並んでいる。　(2)　葉から水蒸気が出ていることを捉えさせるために，葉があるものとないもので比較をする。公開解答では，植物の葉から蒸散が行われていることについて，図で示しながら説明できているかを主な観点として，相対的に評価するとしている。

【20】(1)　思いや願い　　(2)　知的な側面

〈解説〉(1)　生活科の目標には，具体的な活動を通して，「身近な生活に関する見方・考え方」を生かし，自立し生活を豊かにしていくための資質・能力を育成することが，明確に示された。生活科において示された「身近な生活に関わる見方・考え方」は，身近な人々，社会及び自然を自分との関わりで捉え，よりよい生活に向けて思いや願いを実現しようとすることであると，学習指導要領解説(平成29年7月)に解説されている。　(2)　学習指導要領解説(平成29年7月)には，生活科でいう気付きについて，児童の主体的な活動によって生まれるものであり，そこには知的な側面や情意的な側面が含まれることが解説されている。また，生活科の活動や体験の過程において，自分自身，身近な人々，社会及び自然の特徴やよさ，それらの関わり等についての気付きが生まれ，その中でも，自分自身の気付きを特に大切にしていることが示されている。

【21】(1) computer (2) culture (3) park

〈解説〉穴埋め問題。選択肢の中から，空欄に入るべき語を選び英語に翻訳して記述する。 (1) 小さくて軽いことが良いとされる商品であるから，選択肢の中では「コンピュータ」が適切。 (2) 日本の何かであって，落語はその一つであると読み取れるので，「文化」が適切。(3) サッカーをする場所として，選択肢の中で最も適切なのは「公園」。

【22】(1) イ (2) エ (3) ウ

〈解説〉会話文穴埋め問題。ここでは，主に文法についての知識が問われている。 (1) that manを表す代名詞で，目的語になっているので，イのhimが適切。 (2)「私が家に着いた時」という過去の時点における，テレビを見るという進行中の行動なので，過去進行形のエが適切。(3) 期間を答えているので，滞在期間を聞いているウが適切。

【23】(1) Open your textbooks. (2) Do you have any questions?

〈解説〉授業でよく用いるフレーズの和文英訳。この程度であれば，フレーズとして丸暗記して何も考えなくても出てくるようにしたい。
(1) 教科書を「開く」は，直訳のOpen your textbook(s).でも，問題なく通じる。 (2) 質問が「ある」という日本語になっているが，英訳の際にはDo you haveと「have」を用いるのが自然。

【24】(1) (解答例) 相手の言葉を言い換えたり，あいづちを打ったりするなどして，意思疎通が滞りなく行われていることを随時共有する。
(2) (解答例) 言語使用を文脈に結びつける。

〈解説〉(1) コミュニケーション戦略について例を挙げて記述する問題。

相手が言ったことを再度言ってもらったり，説明を求めたり，確認したり，言い換えたり，あいづちを打ったりして，会話が絶えないようにすることを説明する。公開解答では，「言い換え」，「あいづち」等のキーワードを主な観点として評価するとしている。　(2)　linkは，つなげる，連結するという意味で，language use「言語使用」をcontext「文脈」に結びつけようとするという意味になる。公開解答では，「文脈」，「言語使用」等のキーワードの有無で評価するとしている。

【25】(1)　①　場面　　②　推測　　③　基礎的　　(2)　(解答例)　転校生と初対面の場面を設定したロールプレイを行い，友達になるため互いに英語で自己紹介をする活動を行う。

〈解説〉(1)　①　外国語教育における学習過程としては，まず，設定されたコミュニケーションを行う目的や場面，状況等を理解することから始まる。「目的，場面，状況」は，セットで覚える。　②「推測しながら読む」ことについては，英語の文字や単語などの認識や，日本語と英語の音声の違いやそれぞれの特徴への気付きに基づくものである。「語順を意識しながら書く」ことについては，語順の違いなど文構造への気づきなどに基づくものである。　③　中学年の外国語活動においては「伝え合う力の素地を養う」，高学年の外国語科においては「伝え合うことができる基礎的な力を養う」として示されている。
(2)　基本的な表現を用いて，自分や相手のこと，身のまわりの物に関する事柄，日常生活に関する身近で簡単な事柄などから，具体的場面として取り上げて，目的を明確に示して説明することが求められる。公開解答では，「コミュニケーションを行う目的や場面，状況等を明確にした活動であること」等を主な観点として評価するとしている。

2022年度　実施問題

【1】次の文章を読んで，以下の1～4の問いに答えよ。

わたしたちは，電子ファイルを「開く」と言うが，実際の動作は，マウスを動かしているだけで，何かを「開いて」いるわけではない。だいたいマウスを握った手は，何かを開く動作とは逆の状態である。普通は手を握ったままの状態で本を読むことはできない。電子化された本の登場によって，はじめて人間は，握りこぶしでページをめくれるようになったと言うべきである。さらに携帯電話の登場によって，親指一本で文章を書けるようになったのだから，ここにおよんで，読み書きする身体は大きく変化していると言ってよい。読書という活動が[a]ツチカってきた指先や手の動作が，電子化によって，失われてゆく。紙や活字といった物質が潜在的に持っていた役割を，わたしたちはもはや必要としていないのだろうか。

しばらく前，ある本の冒頭で，とても印象深い「学び」の風景に出会ったことがある。『世界の再魔術化』で知られる著者モリス・バーマンが書きとめているエピソードによれば，ヘブライ語のアルファベットを習う最初の日，教師は子どもたちにそれぞれの石版に最初の文字を蜜で書かせ，それを舐めさせたという。子どもたちは，文字を学ぶ最初の瞬間に，知識は甘美なるものであることを感得する。いったい今の世界で，誰が「文字」に味があることを教えられるだろうか。文字が視覚以外の感覚を刺激するということは，無論，活字では不可能だし，まして電子テキストではありえない。「文字」を単なる伝達媒体(メディア)とする考えからは，絶対に出てこないような「教育」が，かつて存在していたということである。

文字が「味覚」と直接に結びつくことは，おそらく稀なことだろう。だが触覚なら，まだ分かる。わたしたちはもともと文字を，常に触覚を通して学んできた。漢字文化圏には幸いにして書道が生きているし，アラブ語圏にも見事な*カリグラフィーの伝統がある。細々とではあるが，ヨーロッパにもペンとインクの伝統は残っている。たとえばフランスでは，小学校でアルファベットを書き始める際に，今日でもインクとペンを子どもたちに使わせる。かの有名な写真家ロベール・ドワノーの作品に，両手をインクだらけにしながら勉強している小学生たちを活写した傑作写真集がある。これは半世紀近く昔の$_A$撮影だが，今日でもそれほど変わらないようだ。パリに駐在しているアメリカ人のジャーナリストが，フランスの小学校に通う息子が，手をインクだらけにして帰ってくるのに疑問を投げかけるエッセイを読んだことがある。インク壺はさすがに少数になり，万年筆を使わせているようだが，それでも普通に考えれば，小学校の一年生がいまどき手やシャツに，インクの染みをつけている光景は，全小学校にインターネットが完備されている合衆国の親には理解し難いものかもしれない。

文字が意味の媒体でしかないならば，インクまみれの手やシャツは時代遅れの産物である。文字は「染み」を作るものであることを，手を汚しながら身体で理解することの重要性は，まさしくこの点にかかっている。ペン先の角度，インクの染み，筆圧，視線の集中といった，それ自体かなり複雑な諸力が組み合わさり，意識と物質との相互的作用のなかから生まれ出るものが，「文字」であり「言葉」なのだ。そこをおろそかにすると，「創造」という最も重要な出発点を，子どもの時代に逃がしてしまいかねない。文字がそうであるように，それが印刷される紙や，扉表紙といった本の物理的な構造にも，同様の検討を加えてみる価値はありそうである。

(港(みなと)　千尋(ちひろ)『第三の眼』による)

[注]

＊カリグラフィー…筆触と筆線を主とする平面芸術の総称。中国・日本の書道のほか，イスラムのコーランの書体などをいう

1　$_a$ツチカ　を漢字に直して書け。

2　$_A$撮影　という熟語の構成について説明せよ。

3　同様の検討を加えてみる価値はありそうである　と筆者が述べる理由について説明せよ。

4　第3学年の児童に，毛筆を使用して点画の書き方への理解を深め，

筆圧などに注意して書くことをねらいとして授業を行う場合，点画の書き方と筆圧をどのように関連付けて指導するのか。「小学校学習指導要領解説国語編(平成29年7月文部科学省)」を踏まえ，左右の払いを例にして説明せよ。

(☆☆☆◎◎◎)

【2】次は，国語の授業で扱う詩と，授業の構想について話し合っているA教諭とB教諭の会話の一部である。詩と会話文を読んで，以下の1～3の問いに答えよ。

【授業で扱う詩】

蜂(はち)と神さま　　金子(かねこ)みすゞ

蜂はお花のなかに，
お花はお庭のなかに，
お庭は土塀(どべい)のなかに，
土塀は町のなかに，
町は日本のなかに，
日本は世界のなかに，
世界は神さまのなかに。

そうして，そうして，神さまは，
小(ちっ)ちゃな蜂のなかに。

【A教諭とB教諭の会話の一部】

A　第一連は一定の表現に従って進んでいますが，実は①7行目で，内容について大きな転換が図られていることを子どもたちに気付かせたいと思います。

B　なるほど。転換といえば，②第二連の表現の仕方も，第一連とは異なっていますよね。このことによる効果も，子どもたちには考えさせたいですね。

1　この詩の文体と形式の上での分類を漢字五字で書け。

2　①7行目で，内容について大きな転換が図られている　とあるが，どのように転換しているか。それより前の行と比較して説明せよ。

3　②第二連の表現の仕方　を取り上げて，その効果を説明せよ。

(☆☆☆◎◎◎)

【3】次の文章を読んで，以下の1～4の問いに答えよ。

人の田を*論ずるもの，訴へに負けて，ねたさに，「その田を刈りて取れ」とて，人を①つかはしけるに，先づ，道すがらの田をさへ刈りもて行くを，「これは論じ給ふ所にあらず。②いかにかくは」と言ひければ，刈るものども，「その所とても，刈るべき理なけれども，*僻事（ひがごと）せんとてまかる者なれば，いづくをか刈らざらん」とぞ言ひける。③理いとをかしかりけり。

＊論ずる…訴訟して所有権を争うこと

＊僻事…間違ったこと

(『徒然草』による)

1　①つかはしけるに　を現代仮名遣いに直して書け。

2　②いかにかくは　について，「かく」が指す内容を明確にして現代語訳せよ。

3　③理　とはどのような理屈か，説明せよ。

4　親しみやすい古文を用いて，第6学年の児童に昔の人のものの見方や感じ方を知ることをねらいとした学習活動を設定する際，どのようなことに配慮すればよいか。「小学校学習指導要領解説国語編(平成29年7月文部科学省)」を踏まえ，想定する学習活動を明らかにして，説明せよ。

(☆☆☆◎◎◎)

【4】「小学校学習指導要領解説国語編(平成29年7月文部科学省)」を踏まえ，「小学校学習指導要領(平成29年3月告示)」に関する次の文章の(　ア　)～(　ウ　)に当てはまる適切な語句を書け。

> 言語感覚とは，言語で理解したり表現したりする際の(　ア　)・適否・美醜などについての感覚のことである。話したり聞いたり書いたり読んだりする具体的な言語活動の中で，(　イ　)，目的や意図，場面や状況などに応じて，どのような言葉を選んで表現するのが適切であるかを直感的に判断したり，話や文章を理解する場合に，そこで使われている言葉が醸し出す(　ウ　)を感覚的に捉えたりすることができることである。

(☆☆☆◎◎◎)

【5】次の(1)～(5)の問いに答えよ。

(1)　$\dfrac{3x+2y}{2}-\dfrac{2x-y}{3}$を計算せよ。

(2)　方程式$x(x-5)=14$を解け。

(3)　1から6までの目が出る2つのさいころを同時に投げるとき，出た目の数の和が6以下になる確率を求めよ。ただし，さいころの目の出方は同様に確からしいものとする。

(4)　次の図で，AB//CDであり，線分ADと線分BCの交点をEとする。点Fは線分BD上の点で，AB//EFである。AB＝12cm，CD＝8cmであるとき，線分EFの長さを求めよ。

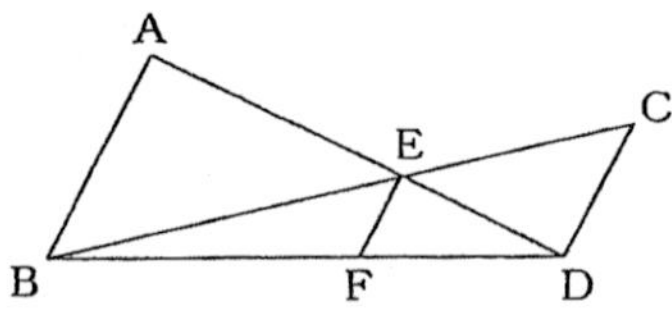

(5)　次の図で，点Aと点Bは直線ℓ上にある異なる点で，点Cは直線ℓ上にない点であり，AB＞BCである。

直線ℓ上にあり，AP＝BC＋BPとなる点Pを，定規とコンパスを用いて作図せよ。ただし，作図に用いた線は消さないこと。

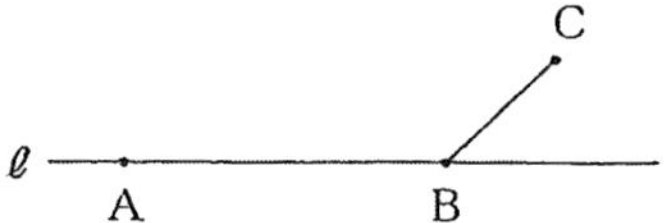

(☆☆☆◎◎◎)

【6】「連続する3つの偶数の和は，中央の偶数の3倍である。」ということがいつでも成り立つことを説明せよ。

(☆☆☆◎◎◎)

【7】図のように，座標平面上に2点A(4，8)，B(6，2)と原点Oを頂点とする△AOBがある。以下の(1)，(2)の問いに答えよ。

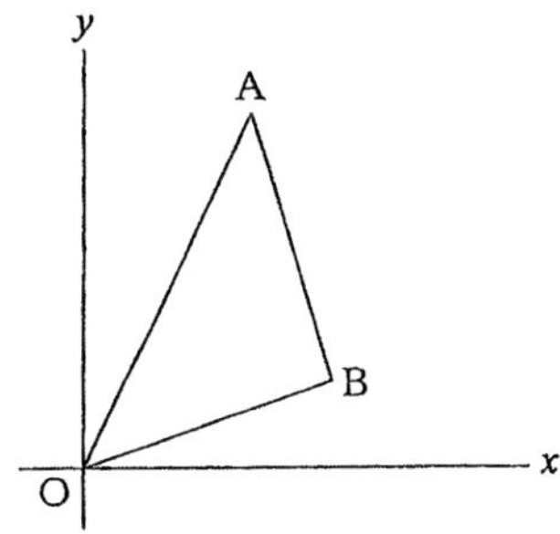

(1)　2点O，Bを通る直線の式を求めよ。

(2)　点Bを通り，△AOBの面積を2等分する直線の式を求めよ。

(☆☆☆◎◎◎)

【8】次は，令和2年度秋田県学習状況調査小学校第5学年算数の問題(抜粋)である。

> 次の【問題】の答えを求めるための式を書きましょう。ただし，計算の答えを求める必要はありません。
> 【問題】
> 板を1.6m^2ぬるには，1.2dLのペンキが必要です。板を1m^2ぬるには，このペンキは何dL必要ですか。

この問題の通過率は51.6%であった。この問題で見られるつまずきを解消するための授業を構想する。次の(1)，(2)の問いに答えよ。

(1)　自力解決の場面において，答えを求めるための式を考える児童の思考の状況は，多様に想定される。予想される児童の考えを，簡潔に3つ記述せよ。

(2)　(1)で挙げた児童の考えを踏まえ，どのように学び合いを展開するか，具体的に記述せよ。

(☆☆☆◎◎◎)

○【9】～【11】の設問において「小学校学習指導要領(平成29年3月告示)第2章　第2節　社会」を「学習指導要領」，「小学校学習指導要領解説社会編(平成29年7月文部科学省)」を「解説」と記す。

【9】「解説」に示されている社会科の内容に関する問題である。資料の(　a　)～(　c　)に当てはまる語句を，それぞれ書け。

資料　「解説」の一部

> 社会科の内容については，第3学年においては(　a　)を中心とする地域社会に関する内容を，第4学年においては県を中心とする地域社会に関する内容を，第5学年においては我が国の国土と(　b　)に関する内容を，第6学年においては我が国の政治と歴史，

(　c　)に関する内容を，それぞれ取り上げている。これらは，中学校で学ぶ内容との関連を考慮し，①地理的環境と人々の生活，②歴史と人々の生活，③現代社会の仕組みや働きと人々の生活に区分して捉えることができる。

(☆☆☆◎◎◎)

【10】「学習指導要領」第2〔第4学年〕2内容(3)，〔第6学年〕2内容(1)，(2)に関する問題である。(1)～(7)の問いに答えよ。

年表　秋田県内の主な地震災害（近代以降）

発生年	名称
1894	庄内地震 ……（b 始点）
1896	陸羽（六郷）地震
a 1914	秋田仙北（強首）地震
1939	男鹿地震 ……（b 終点）
1983	c 日本海中部地震
2011	東日本大震災

（「学校における防災教育の手びき」などから作成）

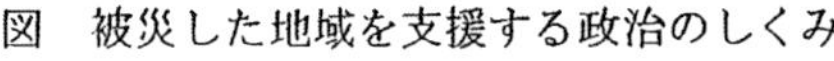
図　被災した地域を支援する政治のしくみ

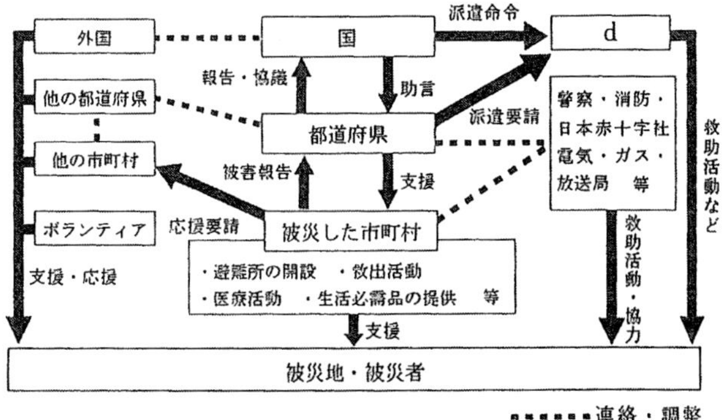

(1)　年表の下線部aは何時代か，元号を書け。

(2)　年表のbの期間に結ばれた条約として当てはまるものを，ア～エからすべて選んで記号を書け。

ア　ベルサイユ条約　　イ　ポーツマス条約

ウ　日米修好通商条約　　エ　下関条約

(3)　県民生活に甚大な影響を与えた，年表の下線部cの体験を風化させないため，この大災害が起きた5月26日を，秋田県では毎年何の日と定めているか書け。

(4)　第4学年の2内容(3)について，「解説」では，過去に県内で発生した自然災害を選択して取り上げるよう示されている。「解説」に示されている地震災害以外の自然災害を二つ書け。

(5)　図の[d]に当てはまる語句を書け。

(6)　災害に際して，都道府県や市町村，日本赤十字社などの団体，国民の協力の下に国が応急的に必要な救助活動を行い，被災者の保護と社会秩序の保全を図るために制定された法律名を書け。

(7)　自然災害によって被災した地域や，被災が想定される地域を取り上げる際に配慮しなければならないことを，「解説」を踏まえて書け。

(☆☆☆◎◎◎)

【11】「学習指導要領」第2〔第5学年〕2内容(1)に関する問題である。(1)～(6)の問いに答えよ。

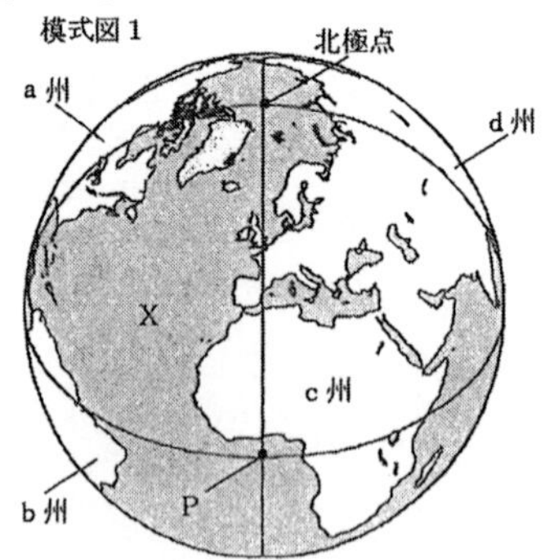

※ロシア連邦はヨーロッパ州に位置づけている。

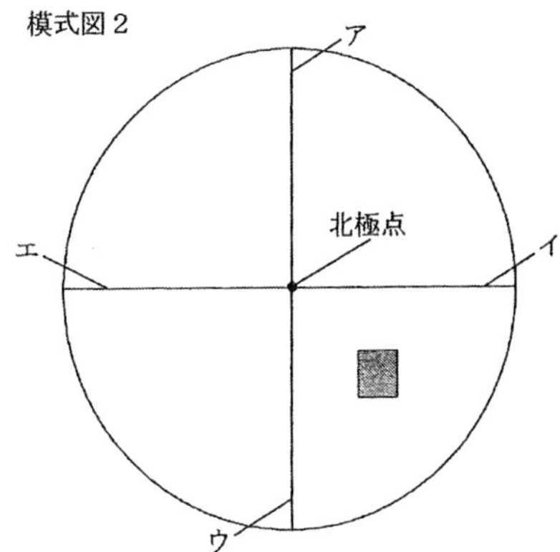

※模式図１，２の経線は，本初子午線を基準に90度ごとに引いている。

(1)　模式図1のXの海洋名を書け。

(2)　模式図1の点Pは赤道と本初子午線の交点である。点Pから赤道上を西に移動する時，最初に通過する大陸名を書け。

(3)　模式図2は，模式図1を北極点の真上から見たものである。日本がおよそ▒の範囲に位置する時，本初子午線をア～エから一つ選んで記号を書け。

(4)　表のA～Dには，模式図1のa州～d州のいずれかが当てはまる。c州に当てはまるものを，A～Dから選んで記号を書け。

表　世界に占める各州の割合

州＼項目	土地面積（万ha）	農地面積（%）	森林面積（%）
ヨーロッパ	221 332	20.9	45.9
A	310 888	53.6	19.1
B	296 492	38.4	21.0
C	211 994	28.3	35.4
D	174 617	32.8	48.2
オセアニア	84 963	45.3	20.4

※農地と森林の面積の%は土地面積に対する割合を示している。

（「地理統計要覧2021年版」から作成）

(5)　資料は，我が国の国土の特性を考え，表現する学習のまとめとして，児童に説明させたい内容を，教師が整理したものである。[　　]に入る適切な内容を，形状と面積に着目し，「解説」を踏まえて書け。

資料

○日本は北半球にあり，ユーラシア大陸の東方に位置している。 ○大韓民国，中華人民共和国，ロシア連邦と隣り合っている。 ○太平洋や日本海，オホーツク海などに囲まれ，[　　]。

(6)　世界の大陸や主な海洋の位置や広がり，それらと我が国との位置関係などを児童に理解させるために，教師が行う教室環境の工夫を，「解説」を踏まえて書け。

(☆☆☆◎◎◎)

【12】小学校学習指導要領(平成29年3月告示)第2章第4節理科に示されている目標について，以下の(1)，(2)の問いに答えよ。

第1　目標 　自然に親しみ，理科のa見方・考え方を働かせ，b見通しをもって観察，実験を行うことなどを通して，自然の事物・現象についての問題を科学的に解決するために必要な資質・能力を次のとおり育成することを目指す。 　(1)～(3)　略

(1)　自然の事物・現象をどのような視点で捉えるかという下線部aについては，理科を構成する領域ごとの特徴から整理が行われている。「粒子」を柱とする領域では，主としてどのような視点で捉えることが特徴的な視点として整理されているか，書け。小学校学習指導要領解説理科編(平成29年7月文部科学省)に示されている内容に基づいて書け。

(2)　下線部bについて，「見通しをもつ」とは，児童が自然に親しむことによって見いだした問題に対して，どのようにすることか。小学校学習指導要領解説理科編(平成29年7月文部科学省)に示されている内容に基づいて書け。

(☆☆☆◎◎◎◎)

【13】小学校第3学年「太陽と地面の様子」における指導について，次の(1)，(2)の問いに答えよ。

(1) 秋田県の北緯40°の地点における夏至の太陽の動きについて，日の出の位置，南中高度，日の入りの位置はそれぞれどうなるか。最も適切なものを次から一つずつ選んで記号を書け。

ア	真東よりも北寄り	イ	真東
ウ	真東より南寄り	エ	26.6°
オ	40°	カ	50°
キ	73.4°	ク	真西より北寄り
ケ	真西	コ	真西より南寄り

(2) 日なたの地面の温度の測り方について，図のように，地面に浅い溝をつくって温度計の液だめを差し込み，土を薄くかけるよう児童に説明した。次に，おおいを使う理由に触れながら，適切なおおい方を説明したい。どのような説明をすればよいか書け。

図

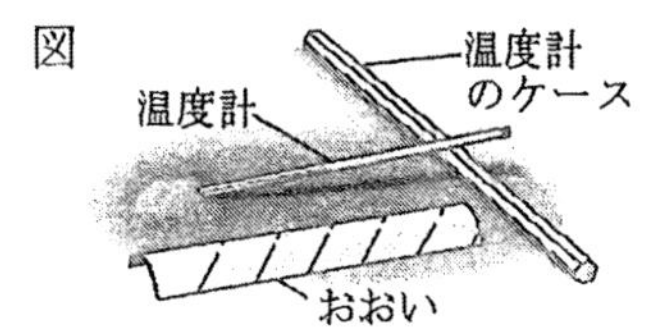

(☆☆☆◎◎◎◎)

【14】小学校第4学年「金属，水，空気と温度」における指導について，次の(1)～(3)の問いに答えよ。

(1) 児童に，冷やされた水が動く様子を，ビーカー等を用いて視覚的に捉えさせたい。どのような実験を行わせ，どのような現象を確認させればよいか。図と言葉でかけ。

(2) 液体を熱して沸騰させ，出てくる気体を冷やして再び液体としてとり出すことを何というか。次から1つ選んで記号を書け。

ア　上方置換　　イ　下方置換　　ウ　分解　　エ　還元

オ　蒸留　　　　カ　再結晶

(3)　表の物質A～Gのうち，20℃で液体のものはどれか。全て選んで記号を書け。

表

物　質	A	B	C	D	E	F	G
融点 (℃)	−39	1535	−210	81	−115	−218	63
沸点 (℃)	357	2750	−196	218	78	−183	360

(☆☆☆◎◎◎)

【15】小学校第5学年「動物の誕生」における指導について，次の(1)，(2)の問いに答えよ。

(1)　児童に，ヒメダカのめすとおすの体の特徴を説明するため，最初に，図のように，はらの特徴を提示した。次に，ひれの特徴を説明したい。図のめすとおすそれぞれに背びれと尻びれをかき加え，それぞれのひれの特徴を書け。

図

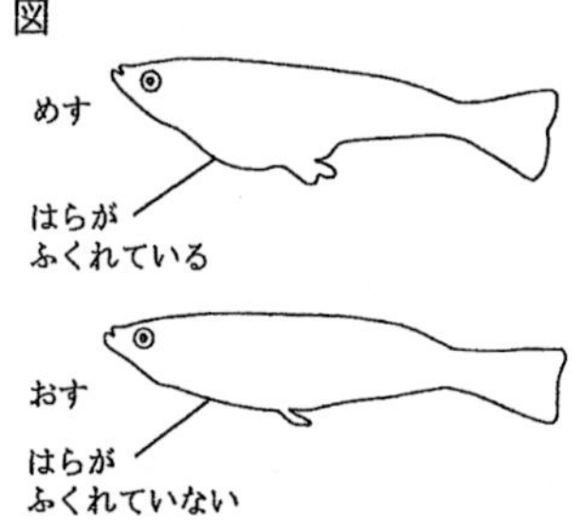

(2)　受精によって子をつくる生殖について説明した次の文が正しくなるように，(　X　)，(　Y　)に当てはまる語句を書け。

> 受精によって子をつくる生殖を(　X　)という。(　X　)では，受精によって子の細胞は，両方の親から(　Y　)ずつ染色体を受け継ぐ。

(☆☆☆◎◎◎◎)

【16】小学校第6学年「てこの規則性」における指導について，次の(1)，(2)の問いに答えよ。

(1) 図のように，支点から70cmの位置に力を加え，支点から30cmの位置につるした2.1kgの袋を持ち上げて水平にした。このとき，手が加えている力の大きさは何Nになるか，求めよ。ただし，100gの物体にはたらく重力の大きさを1Nとする。

図

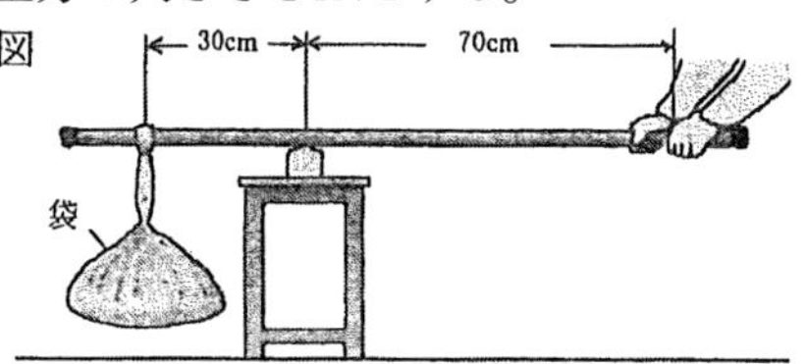

(2) 児童に，身の回りにある次のⅠの条件を満たす道具と，Ⅱの条件を満たす道具をそれぞれ紹介したい。何を紹介すればよいか。道具の名称，力点，支点，作用点の位置を示して，図をかけ。

Ⅰ　力点が支点と作用点の間にあるてこを利用した道具

Ⅱ　作用点が支点と力点の間にあるてこを利用した道具

(☆☆☆◎◎◎◎)

【17】小学校学習指導要領(平成29年3月告示)第2章第5節生活に示されている目標について，以下の(1)，(2)の問いに答えよ。

> 第1　目標
>
> 具体的な活動や体験を通して，身近な生活に関わる見方・考え方を(　X　)，自立し生活を豊かにしていくための資質・能力を次のとおり育成することを目指す。
>
> (1)～(3)　略

(1) (　X　)に当てはまる語句を書け。

(2) 下線部について，創設以来，生活科では三つの自立への基礎を養うことを目指してきた。三つの自立とは何か，小学校学習指導要領解説生活編(平成29年7月文部科学省)に示されている内容に基づいて全て書け。

(☆☆☆◎◎◎◎)

【18】次の(1)～(3)の会話について，それぞれの英文の[　　]内に入る最も適切なものを，以下の[　　]から一つずつ選び，英語1語に直して書け。

(1) A : What [　　] do you like?

B : I like winter. I enjoy skiing with my family.

(2) A : Who is your hero?

B : My hero is my [　　]. He is good at playing soccer.

(3) A : Have you finished your lunch?

B : Not yet. I want to eat Japanese food. Shall we go to the [　　]?

[兄　姉　レストラン　図書館　教科　季節]

(☆☆☆◎◎◎)

【19】次の(1)～(3)について，それぞれの英文の[　　]内に入る最も適切なものを，ア～エからそれぞれ一つずつ選び，その記号を書け。

(1) Your dictionary is [　　] useful than mine.

ア much　イ many　ウ most　エ more

(2) A : Who is the girl [　　] with Mr. Brown over there?

B : She is Emily. She is a new student from Canada.

ア talk　イ talks　ウ talking　エ talked

(3) A : I'm looking for a shirt.

B : How about this one?

A : I don't like the color. [　　]

B : We have white, black, green and blue.

ア Do you want a yellow one?　イ Do you have any other colors?

ウ How much is it?　エ How many sizes do you have?

(☆☆☆◎◎◎)

【20】次の(1)，(2)は，授業における教師の発話である。日本語の意味になるように英語で書け。

(1)　この絵を見なさい。

(2)　手伝ってくれますか。

(☆☆☆◎◎◎)

【21】次の英文を読んで，(1)，(2)の設問に答えよ。

The teacher facilitates communication in the classroom. In this role, (A)one of his major responsibilities is to establish situations likely to promote communication. During the activities he acts as an advisor, answering students' questions and monitoring their performance. He might make a note of their errors to be worked on at a later time during more accuracy-based activities. At other times he might be a 'co-communicator' engaging in the communicative activity along with students (Littlewood 1981).

Students are, above all, communicators. They are actively engaged in negotiating meaning — in trying to make themselves understood — even when their knowledge of the target language is incomplete.

Also, (B)since the teacher's role is less dominant than in a teacher-centered method, students are seen as more responsible for their own learning.

【出典　Diane Larsen-Freeman and Marti Anderson, *Techniques & Principles in Language Teaching*, OXFORD UNIVERSITY PRESS】

(1)　下線部(A)の内容を，具体的に日本語で書け。

(2)　下線部(B)の考え方を踏まえ，実際の外国語活動や外国語の授業において言語活動を行う際に，どのようなことに配慮するか，あなたの考えを具体的に日本語で書け。

(☆☆☆◎◎◎)

【22】「小学校学習指導要領(平成29年告示)解説　外国語活動・外国語編」に関する問題である。(1)，(2)の設問に答えよ。

第2節　英語　1　目標　(2)読むこと ア　(　①　)で書かれた文字を識別し，その読み方を(　②　)することができるようにする。 イ　音声で十分に慣れ親しんだ簡単な語句や基本的な表現の(　③　)が分かるようにする。

(1)　①〜③にそれぞれ当てはまる語を，次の[　　]から選んで書け。

[　綴り　　推測　　意味　　筆記体　　活字体　　発音　]

(2)　外国語科の授業において，「読むこと」の指導を行う際に，どのような活動を設定することが考えられるか，学習指導要領解説を踏まえて具体的に日本語で書け。

(☆☆☆◎◎◎)

解答・解説

【1】1　培　　2　(解答例)　下の字が上の字の目的語となっている。　3　(解答例)　本は，複雑な諸力が組み合わさり，意識と物質との相互的作用の中から生まれ出た「文字」や「言葉」で構成されているからこそ，「創造」という読書にとって最も重要な出発点を備えている。その本を構成する紙などの物質や本の物理的構造にも，それぞれの価値をもっていると考えるから。　4　(解答例)　左払いや右払いなどの点画では，徐々に筆圧を弱めていき，終筆では払いの形で終わるように指導する。

〈解説〉1「培う」とは，素質や能力を伸ばすことを言う。「栽培」，「培養」などの熟語を想起したい。　2　撮影は「影を撮る」という，下の字が上の字の目的語になる構成で，上の字が動詞の熟語である。公開解答では，「目的語」等のキーワードの有無で評価するとしている。　3　まず，第1段落において，読書という活動が培ってきたアナログの動作が電子化によって失われていくことを憂い，それとともに，本を構成する紙や活字といった物質の役割が失われることを危惧する文章がある。しかし，筆者は最終段落で，「文字」や「言葉」が，ペン先の角度，インクの染み，筆圧などのアナログのもつ複雑な諸力の組み合わせによって，意識と物質との相互的作用のなかから生まれ出るものであるからこそ，「創造」という読書において最も重要な出発点を備えていると論じている。そして，本を構成する紙や活字といった物質や，本の構造そのものについても，それらがもつ大事な価値の可能性を主張している。公開解答では，「読書」，「創造」等のキーワードの有無で評価するとしている。　4　筆圧とは，筆記具から用紙に加わる力のことである。点画には，左右の払いのように筆圧を変化させて書くものや，横画のようにほぼ等しい筆圧で書くものがある。その意味で点画の種類を理解することと呼応しており，点画の書き方と筆圧とを関連付けることを重視する必要がある。公開解答では，「終筆」，「弱める」等のキーワードの有無で評価するとしている。

【2】1　口語自由詩　　2　(解答例)　6行目までは物理的な大小関係を述べているのに対して，7行目は概念上の世界認識の問題へと転じている。　　3　(解答例)　「そうして，そうして,」と連呼することによって，この世界が一つの円環構造をなしていることへの期待感を高める効果。

〈解説〉1　詩は大きく分けて，「口語／文語」，「自由詩／定型詩」の2つの観点から，4つに分類することができる。　2　7行目の「世界」と「神さま」に限っては，6行目までとは異なり，その実際の(物理的な)大きさを比較できるものではない。公開解答では，「認識」，「概念」等のキーワードの有無で評価するとしている。　3　表現上の特徴を，詩の内容と関連付けて説明する必要がある。公開解答では，「そうして，そうして,」，「期待感」等のキーワードの有無で評価するとしている。

【3】1　つかわしけるに　　2　(解答例)　どうして道中の，訴訟に関係ない田までも刈り取るのか。　　3　(解答例)　道理などないのに訴訟相手の田を刈り取るのだから，無関係の他の田を刈り取っても何の不都合もないという理屈。　　4　(解答例)　古典について解説した文章を読んだり作品の内容の大体を知ったりする活動を設定して，現代人のものの見方や感じ方と比べるなどして，古典への興味・関心を深めるように配慮する。

〈解説〉1　語頭と助詞以外の「は・ひ・ふ・へ・ほ」は，「わ・い・う・え・お」に置き換える。　2　下線部②が含まれるせりふの冒頭に，指示語「これ」がある。その直前の内容について述べているのである。公開解答では，「どうして」，「刈り取る」等のキーワードの有無で評価するとしている。　3　道中の無関係の田を刈り取る理由を問う問題。訴訟相手の田を刈り取ることと，無関係の田を刈り取ること。これらはいずれも道理の無さという点では同じ類の行動という理屈なのである。公開解答では，「道理に合わない」，「他の田」等のキーワードの有無で評価するとしている。　4　第6学年の内容「(3)我が国の言語文化に関する事項」の「伝統的な言語文化」の指導事項として，「古典について解説した文章を読んだり作品の内容の大体を知ったりすることを通して，昔の人のものの見方や感じ方を知ること」がある。古典作品に直接的に表れている作者の考え方などを理解し，現代人のものの見方や感じ方と比べたりして，古典への興味・関心を深めるようにすることが重要である。公開解答では，「比べる」，「解説」等のキーワードの有無で評価するとしている。

【4】ア　正誤　　イ　相手　　ウ　味わい

〈解説〉国語科の目標のうち(3)は，「学びに向かう力，人間性等」に関して示された目標で，そこには，「言語感覚を養う」ことが示されている。言語感覚を養うことは，一人一人の児童の言語活動を充実させ，自分なりのものの見方や考え方を形成することに役立つとしている。

【5】(1) $\dfrac{5x+8y}{6}$　(2) $x=-2,\ 7$　(3) $\dfrac{5}{12}$　(4) $\dfrac{24}{5}$cm

(5)

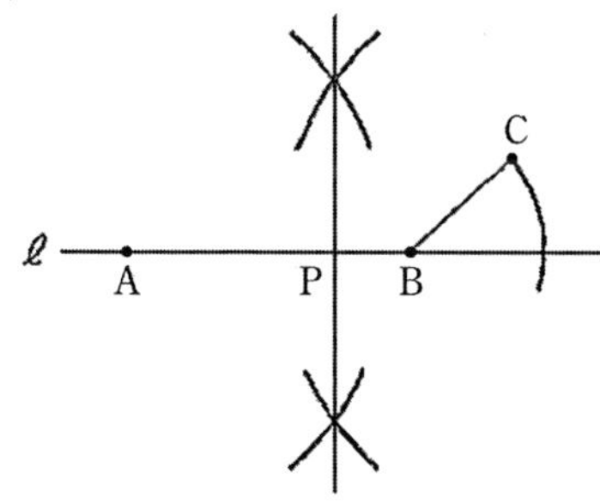

〈解説〉(1) $\dfrac{3x+2y}{2}-\dfrac{2x-y}{3}=\dfrac{3(3x+2y)-2(2x-y)}{6}=\dfrac{9x+6y-4x+2y}{6}=\dfrac{5x+8y}{6}$　(2) $x(x-5)=14$　左辺を展開して　$x^2-5x=14$　⇔　$x^2-5x-14=0$　⇔　$(x+2)(x-7)=0$　よって，$x=-2,\ 7$　(3) 2つのさいころを同時に投げるとき，全ての目の出方は$6\times6=36$〔通り〕。このうち，出た目の数の和が6以下になるのは，一方のさいころの出た目の数をa，他方のさいころの出た目の数をbとしたとき，$(a,\ b)=(1,\ 1),\ (1,\ 2),\ (1,\ 3),\ (1,\ 4),\ (1,\ 5),\ (2,\ 1),\ (2,\ 2),\ (2,\ 3),\ (2,\ 4),\ (3,\ 1),\ (3,\ 2),\ (3,\ 3),\ (4,\ 1),\ (4,\ 2),\ (5,\ 1)$の15通り。よって，求める確率は$\dfrac{15}{36}=\dfrac{5}{12}$　(4) AB//CD//EFより，平行線と線分の比についての定理を用いると，AE：ED＝AB：CD＝12：8＝3：2　$\mathrm{EF}=\mathrm{AB}\times\dfrac{\mathrm{ED}}{\mathrm{AD}}=12\times\dfrac{2}{3+2}=\dfrac{24}{5}$〔cm〕　(5) 直線ℓ上で，点Bの右側にBC＝BDとなる点Dをとり，線分ADの中点をPとすると，AP＝PD＝BD＋BP＝BC＋BPとなる。

【6】(解答例)　3つの偶数の中央値をnとすると，連続する3つの偶数は$n-2,\ n,\ n+2$と表せる。連続する3つの偶数の和は，$(n-2)+n+(n+2)=3n$となり，中央の偶数nの3倍である。

〈解説〉3倍であることを説明するには，$3n$(nは整数)の形の式に導けばよい。

【７】(1)　$y=\frac{1}{3}x$　　(2)　$y=-\frac{1}{2}x+5$

〈解説〉(1)　直線OBの傾きは$\frac{2}{6}=\frac{1}{3}$より，直線OBの式は$y=\frac{1}{3}x$

(2)　点Bを通り，△AOBの面積を2等分する直線は，線分OAの中点$\left(\frac{0+4}{2},\ \frac{0+8}{2}\right)=(2,\ 4)$を通る。異なる2点$(x_1,\ y_1)$，$(x_2,\ y_2)$を通る直線の式は$(y_2-y_1)(x-x_1)-(x_2-x_1)(y-y_1)=0$で与えられるから，求める直線の式は$(2-4)(x-2)-(6-2)(y-4)=0$　整理して　$y=-\frac{1}{2}x+5$

【８】(1)　(解答例)　板を1.6m²ぬるには，1.2dLのペンキが必要である。板を1m²ぬるのに必要なペンキの量を求めるにあたって予想される式は，

［i］　1.2÷1.6　　［ii］　1.6÷1.2　　［iii］　1.2×1.6

などの式が考えられる。

(2)　(解答例)　問題の2つの数量の関係を数直線に表すと，次のようになる。

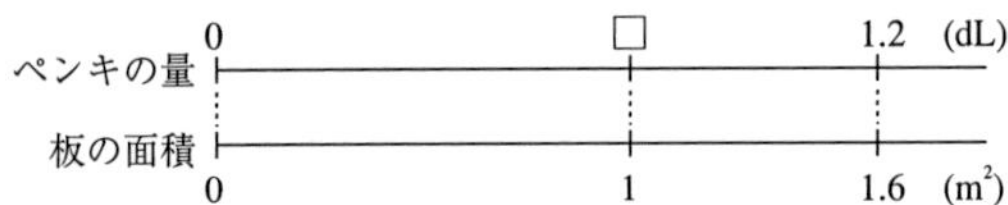

まず，数字や言葉が空欄になっている数直線の図に書き込みをさせて，2つの数量がどのような関係かを確かめさせる。次に，数直線の図をもとに，正しい答えが導き出せると考える式についての見通しをもたせる。さらに調べたり，計算したりして答えを求めさせ，選んだ式や求め方が正しいと思う理由をワークシートに書かせる。その後，小グループでそれぞれの求め方を確かめさせたあと，全体で発表して共有し，ディスカッションする。その中で，数直線の図から，1.6m²のとき1.2dL，1m²のとき□dLより，1.6m²は1m²の1.6倍だから，□dLの1.6倍が1.2dLであることを読み取らせる。そして，未知数(□)を求めるときは，

図をもとにわり算で，1.2÷1.6の式で求められることを押さえる。最終的に教師がまとめを示す。児童が納得するように，話し合いの中から理解させることが大切である。そして，いろいろな解答の方法を話し合いの中から得ることができるように，学び合いの学習を指導展開していく。

〈解説〉(1)　1.6÷1.2の式は，比較量と基準量の判別があいまいであることによるものが根底にあり，問題文に出てきた順に式に表しているともみることができる。また，1.2×1.6は，比較量，基準量，割合の関係が理解できておらず，理解しないままに式に表していることが予想される。公開解答では，「途中までの考えや誤答，正答を示している」，「多様な問題解決の方法を示している」等を主な考えとして，簡潔に3つ述べていることを評価基準としている。　(2)　2つの数量関係を，数直線などを使って図に表して理解させ，正しい求め方の見通しを立て，自力解決した後，全体で個々の考え方を発表して共有し，最後に正しい求め方の理解を図る。公開解答では，「(1)の考えを踏まえ，具体的な手立てを明らかにして，どのように学び合いを展開するかを示している」，「内容が具体的で分かりやすく説得力がある」等を主な観点として，相対的に評価するとしている。

【9】a　市　　b　産業　　c　国際理解

〈解説〉学習指導要領解説(平成29年7月)の「第2章　第2節　社会科の内容構成」の冒頭部分からの出題である。小学校社会の内容は，第3学年で市区町村，第4学年で都道府県，第5学年で我が国の国土と産業，第6学年で我が国の政治と歴史，国際理解としている。特に，学習対象とする地理的環境が，学年を追うごとに視野が広がっているのが大きな特徴である。

【10】(1)　大正　　(2)　ア，イ，エ　　(3)　県民防災の日　　(4)　津波災害，風水害，火山災害，雪害　から二つ　　(5)　自衛隊　　(6)　災害救助法　　(7)　(解答例)　被災した地域，被災が想定される地域に

は，そこに居住していた人々や今も居住している人々がいることを念頭に置き，個人の置かれている状況やプライバシーに十分配慮しなければならない。

〈解説〉(1)　1914年は，大正3年にあたる。大正時代は1912年から1926年までである。　(2)　ア　ベルサイユ条約は1919年，第一次世界大戦を終結するために連合国とドイツとの間で調印された講和条約である。イ　ポーツマス条約は1905年，日露戦争を終結するために日本とロシアの間で結ばれた講和条約である。　ウ　日米修好通商条約は1858年，江戸幕府がアメリカとの間に結んだ通商条約である。　エ　下関条約は1895年，日清戦争を終結するために日本と清国との間に締結された講和条約である。　(3)　1983年5月26日，秋田県沖を震源とするマグニチュード7.7の日本海中部地震が発生した。この地震により津波が発生し，多くの犠牲者が出た。秋田県は5月26日を「県民防災の日」とし，5月26日までの1週間を「県民防災意識高揚強調週間」と定め，各種の防災訓練などを実施している。　(4)　小学校学習指導要領(平成29年告示)社会科の第4学年の内容の取扱いにおいて，過去に県内で発生した災害を選択して取り上げるものとして，地震災害，津波災害，風水害，火山災害，雪害が示されている。　(5)　国からの派遣命令を受けて，被災地・被災者に対して救助等の災害派遣活動などを行うのは，自衛隊である。都道府県知事は，市町村長の要請の要求に応じるなどによって，国(防衛大臣またはその指定する者)へ自衛隊の派遣要請を行う。自衛隊の災害派遣については，自衛隊法の第83条に明記されている。　(6)　災害救助法は，災害が一定の規模を超えた場合には，国の責任で救助を行うことを趣旨とした法律である。1946(昭和21)年に起こった南海地震をきっかけに，1947年に制定・施行された。

(7)　社会科においては，調べる活動が多く伴う。例えば，第4学年で販売の仕事と自分たちの生活との関わりについて調べる際や，家庭における廃棄物の種類や量などを調べる際，災害によって被災した地域を取り上げる際などにおいては，個人のプライバシーなどに十分配慮して行う必要がある。公開解答では，「個人の置かれている状況やプライバシーに配慮する」等に触れた記述かどうかを主な観点として，相対的に評価するとしている。

【11】(1) 大西洋 (2) 南アメリカ大陸 (3) エ (4) B
(5) (解答例) 大小の島々が弧状に連なって構成されている。
(6) (解答例) 教室に日本の都道府県を表す地図を常掲したり，地球儀を常備したりして活用を促す。

〈解説〉(1) ヨーロッパ・アフリカ(c州)と北アメリカ(a州)・南アメリカ(b州)の間に位置する海洋は，大西洋である。d州はアジアである。 (2) 緯度0度，経度0度の点Pから西に移動するということは，模式図1の赤道上を大西洋の方に移動することになる。最初に通過するのは，b州つまり南アメリカ大陸である。 (3) 日本の経度は，東経122°から154°の間にあり，東経135°の経線が日本の標準時子午線である。模式図2中のイが経度180°，ウが東経90°であり，経度180°の反対側のエが本初子午線である。アは西経90°である。 (4) 表中の面積が最も広いAがアジア，2番目に広いBがアフリカ，ヨーロッパに次ぐ4番目のCが北アメリカ，残るDが南アメリカである。森林面積では，近年，南アメリカやアフリカなどの熱帯の森林を中心に，面積の減少が続いている。 (5) 学習指導要領解説(平成29年7月)には，第5学年の我が国の国土の様子について，「北海道，本州，四国，九州，沖縄島，北方領土などの主な島やその周囲の海洋，6,800を超える大小多数の島々から成る我が国の国土の構成や弧状に連なっている国土の様子」と解説されている。公開解答では，「大小の島々が弧状に連なって構成している」等に触れた記述かどうかを主な観点として，相対的に評価するとしている。 (6) 世界の大陸や主な海洋の位置や広がり，それらと我が国との位置関係などを児童に理解させるため，例えば教室に地図を常掲したり，地球儀を常備したりして活用を促すことが重要である。第5学年の知識及び技能の内容の1項目として，「地図帳や地球儀，各種の資料で調べ，まとめること」が示されている。主な学習活動としては，地図帳や地球儀，衛星写真などの資料で国土の位置や構成，領土の範囲などを調べたり，立体模型，統計，写真などの資料で地形や気候の概要，自然条件から見て特色ある地域の様子を調べたりして，まとめることである。公開解答では，「地図を常掲したり，地球儀を常備したりする」等に触れた記述かどうかを主な観点として，相対的に評価するとしている。

【12】(1) 質的・実体的な視点 (2) (解答例) 予想や仮説をもち，それらを基にして観察，実験などの解決の方法を発想する。

〈解説〉(1) 今回の学習指導要領の理科の改訂においては，問題解決の過程における自然の事物・現象をどのような視点で捉えるかという「見方」について，理科を構成する領域ごとの特徴から整理が行われた。自然の事物・現象を，「エネルギー」を柱とする領域では，主として量的・関係的な視点，「粒子」を柱とする領域では，主として質的・実体的な視点，「生命」を柱とする領域では，主として共通性・多様性の視点，「地球」を柱とする領域では，主として時間的・空間的な視点で捉えることが，それぞれの領域における特徴的な視点として整理されている。 (2) 児童が自分で発想した予想や仮説，そして，それらを確かめるために発想した解決の方法で観察，実験などを行うことによって，観察，実験は児童自らの主体的な問題解決の活動となる。公開解答では，「予想」，「解決の方法」等のキーワードの有無で評価するとしている。

【13】(1) 日の出の位置…ア 南中高度…キ 日の入りの位置…ク
(2) (解答例) 温度計に直射日光が当たると，温度計が温まって正しい温度が測れないので，おおいをする。ただし，液だめの部分にもおおいをかぶせると日陰と同じ条件になってしまうので，液だめの部分にはおおいをしない。

〈解説〉(1) 日の出，日の入りの位置は，春分と秋分のときが真東から昇り真西に沈む。春分～夏至～秋分の間は，日の出・日の入りは真東・真西より北になり，昼の時間が長くなる。秋分～冬至～春分の間は，日の出・日の入りは真東・真西より南になり，昼の時間が短くなる。夏至の南中高度は，90－(北緯)＋23.4で求められるので，90－40＋23.4＝73.4〔°〕となる。 (2) 5分くらい経ったら，おおいを外して温度を測る。目盛りを読むときは，液だめを出さないでそのままの状態で読む。温度計で土を掘ったり，温度計を硬いものに当てないように注意する。公開解答では，日なたの地面の温度の測り方について説明しているかを主な観点として，相対的に評価するとしている。

【14】(1) (解答例) ビーカーに水を入れ，そこにサーモインクを溶かし，全体がピンク色になるまで温める。全体がピンク色になったら，袋に入れた氷を水につけ，液の上部を冷やす。冷やされた部分は青色になるので，青色になった部分が下に移動することを確認させる。

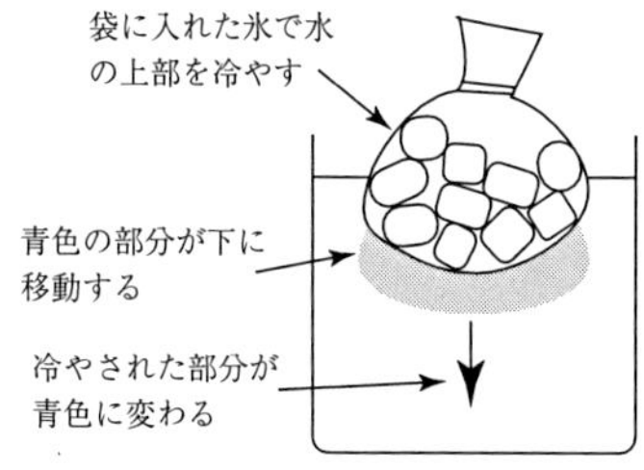

(2) オ (3) A，E

〈解説〉(1) 水や空気が冷やされると，密度が大きくなるので下方に移動する。公開解答では，冷やされた水が動く様子を視覚的に捉えさせることについて図を用いながら説明しているかを主な観点として，相対的に評価するとしている。 (2) 蒸留は，物質の沸点の違いを利用した分離法である。例えば海水から純水をとり出すときなどに用いられる。 (3) 融点が20℃より低く，かつ沸点が20℃より高い物質が当てはまる。

【15】(1) (解答例) めすは背びれに切れ込みがなく，尻びれは小さく，丸みがある。おすは背びれに切れ込みがあり，尻びれの幅が広くて長

く，先端がギザギザである。

図

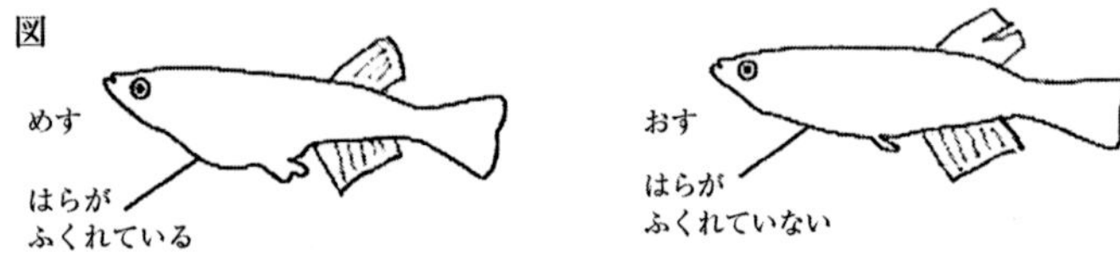

(2)　X　有性生殖　　Y　半数

〈解説〉(1)　ヒメダカのめすとおすは背びれ，尻びれの違いで見分けられる。また，腹のふくらみの有無も見分けるポイントである。公開解答では，ヒメダカの体の特徴について図を用いながら説明しているかを主な観点として，相対的に評価するとしている。　(2)　卵や精子になる生殖細胞は，減数分裂によって分裂し，分裂後につくられた生殖細胞の染色体の数は，もとの細胞の半分になる。その後，めすとおすの生殖細胞が受精して受精卵ができると，染色体の数はもとの数に戻る。よって，受精によってできる受精卵は，雌雄両方の親の染色体を，それぞれ半分ずつ受け継ぐことになる。

【16】(1)　9N

(2) Ⅰ　(解答例)　ピンセット　　Ⅱ　(解答例)　栓抜き

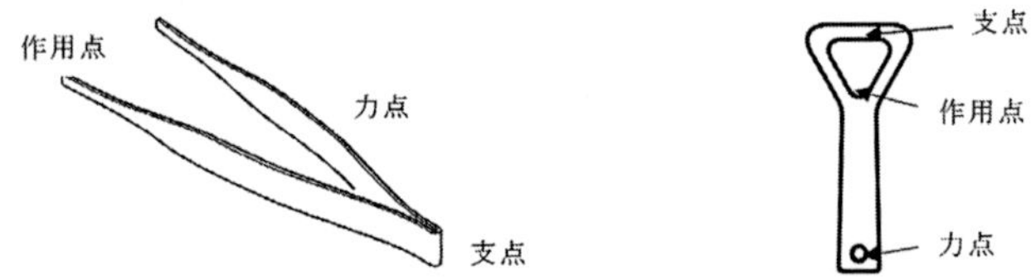

〈解説〉(1)　2.1kgの重さの袋にはたらく重力は，21Nである。てこの原理より，手が加える力をx〔N〕とすると，$21\times30=x\times70$より，$x=9$〔N〕となる。　(2)　Ⅰは作用点において小さな力がはたらくのが特徴で，細かい作業ができる。他にトング，糸切りばさみ，はし等がある。Ⅱは作用点に大きな力がはたらくのが特徴である。他に穴あけパンチ，くるみ割り，卓上カッター等がある。公開解答では，Ⅰ・Ⅱの条件を

満たしているかを主な観点として，相対的に評価するとしている。

【17】(1)　生かし　(2)　学習上の自立，生活上の自立，精神的な自立
〈解説〉(1)　生活科の目標の柱書からの出題である。「見方・考え方」は，教科ならではのものごとを捉える視点や考え方で，深い学びの鍵の部分である。各教科の柱書には，この「見方・考え方」について示しているが，大半の教科は「(教科ならではの)見方・考え方を働かせ」と表現されている。一方，生活科に関しては「(教科ならではの)見方・考え方を生かし」と表されており，教科の特性を示したものと言える。
(2)　生活科は創設以来，学習上の自立，生活上の自立，精神的な自立という三つの自立への基礎を養うことを目指しており，今回の改訂でも，この理念が受け継がれた。ここでいう自立とは，一人一人の児童が幼児期の教育で育まれたことを基礎にしながら，将来の自立に向けてその度合いを高めていくことを指している。

【18】(1)　season　(2)　brother　(3)　restaurant
〈解説〉選択式の穴埋め問題だが，選択肢の単語を英語にして書く。
(1)　返答が冬なので，「季節」を聞いていることが分かる。英単語はseason。　(2)　Bにとってのヒーローについて，直後の文でHeが代名詞として用いられているので，「兄」が適切。英単語はbrother。
(3)　昼食に行こうという話をしているので，行き先は「レストラン」が適切。英単語はrestaurant。

【19】(1)　エ　(2)　ウ　(3)　イ
〈解説〉選択式穴埋め問題。　(1)　直後にthanが用いられ，比較しているので，比較級のエのmoreが適切。　(2)　現在分詞を用いた修飾が用いられているので，ウのtalkingが適切。　(3)　衣料品売り場での会話。客が空欄の直前に色が好みではないと言っていて，直後に店員が売り場にある様々な色を説明しているので，イの「他の色はありますか」が適切。

【20】(1)　Look at this picture.　　(2)　Can you help me?

〈解説〉和文英訳問題。授業における教師の発話であるから，簡潔な表現を心がける。　(1)　命令形であることから，動詞を文頭に持ってくる点や，look atの表現に注意する。　(2)　依頼をする表現を，疑問文で表す点に注意する。他には，Will you help me?や，Could you give me a hand?などの言い方がある。

【21】(1)　(解答例)　コミュニケーションを促進する可能性のある場面を設定すること。　　(2)　(解答例)　何を話すべきかなどを教師があらかじめ決めてしまうような教師主導型ではなく，児童が興味をもって取り組むことができる言語活動を，易しいものから段階的に取り入れるなど，児童が主体的にコミュニケーションに取り組むよう配慮する。

〈解説〉長文読解問題。　(1)　下線部を含む文のto以下の内容を中心に記述する。公開解答では，「コミュニケーションの促進」，「場面の設定」等のキーフレーズの有無で評価するとしている。　(2)　児童の主体的に言語活動に取り組む態度の育成のために，配慮すべきことが問われている。公開解答では，「教師主導型ではなく，児童が主体的にコミュニケーションに取り組むための工夫であること」等を主な観点として評価するとしている。

【22】(1)　①　活字体　　②　発音　　③　意味　　(2)　(解答例)　絵本の読み聞かせを指導する中で，“What color is this? Yes! It’s red.” と色に着目させるやり取りをする。質問に答えさせた後，絵本の文を指しながら，“Where is ‘red’? red, red, red …” と問い掛ける。そのことで絵ではなく文に着目させ，文中にある ‘red’ を見つけさせる。

〈解説〉(1)　外国語科の目標を踏まえ，「聞くこと」，「読むこと」，「話すこと［やり取り］」，「話すこと［発表］」，「書くこと」の五つの領域ごとに，目標が設定されている。そのうちの「読むこと」に関する目標である。「読むこと」は「書くこと」とともに，中学年の外国語活動では指導していないことから，慣れ親しむことから指導する必要がある。そこで，英語の文字の名称の読み方を活字体の文字と結び付け，名称を発音することや，外国語活動で「十分に音声で慣れ親しんだ簡単な語句や基本的な表現」について，段階を踏んで読むことなどで慣れ親しませていき，徐々に読んだ文の意味を捉える活動に移行していく。目標アにある「読み方」は，音ではなく，aやcなどの文字の名称の読み方を指していることに留意する必要がある。 (2) 解答例は，文を読んで，その中から音声で十分に慣れ親しんだ簡単な語句や基本的な表現を識別する活動である。「読むこと」の目標のイの「音声で十分に慣れ親しんだ簡単な語句や基本的な表現の意味が分かるようにする」に関する具体例である。公開解答では，「外国語科における『読むこと』の目標を踏まえた活動であること」等を主な観点として評価するとしている。

2021年度　実施問題

【1】次の文章を読んで，あとの1〜4の問いに答えよ。

言葉の発達を考えると，まず，具体詞ができる。ついで，抽象的な概念が生れると，具体詞を比喩的に使って，それを表わす。たとえば，「考える」という概念は，英語でthinkのほかに，take，see，hold，regard，comprehendなどによっても表現される。はじめのtakeは「取る」，次は「見る」，以下順に「手にとる」「じっと見る」「とらえる」の原義をもっている。それらが，「考える」「理解する」意味に転用されるのである。

「進歩」という語にも，はじめは「歩み」という原義が感じられたに違いない。しかし，aヒンパンに使われているうちに，これが比喩の表現であることが，いつとはなしに忘れられる。こういう忘れられた比喩のことを「死んだ比喩」という。われわれの用いている言葉には，この死んだ比喩が実にたくさんあるが，それに気づくことはまれである。

われわれが表現から，ものごとそのものを考えるのに近い作用をうけるのは，言葉が完全に符号化されているのではなく，いくらかは実質の性格をおびているからである。梅干という言葉をきいただけで，生つばがでる。オオカミが来たときいただけで，こわくなる。スクリーンの中の汽車がこちらへ走ってくれば，ひき殺されるかと思う。つまり，表現はまだ完全に死んではいないのである。

ところが，知的教育は，言語を記号，符号であると考える傾向がつよい。これが徹底すれば言葉とものごとの関係は，完全に死んだものになってしまう。言語表現から感動を味わうということも困難になってくる。言語の危機である。ここで，『動物農場』を書いたジョージ・オーウェルが，イギリス人，とくに，中流階級のイギリス人が体を動かし，手を動かすことがすくなくなって，英語は衰弱したと歎(なげ)いたことが思いあわされる。何でも頭の中でわかったつもりになる。肉体を動かすことによってのみわかる部分が欠落してしまうと，言語だけでなく，文化全体が衰弱してくる。栄えた文明が結局は退廃を招いて亡びてゆく。それは人間が体と頭とを分離して，頭を人間の中心とするところに始まる観念過多の宿命というべきであろう。

体をよくしなくては，頭はよくなら$_b$ない。そのように考える教育が$_c$ないかぎり，教育は人間をほんとうに賢くはしてくれまい。ギリシャ人が知育と体育の融合をはかっていたのであろうと考えられるほか，人類の文化はつねに知育優先を原理としてきたかに思われる。頭でっかちの人間がほんとうに人間らしい人間であろうか。観念とか抽象がすぐれた人間の活動であることはもちろんであるが，その土台となる肉体を否定することは，より高度の抽象的文化の建設のためにも得策ではないはずである。

(外山(とやま)　滋比古(しげひこ)『日本語の個性　改版』による)

1　$_a$ヒンパンを漢字に直して書け。

2　$_b$ない　$_c$ない　の品詞名をそれぞれ書け。

3　言葉とものごとの関係は，完全に死んだものになってしまう　とは，どのようになってしまうことか，説明せよ。

4　第6学年の児童に語彙を豊かにすることをねらいとして指導する際，どのようなことに配慮すればよいか。「小学校学習指導要領解説国語編(平成29年7月文部科学省)」を踏まえ，設定する学習活動を明らかにして説明せよ。

(☆☆◎◎◎)

【2】次は，小学校第5学年の国語の授業で扱う詩と，授業の構想について話し合っているA教諭とB教諭の会話の一部である。詩と会話文を読んで，あとの1～3の問いに答えよ。

【授業で扱う詩】

はたはたのうた　　　　室生犀星（むろうさいせい）

はたはたといふさかな,
うすべにいろのはたはた,
はたはたがとれる日は
はたはた雲といふ雲があらはれる,
はたはたやいてたべるのは
北国のこどものごちそうなり。
はたはたみれば
母をおもふも
冬のならひなり。

【A教諭とB教諭の会話の一部】

A　文語調の詩ですので，指導する際には，①音読を学習活動の中心に据えようと考えています。

B　個々の児童が内容や表現について解釈したことを基に，音読の仕方を考えさせるのはどうですか。

A　いい案です。その際には，はたはたが，単に冬の②風物詩であるばかりでなく，作者にとって③特別な魚であることに気付かせたいですね。

1　①音読　とあるが，「小学校学習指導要領(平成29年3月告示)」では，文語調の文章を音読することで，第5学年及び第6学年の児童にどのような資質・能力を育むことが求められているか。「小学校学習指導要領解説国語編(平成29年7月文部科学省)」を踏まえて説明せよ。

2　②風物詩　とあるが，この会話におけるこの言葉の意味を説明せよ。

3　③特別な魚　とあるが，はたはたは作者にとってどのような魚であると考えられるか。根拠を示して説明せよ。

(☆☆◎◎◎)

【3】次の文章を読んで，下の1～3の問いに答えよ。

七日の日の若菜を，六日，人の持て来騒ぎ，とり散らしなどするに，見も知らぬ草を，子どもの取り持て来たるを，

「何とか，これをばいふ」

と問へば，頓（とみ）にもいはず，

「①いさ」

など，これかれ見あはせて，

「『耳無草*』となむいふ」

といふ者のあれば，

「②むべなりけり。きかぬ顔なるは」

と，笑ふに，また，いとをかしげなる菊の，生ひ出でたるを持て来たれば，

つめどなほ耳無草こそあはれなれ③あまたしあればきくもありけり

と，いはまほしけれど，また，これもきき入るべうもあらず。

*耳無草…ナデシコ科の越年草

(『枕草子』による)

1 ①いさ を現代語訳せよ。

2 ②むべなりけり とあるが，その理由を書け。

3 ③あまたしあればきくもありけり を，和歌で用いられている掛詞を踏まえて現代語訳せよ。

(☆☆☆◎◎◎)

【4】「小学校学習指導要領解説国語編(平成29年7月文部科学省)」を踏まえ，「小学校学習指導要領(平成29年3月告示)」に関する次の文章の(ア)～(ウ)に当てはまる適切な語句を書け。

〔知識及び技能〕の内容は，「(1)　言葉の(　ア　)や使い方に関する事項」「(2)　情報の扱い方に関する事項」「(3)　我が国の言語文化に関する事項」から構成されている。このうち「(2)情報の扱い方に関する事項」は，「情報と情報との関係」「情報の(　イ　)」の2つの内容で，「(3)　我が国の言語文化に関する事項」は，「伝統的な言語文化」「言葉の由来や変化」「書写」「(　ウ　)」の4つの内容で構成されている。

(☆☆◎◎◎)

【5】次の(1)～(5)の問いに答えよ。

(1)　$5\times(-2)^2+(-3^2)$を計算せよ。

(2)　方程式$(2x+1)(x-3)=x^2-3$　を解け。

(3)　次の図のように，底面の直径が6cm，母線の長さが6cmの円錐がある。この円錐の体積を求めよ。ただし，円周率をπとする。

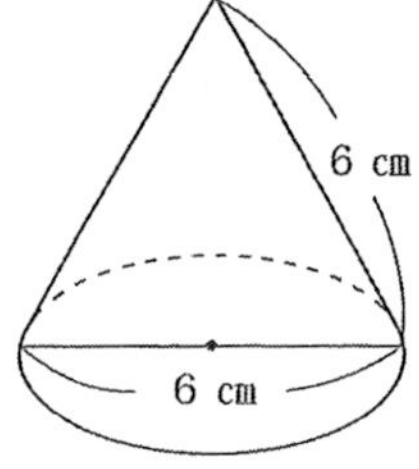

(4)　A小学校の今年度の1年生の児童数はa人で，昨年度の1年生の児童数と比べるとb人減った。この減った人数は，昨年度の1年生の児童数の何％にあたるか。文字を使った式で表せ。

(5)　次の図のように，∠ABC＝90°の直角三角形がある。∠ABCを3等分する2本の半直線を，定規とコンパスを用いて作図せよ。ただし，作図に用いた線は消さないこと。

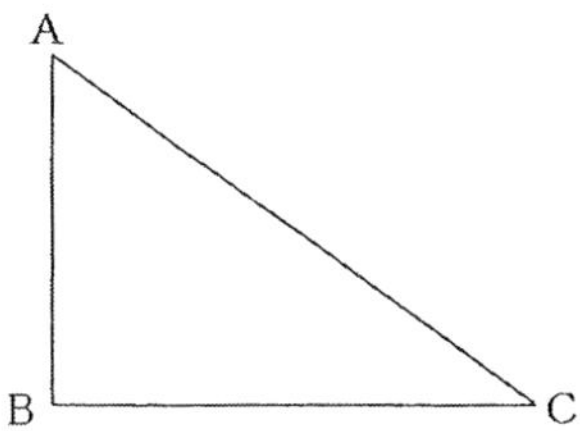

(☆☆☆◎◎◎)

【6】「2つの奇数の積は奇数である。」ということがいつでも成り立つことを説明せよ。

(☆☆☆◎◎◎)

【7】次の図の①，②はそれぞれ直線$y=ax$と双曲線$y=\frac{b}{x}$のグラフである。点Aは①と②のグラフの交点で，座標は(－2，－5)である。下の(1)，(2)の問いに答えよ。

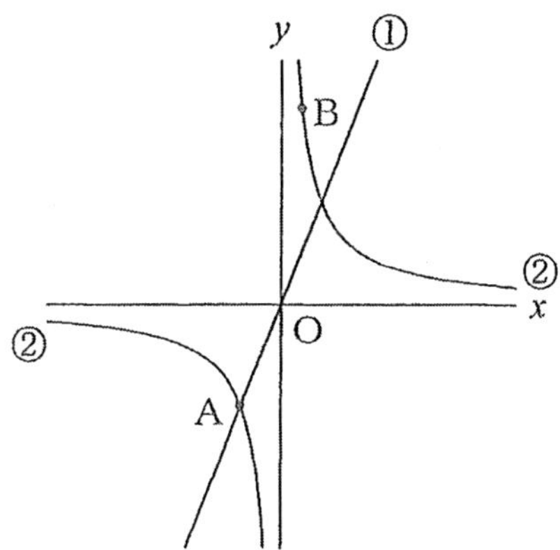

(1)　a，bの値をそれぞれ求めよ。

(2)　点Bは②上の点で，x座標は1である。このとき，△OABの面積を求めよ。

(☆☆☆◎◎◎)

【8】次は令和元年度秋田県学習状況調査小学校第4学年算数の問題(抜粋)である。

だいすけさんの家から駅までの道のりは720mで，だいすけさんの家から公園までの道のりの6倍です。だいすけさんの家から公園までの道のりは何mですか。答えを[　　]の中に書きましょう。

この問題の通過率は51.6%であった。この問題で見られるつまずきを解消するための授業を構想する。次の(1)，(2)の問いに答えよ。

(1)　自力解決の場面において，だいすけさんの家から公園までの道のりを考える児童の思考の状況は，多様に想定される。この思考の状況の見取りを生かし，学び合いで取り上げたい児童の異なる考えを，簡潔に3つ記述せよ。

(2)　(1)で挙げた児童の考えを踏まえ，どのように学び合いを展開するか，具体的に記述せよ。

(☆☆☆◎◎◎)

○【9】【10】の設問において「小学校学習指導要領(平成29年3月告示)第2章　第2節　社会」を「学習指導要領」，「小学校学習指導要領解説社会編(平成29年7月文部科学省)」を「解説」と記す。

【9】「解説」に示されている「第3学年の目標」と「第6学年の内容」に関する問題である。資料を見てあとの(1)～(3)の問いに答えよ。

資料　「解説」の一部

第3学年の目標

社会的事象の見方・考え方を働かせ，学習の問題を追究・解決する活動を通して，次のとおり資質・能力を育成することを目指す。

(1)　身近な地域や市区町村の地理的環境，<u>地域の安全を守るための諸活動</u>や地域の産業と消費生活の様子，地域の様子の[　a　]について，人々の生活との関連を踏まえて理解するとともに，調査活動，[　b　]や各種の具体的資料を通して，必要な情報を調べまとめる技能を身に付けるようにする。

(2)　社会的事象の特色や相互の関連，意味を考える力，社会に見られる課題を把握して，その解決に向けて社会への関わり方を選択・判断する力，考えたことや選択・判断したことを[　c　]する力を養う。

(3)　社会的事象について，主体的に学習の問題を解決しようとする態度や，よりよい社会を考え学習したことを社会生活に生かそうとする態度を養うとともに，思考や理解を通して，地域社会に対する誇りと愛情，地域社会の一員としての[　d　]を養う。

第6学年の内容

第6学年の内容は，我が国の政治，歴史及び国際理解の三つの項目から構成されている(なお，(3)の丸数字は主として区分される番号を示している。)。

(1)　我が国の政治の働き ……………………………③
(2)　我が国の歴史上の主な事象 …………………②
(3)　グローバル化する世界と日本の役割 ……③

(1)　資料の下線部について，「消防署や警察署などの関係機関は，地域の安全を守るために，相互に連携して緊急時に対処する体制をとっていることや，関係機関が地域の人々と協力して火災や事故などの防止に努めていること」を指導する際に配慮すべき点を，「解説」を踏まえて二つ書け。

(2)　資料の[　a　]～[　d　]に当てはまる語句を書け。

(3)「小学校学習指導要領解説社会編(平成20年8月文部科学省)」と比べると，「第6学年の内容」の三つの項目の順序が改められている。順序が改められた理由を，「解説」を踏まえて書け。

(☆☆☆☆◎◎◎)

【10】「学習指導要領」第2〔第3学年〕2内容(1)，〔第4学年〕2内容(2)，〔第5学年〕2内容(3)に関する問題である。下の(1)～(6)の問いに答えよ。

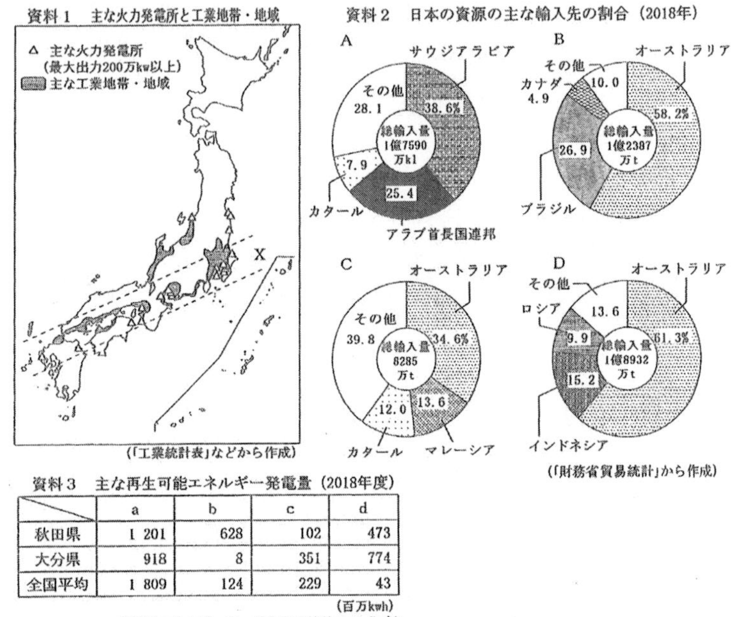

資料3　主な再生可能エネルギー発電量（2018年度）

	a	b	c	d
秋田県	1 201	628	102	473
大分県	918	8	351	774
全国平均	1 809	124	229	43

(百万kwh)
(「資源エネルギー庁　電力調査統計」から作成)

(1)　資料1の工業地帯・地域が帯状に連なったXを何というか書け。

(2)　資料1を見て，火力発電所が建設されている場所の特色と，建設される場所として選ばれる理由を書け。

(3)　資料2のB，Cに当てはまるものを，ア～エからそれぞれ一つずつ選び，記号を書け。

ア　原油　　イ　天然ガス　　ウ　鉄鉱石　　エ　石炭

(4)　第5学年では，工業生産に関わる人々が優れた製品を生産するよう様々な工夫や努力をして，工業生産を支えていることを理解するために，工業の盛んな地域を通して調べる際の具体的事例が四つ「解説」に示されている。「金属工業」，「機械工業」の他に示されているものを二つ書け。

(5)　国土地理院が定めた「工場」,「発電所等」の地図記号をそれぞれ書け。

(6)　資料3のa～dはそれぞれ,「水力発電」,「太陽光発電」,「地熱発電」,「風力発電」のいずれかを示している。「風力発電」に当てはまるものを一つ選び，記号で書け。

(☆☆☆◎◎◎)

【11】小学校学習指導要領(平成29年3月告示)第2章第4節理科に示されている第4学年の目標及び内容等について，次の(1)，(2)の問いに答えよ。

(1)　次の文は，「1　目標」の一部である。(　X　)に当てはまる語句を書け。

> 1　目標
>
> (1)　物質・エネルギー
>
> ①　略
>
> ②　空気，水及び金属の性質，電流の働きについて追究する中で，主に既習の内容や生活経験を基に(　X　)を発想する力を養う。
>
> ③　略
>
> (2)　略

(2)「3　内容の取扱い」には，「内容の『A物質・エネルギー』の指導に当たっては，2種類以上のものづくりを行うものとする。」と示されている。次のⅠ，Ⅱにおいて，どのようなものづくりが考えられるか。小学校学習指導要領解説理科編(平成29年7月文部科学省)に示されている内容に基づいてそれぞれ書け。

Ⅰ　空気や水の性質を活用したものづくり

Ⅱ　物の温まり方を活用したものづくり

(☆☆☆◎◎◎◎)

【12】小学校第3学年「物と重さ」における指導について，次の(1)，(2)の問いに答えよ。

(1) 授業の準備のため，学習に用いる直方体を理科室で探したところ，表のような直方体A～Eを見付けた。このうち，同じ物質でできているといえるものはどれとどれか，記号を書け。

表

直方体	A	B	C	D	E
体積［cm^3］	60	80	100	140	210
質量［g］	162	720	790	378	252

(2) 児童に，食塩と白砂糖の体積を同じにしたときのそれぞれの重さを比べさせたい。同じ大きさの容器を用いて，食塩と白砂糖の体積を同じにするにはどうすればよいか，書け。

(☆☆☆◎◎◎◎)

【13】小学校第6学年「生物と環境」における指導について，はじめに水槽で飼っているメダカがミジンコを食べる様子を観察させ，次に水槽の内側の壁に付いている緑色の物を顕微鏡で観察させる授業を構想した。次の(1)，(2)の問いに答えよ。

(1) 同じ大きさになるように表した次のア～オの模式図のうち，ミジンコの模式図はどれか。また，下のカ～コのうち，ミジンコはどれに分類されるか。それぞれ1つ選んで記号を書け。

【模式図】

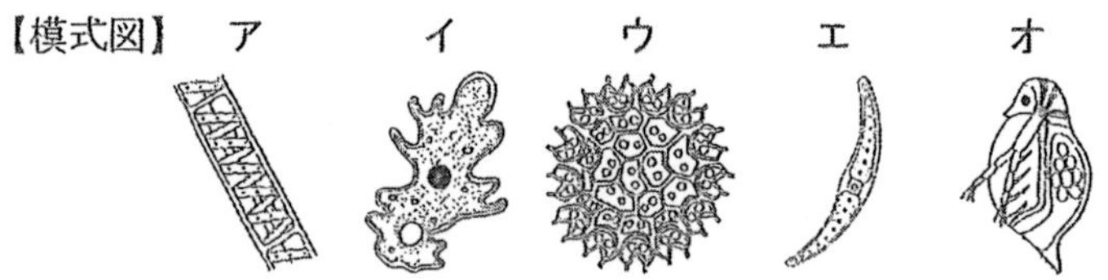

【分類】

カ　節足動物門　　キ　扁形動物門　　ク　脊索動物門

ケ　有爪動物門　　コ　棘皮動物門

(2) 観察の前に，プレパラートの作り方を説明するための資料を配布することにした。次の図を資料に見立て，必要な図と言葉を追加して，資料を完成させよ。

①見る物をのせる。
水が必要なときは，
1～2滴落とす。

(☆☆☆◎◎◎◎)

【14】小学校第5学年「電流がつくる磁力」における指導について，次の(1)，(2)の問いに答えよ。

(1) 児童に，実験の条件制御の必要性を伝えるため，実験の前に図1と図2の装置を提示し，これらの条件で行った実験の結果を比べても，導線の巻数と電磁石の強さとの関係を見いだすことができない理由を説明したい。どのような説明をすればよいか，書け。

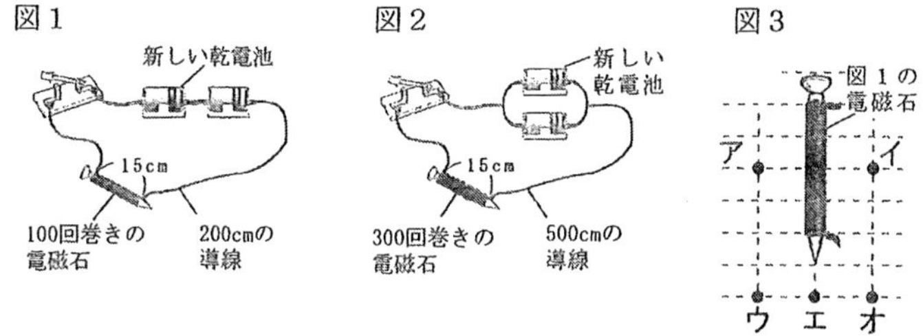

(2) 図3のように，図1の電磁石の周りのア～オの位置に方位磁針を置いて電流を流したところ，アに置いた方位磁針のN極が指した向きと同じ向きを指した方位磁針が1つあった。それはどの位置に置い

たものか，イ～オから1つ選んで記号を書け。

(☆☆☆◎◎◎◎)

【15】小学校第4学年「雨水の行方と地面の様子」における指導について，児童に雨水の行方等を観察させることにした。次の(1)，(2)の問いに答えよ。

(1)　観察させる日を計画するため，天気図を見て停滞前線の位置を確認することにした。次のア～エのうち，停滞前線を表すものはどれか，1つ選んで記号を書け。

(2)　校庭の土と砂場の砂における水のしみ込む速さのちがいを調べる授業のため，身の回りの物を使って実験装置を自作したい。どのような装置を製作すればよいか，図と言葉でかけ。また，授業では，その装置を用いてどのような実験を行わせ，何を比較させればよいか，書け。

(☆☆☆◎◎◎◎)

【16】次の文は，小学校学習指導要領(平成29年3月告示)第2章第5節生活「第3　指導計画の作成と内容の取扱い」の一部である。あとの(1)，(2)の問いに答えよ。

> 1　略
> 2　第2の内容の取扱いについては，次の事項に配慮するものとする。
> (1)，(2)　略
> (3)　具体的な活動や体験を通して[a]<u>気付いたことを基に考えることができる</u>ようにするため，[b]<u>見付ける，比べる，たとえる，試す，見通す，工夫する</u>などの多様な学習活動を行うようにすること。
> (4)～(6)　略

(1)　下線部aとは，活動等によって生まれた気付きが次に考えるきっかけとなり，その結果どうなることか。小学校学習指導要領解説生活編(平成29年7月文部科学省)に示されている内容に基づいて書け。

(2)　下線部bのうち，平成29年3月に告示された小学校学習指導要領で新たに加えられた学習活動はどれか，全て書け。

(☆☆☆☆◎◎◎)

【17】次の(1)～(3)の会話について，それぞれの英文の[　　]内に入る最も適切なものを，下の[　　]から一つずつ選び，英語1語に直して書け。

(1)　A：What's your favorite [　　]?

B：I like English. It's fun.

(2)　A：Where is the post office?

B：Turn [　　] at the second corner. You'll find it soon.

(3)　A：How was your summer vacation?

B：It was great. I went to the [　　]. I enjoyed swimming with my father there.

[　海　　教科　　図書館　　スポーツ　　右　]

(☆☆☆◎◎◎)

【18】次の(1)～(3)について，それぞれの英文の[　　]内に入る最も適切なものを，ア～エからそれぞれ一つずつ選び，その記号を書け。

(1)　Takeo cannot play basketball as [　　] as his older brother.

ア　better　　イ　well　　ウ　worse　　エ　best

(2)　A：I'm very [　　] now.

B：Oh, are you? I have some sandwiches and you can have some.

ア　thirsty　　イ　noisy　　ウ　sleepy　　エ　hungry

(3)　A：Mr.Tanaka, how many countries have you ever visited?

B：[　　].

A：Oh, you have visited many countries.

B：Yes. I like going abroad and talking with people there.

ア　I only visited America　　イ　Fifteen countries
ウ　For ten days　　エ　I visited France six times

(☆☆☆◎◎◎)

【19】次の(1)，(2)は，授業における教師の発話である。日本語の意味になるように英語で書け。

(1)　今日の授業は楽しかったですか。

(2)　5人グループを作ってください。

(☆☆☆◎◎◎)

【20】次の英文は，アテンション・スパン(attention span)について説明した文の一部である。英文を読んで，(1)，(2)の設問に答えよ。

One of the salient differences between adults and children is attention span. First, it is important to understand what attention span means. Put children in front of a TV showing a favorite cartoon and they will stay riveted for the duration. So, (A)you connot make a sweeping claim that children have short attention spans! But short attention spans do come into play when children have to deal with material that to them is boring, useless, or too difficult.

【出典　H.Douglas Brown, *TEACHING by PRINCIPLES An Interactive Approach to Language Pedagogy,* Addison Wesley Longman, Inc. A Pearson Education Company】

(1)　下線部(A)の理由として，筆者が挙げている内容を具体的に日本語で書け。

(2)　この英文を踏まえ，実際の外国語活動や外国語の授業において，児童のアテンション・スパンをより長く継続させるためにどのような工夫が考えられるか，あなたの考えを，二つ日本語で書け。

(☆☆☆◎◎◎)

【21】「小学校学習指導要領(平成29年告示)解説　外国語活動・外国語編」に記載されている「外国語教育における学習過程」に関する問題であ

る。A～Dにそれぞれ当てはまる語を，下の[　　]から選んで書け。

> 外国語教育における学習過程としては，①設定されたコミュニケーションの目的や場面，(　A　)等を理解する，②目的に応じて情報や意見などを(　B　)するまでの方向性を決定し，コミュニケーションの見通しを立てる，③目的達成のため，具体的なコミュニケーションを行う，④言語面・(　C　)面で自ら学習のまとめと振り返りを行う，といった流れの中で，学んだことの意味付けを行ったり，既得の知識や経験と，新たに得られた知識を言語活動で(　D　)したりすることで，「思考力，判断力，表現力等」を高めていくことが大切になる。

[受容　　技能　　内容　　情意　　状況　　活用　　想起　　発信]

(☆☆☆◎◎◎)

解答・解説

【1】1　a　頻繁　　2　b　助動詞　　c　形容詞　　3　(解答例)　言葉が完全に符号化され，言葉の持つ実質の性格が失われてしまうということ。　　4　(解答例)　思考に関わる語句を取り上げ，それを用いた例文を考える活動を通して，語句が持つ語感を意識させること。

〈解説〉1「頻」にも「繁」にも，しばしば，の意がある。　2　cは自立語で文節の最初にきているのに対して，bは動詞(未然形)に付いていることに着目したい。　3　傍線部の直前の文にある，逆接の接続詞「ところが」に注目したい。これ以前に書かれている，傍線部の内容とは逆の事柄から，問われている内容を推測することができる。公開解答では，「符号化」「実質の性格」等のキーワードの有無で評価するとしている。　4　思考に関わる語句とは，「しかし」のように情報と情報との関係を表す語句，「要するに」のように情報の位置づけを示唆する語句，「考える」のように文の中の述部などとして表れる思考そのものに関わる語句などを指す。小学校学習指導要領(平成29年告示)の第5学年及び第6学年の「語彙」の項目の一部には，「語感や言葉の使い方に対する感覚を意識して，語や語句を使うこと」が示されている。そのためには，多くの文章を繰り返し読んで優れた表現に触れたり，自分の表現に生かしたりして，語感や言葉の使い方に関する感覚を養うことが重要である。公開解答では，「思考」「語感」等のキーワードの有無で評価するとしている。

【2】1　(解答例)　言葉の響きやリズムに親しむ資質・能力。

2　(解答例)　その季節の感じをよく表している風習や事物のこと。

3　(解答例)　詩の末尾に，はたはたを見ると「母をおもふ」とあるように，作者の母親の愛情を思い出させる魚である。

〈解説〉1　古文や漢文，近代以降の文語調の文章には，独特のリズムや美しい語調が備わっており，音読することにより，その美しさや楽しさを感覚的に味わうことが求められている。公開解答では，「響き」「親しむ」等のキーワードの有無で評価するとしている。　2　風物詩は，季節の情趣をよく表している行事，植物，食べ物，自然現象などのことである。公開解答では，「季節」等のキーワードの有無で評価するとしている。　3　詩の末尾の表現に着目したい。作者にとって，はたはたと母親の思い出が結びついているのである。公開解答では，「愛情」「思い出させる」等のキーワードの有無で評価するとしている。

【3】1　(解答例)　さあ，どうであろうか。　　2　(解答例)「耳無草」という草の名が，子供の質問を聞いても知らない顔をしている筆者たちの態度を表すのにふさわしかったから。　3　(解答例)　たくさんの草花の中には耳の聞こえる菊もあっただろうに。

〈解説〉1「いさ」は，答えにくいことをぼかしたり，相手の言葉を否定的に軽く受け流したりするときに使う。公開解答では，「さあ」等のキーワードの有無で評価するとしている。　2「むべ」とは，肯定の意を表す。ここでは子供が口にした「耳無草」という言葉が端的に状況を言い表していたのである。公開解答では,「草の名」「ふさわしい」等のキーワードの有無で評価するとしている。　3「きく」に「菊」と「聞く」が掛けられている。和歌は散文の文脈の中で意味を捉えることが重要である。公開解答では,「菊」「聞く」等のキーワードの有無で評価するとしている。

【4】ア　特徴　　イ　整理　　ウ　読書

〈解説〉中央教育審議会答申(平成28年12月)において,「文章で表された情報を的確に理解し,自分の考えの形成に生かしていけるようにすることは喫緊の課題である」と指摘されたことを受け,今回の学習指導要領改訂では,国語科の指導事項に「情報の扱い方に関する事項」が新設された。この事項は「情報と情報との関係」,「情報の整理」の二つの内容で構成され,系統的に示されている。「読書」に関しては,同答申において,「読書は,国語科で育成を目指す資質・能力をより高める重要な活動の一つである」とされたことを踏まえ,各学年において知識及び技能に,「読書」に関する指導事項が位置付けられた。

【5】(1)　11　　(2)　$x=0,\ 5$　　(3)　$9\sqrt{3}\,\pi\ \mathrm{cm}^3$　　(4)　$\dfrac{100b}{a+b}$%

(5)

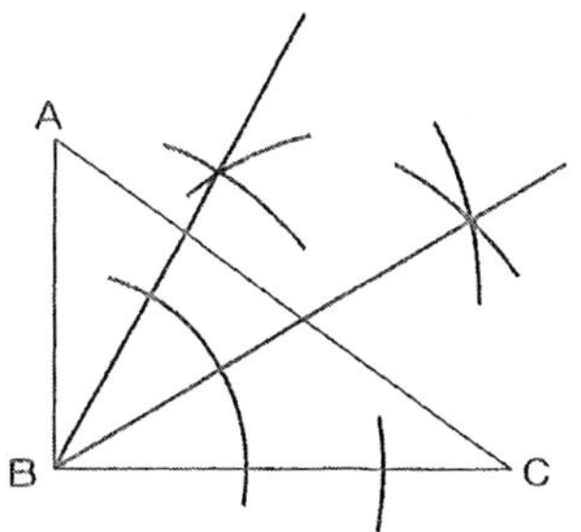

〈解説〉(1)　$5\times(-2)^2+(-3^2)=5\times4+(-9)=20-9=11$　(2)　$(2x+1)(x-3)=x^2-3$　左辺を展開して　$2x^2-5x-3=x^2-3$　整理して　x^2-

$5x=0 \Leftrightarrow x(x-5)=0$　よって，$x=0$，5　(3)　円錐の高さは，三平方の定理を用いて　$\sqrt{(\text{母線の長さ})^2-(\text{底面の半径})^2}=\sqrt{6^2-3^2}=3\sqrt{3}$〔cm〕　よって，円錐の体積は　$\frac{1}{3}\times(\pi\times3^2)\times3\sqrt{3}=9\sqrt{3}\,\pi$〔cm³〕
(4)　昨年度の1年生の児童数は$a+b$〔人〕だから，$(\text{割合})=\frac{(\text{比べられる量})}{(\text{もとにする量})}$より，今年度の1年生の児童数の減った人数$b$〔人〕は，昨年度の1年生の児童数の　$b\div(a+b)\times100=\frac{100b}{a+b}$〔%〕にあたる。
(5)　∠ABCを3等分すると，1つの角の大きさは$\frac{90^\circ}{3}=30^\circ$　次の図のように，BDを1辺とする正三角形BDEを作図することによって，∠ABE$=90^\circ-60^\circ=30^\circ$　さらに，∠EBDの二等分線を作図することによって，∠EBF$=$∠FBD$=\frac{60^\circ}{2}=30^\circ$　となる。

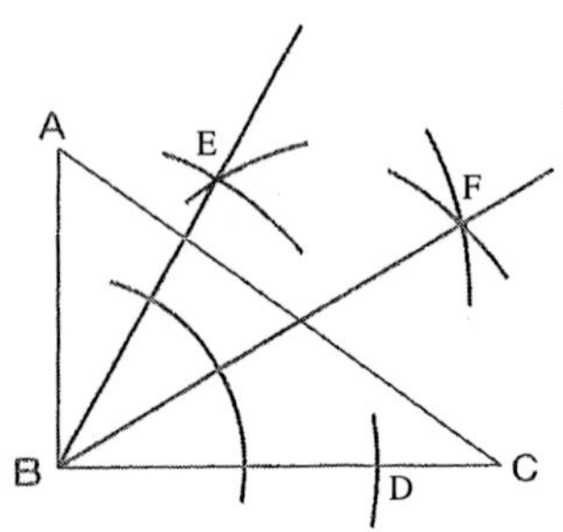

【6】(解答例)　整数m，nを用いて，2つの奇数を$2m+1$，$2n+1$と表すと，2つの奇数の積は　$(2m+1)(2n+1)=4mn+2m+2n+1=2(2mn+m+n)+1$　より，奇数になる。
〈解説〉奇数であることを説明するには，$2n+1$(nは整数)の形の式に導けばよい。

【7】(1)　$a=\frac{5}{2}$，$b=10$　　(2)　$\frac{15}{2}$
〈解説〉(1)　$y=ax$は点A$(-2,\ -5)$を通るから，$-5=a\times(-2)=-2a$

より，$a=\frac{5}{2}$　また，$y=\frac{b}{x}$も点A$(-2,\ -5)$を通るから，$-5=\frac{b}{-2}=-\frac{1}{2}b$　より，$b=10$　(2)　点Bのy座標は$y=\frac{10}{1}=10$　より，点Bの座標はB(1，10)　異なる2点$(x_1,\ y_1)$，$(x_2,\ y_2)$を通る直線の式は　$(y_2-y_1)(x-x_1)-(x_2-x_1)(y-y_1)=0$　で与えられるから，直線ABの式は　$(-5-10)(x-1)-(-2-1)(y-10)=0$　整理して　$y=5x+5$　これより，直線ABとy軸の交点をCとするとC(0，5)　以上より，△OAB＝△OAC＋△OBC＝$\frac{1}{2}$×OC×|点Aのx座標|＋$\frac{1}{2}$×OC×|点Bのx座標|$=\frac{1}{2}\times5\times|-2|+\frac{1}{2}\times5\times|1|=\frac{15}{2}$

【8】(1)　(解答例)　・2つの数量関係を数直線の図に表して，だいすけさんの家から公園までの道のり(もとにする量)の6倍がだいすけさんの家から駅までの道のりの720mと考えて，もとにする量を求めるにはわり算の式で，720÷6＝120で120mと求めた。　・だいすけさんの家から公園までの道のり(もとにする量)を□mとして，2つの数量関係を□×6＝720　と式に表し，□に当てはまる数を調べて，□が120mと求めた。　・だいすけさんの家から駅までの道のりが720m，だいすけさんの家から公園までの道のりの6倍で，何倍かが表されているから，かけ算の式で計算して，720×6＝4320で，4320mと求めた。

(2)　(解答例)　まず，数字や言葉が空欄になっている数直線の図に書き込みをさせて，2つの数量がどのような関係かを確かめさせる。次に，数直線の図をもとに，正しい答えが導き出せると考える式についての見通しをもたせる。さらに調べたり，計算したりして答えを求めさせ，選んだ式や求め方が正しいと思う理由をワークシートに書かせる。その後，小グループでそれぞれの求め方を確かめさせたあと，それぞれの考えを全体で発表して共有し，ディスカッションする。その中で，数直線の図から，□×6＝720　を読み取らせ，未知数(□)を求めるときは，図をもとにわり算で，720÷6の式で求めることができることを押さえる。最終的に教師がまとめを示す。

〈解説〉(1)　数直線などの図をもとにして，未知数のもとにする量を□に表して，図から□を使った式に表して求めることがねらいとなる。もとにする量(□)の求め方は，最終的にはわり算の式で求めることを押さえるが，未知数の求め方の初期段階においては，□に当てはまる数を調べて求める方法も有効である。誤答例としては，6倍と書かれていることから，720×6(＝4320)〔m〕と表す答えがほとんどであると思われる。ほかの考えとしては，720と6の2つの数値がでてくるので，720－6(＝714)〔m〕や720＋6(＝726)〔m〕と求める考え方の可能性があるが，倍の問題においては，加法や減法の式が想起されることはまれと思われる。公開解答では，「途中までの考えや誤答，正答を示している」，「多様な問題解決の方法を示している」等を主な観点として，相対的に評価するとしている。　(2)　2つの数量関係を，数直線などを使って図に表して理解させ，正しい求め方の見通しを立て，自力解決した後，全体で個々の考え方を発表して共有し，最後に正しい求め方の理解を図る。公開解答では，「(1)の考えを踏まえ，具体的な手立てを明らかにして，どのように学び合いを展開するかを示している」，「内容が具体的で分かりやすく説得力がある」等を主な観点として，相対的に評価するとしている。

【9】(1)　(解答例)「緊急時に対処する体制をとっていること」と「防止に努めていること」については，火災と事故のいずれも取り上げるものとする。「緊急時に対処する体制をとっていること」については火災に重点を置き，「防止に努めていること」については事故に重点を置くなど，取り上げ方に軽重をつけ，効果的に指導するようにする。

(2)　a　移り変わり　　b　地図帳　　c　表現　　d　自覚

(3)　(解答例)　政治の働きへの関心を高めるようにすることを重視して，我が国の政治の働きに関する内容については，これまでの順序が改められた。従前は，「我が国の歴史上の主な事象」が(1)で，「我が国の政治の働き」が(2)であったが，(1)と(2)が入れ替わった。

〈解説〉(1)　下線部分は，地域の安全を守る働きという指導事項として扱われるが，ここで取り上げられる火災や事故は，地域の人々の生命や財産を脅かす火災，交通事故や犯罪などの事故や事件である。公開解答では，「火災と事故はいずれも取り上げる」，「取り上げ方に軽重を付け，効果的に指導する」等に触れた記述かどうかを主な観点として，相対的に評価するとしている。　(2)　a・b　目標(1)は知識及び技能に関するものである。教科の目標(1)には，「地域や我が国の歴史や伝統と文化」について理解することが示されており，aには歴史や伝統に関連する言葉である「移り変わり」が当てはまる。bには，各種の具体的資料と併記され，その筆頭に挙げられているので，第3学年から第6学年まで活用される「地図帳」が該当する。　c　目標(2)は思考力，判断力，表現力等に関するものである。「考える力」，「把握して」，「選択・判断したこと」に続く言葉であることから，「表現」が当てはまる。　d　目標(3)は学びに向かう力，人間性等に関するものである。教科の目標(3)に，「地域の一員としての自覚」を養うことが示されている。　学年の目標は教科の目標に連動しているので，まずは教科の目標を確実に押さえておくことが重要である。　(3)　中央教育審議会答申(平成28年12月)では，小学校社会科における具体的な改善事項について，「世界の国々との関わりや政治の働きへの関心を高めるよう教育内容を見直す」ことが示されており，それを踏まえた順序の変更である。公開解答では，「政治の働きへの関心を高めるようにすることを重視」等に触れた記述かどうかを主な観点として，相対的に評価するとしている。

【10】(1)　太平洋ベルト　(2)　(解答例)　特色…大都市や工業地帯・工業地域に近い臨海部に設置されている。　理由…火力発電は輸入された石油・液化天然ガス・石炭を燃料とするので，大型タンカーなどが着岸しやすい臨海部で，大消費地であり電力需要も多い大都市・工業地帯に隣接した場所に建設される。　(3)　B　ウ　C　イ　(4)　化学工業，食料品工業　(5)　・工場…　・発電所等… 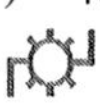　(6)　b

〈解説〉(1)　京葉工業地域・京浜工業地帯・東海工業地域・中京工業地帯・阪神工業地帯・瀬戸内工業地域・北九州工業地帯と工場地帯・地域が連なり，工場が集中する関東地方の太平洋側から九州北部にかけての地域を，太平洋ベルトという。　(2)　火力発電は，石油・液化天然ガス・石炭を燃料として水を沸騰させ，水蒸気でタービンを回して発電する。そのため，燃料の輸入に便利で，蒸気を冷やすための多量の水が必要であることから，臨海部に設置される。さらに，大消費地の近郊に建設することで，設備・送電費用などの費用の効率化を図っている。公開解答では，特色については，「臨海部に設置」等，理由については，「燃料の輸入のしやすさ」，「電力需要の多い工業地域や大都市の近く」等に触れた記述かどうかを主な観点として，相対的に評価するとしている。　(3)　Aは，サウジアラビア，アラブ首長国連邦，カタールと中東の国が上位を占めていることから，原油が当てはまる。B，C，Dはどれもオーストラリアが1位なので，2位に注目する。ブラジルが2位のBは鉄鉱石，マレーシアが2位のCは天然ガス，インドネシアが2位のDは石炭である。　(4)　四つの工業の中から一つを選択する際には，児童の興味・関心や学習経験の広がりを考慮し，第3学年において取り上げた事例以外の工業から選択するなどの配慮が必要である。　(5)　国土地理院の定めた工場の地図記号の由来は，歯車である。工場にはたくさんの機械があり，機械にはいくつもの歯車があることから，歯車が工場を表すこととなった。ただし，現在，2万5千分の1の地形図では，工場の地図記号は使われなくなっている。発電所等とは，発電所と，家庭に電気を送る変電所のことである。発電所等の地図記号は，歯車と電気を送る線を表している。　(6)　資料3中，最も数値の高いaが水力発電である。大分県には多くの温泉地があることからわかるように，地熱発電が盛んな県で，国内最大の地熱発電所である八丁原発電所がある。また，地熱発電は日本の電力需要の0.2～0.3%と非常に小さい。それらのことから，地熱発電はdである。一方，風力発電のいちばんの条件は強い風(風速6.5m以上)である。そして広い土地が必要である。秋田県は，日本海から強い風が吹きつけ，海岸沿いには平野が広がっている。秋田県の風力発電の導入量は，北海道，青森県とともに上位3道県となっている。それらのことから，bが風力発電である。残ったcが太陽光発電である。最も簡便な見分け方としては，全国平均の数値を見れば，多い順に水力発電，太陽光発電，風力発電，地熱発電とわかる。

【11】(1)　根拠のある予想や仮説　　(2)　Ⅰ　(解答例)　空気鉄砲，水鉄砲　　Ⅱ　(解答例)　ソーラーバルーン，温度計

〈解説〉(1)　小学校理科では，学年を通して育成を目指す問題解決の力が，学年別に示されている。第4学年では，主に既習の内容や生活経験を基に，根拠のある予想や仮説を発想するといった問題解決の力の育成が目指されている。　(2)　Ⅰ　空気は圧し縮められるが，水は圧し縮められないという性質を活用したものを考える。公開解答では，空気や水の性質を活用しているかを主な観点として，相対的に評価するとしている。　Ⅱ　ソーラーバルーンは，熱せられた空気が上に移動することを利用したものである。温度計は，温度によって物質の体積が変わることを利用したものである。公開解答では，物の温まり方を活用しているかを主な観点として，相対的に評価するとしている。

【12】(1)　AとD　　(2)　(解答例)　まず，同じ大きさの容器に少し山盛りになるように，食塩と白砂糖をそれぞれ入れる。それから山盛りになった部分を，すり切って平らにする。

〈解説〉(1)　A～Eの密度をそれぞれ求める。同じ密度のものは同じ物質からできていると考えられる。なお，それぞれの密度は，Aが162÷60＝2.7〔cm^3〕，Bが720÷80＝9.0〔cm^3〕，Cが790÷100＝7.9〔cm^3〕，Dが378÷140＝2.7〔cm^3〕，Eが252÷210＝1.2〔cm^3〕である。また，密度が2.7の物質としては，金属のアルミニウムなどがある。

(2)　容器に入れたときにすり切らないと，同じ体積にならない。また，食塩や白砂糖を入れるときは，隙間ができないよう，容器に入れてはゆするということを繰り返すとよい。公開解答では，「すり切り」等

のキーワードの有無で評価するとしている。

【13】(1)　模式図…オ　　分類…カ

(2)　(解答例)　プレパラートの作り方

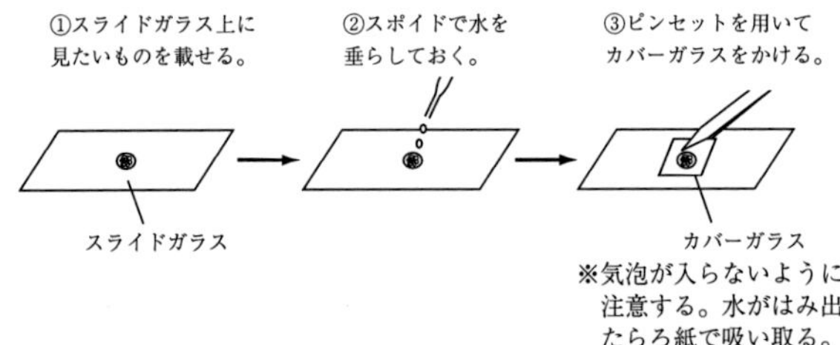
①スライドガラス上に
見たいものを載せる。
②スポイドで水を
垂らしておく。
③ピンセットを用いて
カバーガラスをかける。
スライドガラス
カバーガラス
※気泡が入らないように
注意する。水がはみ出
たらろ紙で吸い取る。

〈解説〉(1)　ミジンコは節足動物のなかまである。なお，アはアオミドロ，イはアメーバ，ウはクンショウモ，エはミカヅキモである。

(2)　基本的な実験操作は手順を説明できるようにしておく。図を使って説明できるようにしておくとよい。公開解答では，プレパラートを作るための手順について図を用いて説明しているかを主な観点として，相対的に評価するとしている。

【14】(1)　(解答例)　導線の巻き数だけでなく，導線の長さや乾電池のつなぎ方が異なるため，これらの違いによって電磁石の強さが変わってしまう可能性がある。　(2)　イ

〈解説〉(1)　導線の巻き数と電磁石の強さの関係を調べたいときは，導線の巻き数の条件のみを変え，他の条件は変えないようにする。公開解答では，「導線の長さ」「電池」等のキーワードの有無で評価するとしている。　(2)　図3の上部がN極，下部がS極であるとすると，方位磁針のN極はS極の方を指す。よってアとイのN極は下向きを指すが，他は電磁石の下部のS極に向かって，上向きを指す。

【15】(1)　エ

(2)　(解答例)　図のように，ペットボトルを切り，飲み口にガーゼや不織布などをかぶせ，ゴム等で締めておく。切り取ったペットボトル

の上部を逆さまにして土または砂を入れ，切り取ったペットボトルの下部の方に入れる。

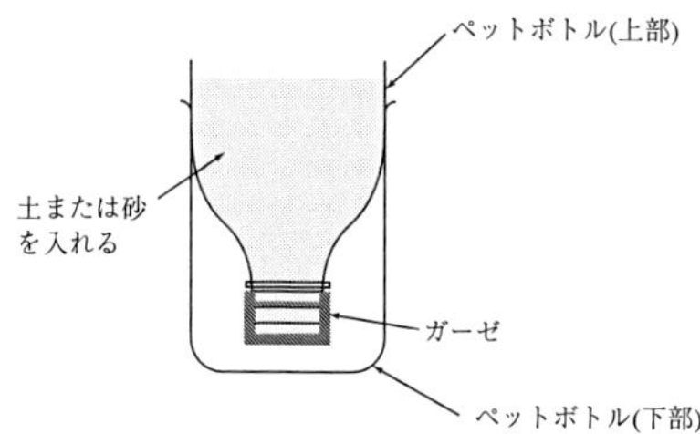

授業で行う実験…図のような装置を二つ用意し，それぞれに校庭の土，砂場の砂を同じ量入れる。それぞれの装置に同じ量の水を同時に入れる。土や砂の表面に残る水がなくなるまでの時間を両者で比べる。

〈解説〉(1)　アは温暖前線，イは寒冷前線，ウは閉塞前線である。

(2)　ペットボトルのほかにプラスチックコップを用いた装置も考えられる。砂の方が土より粒の大きさが大きいため，水のしみ込む速さが速くなることを観察することができる。公開解答では，身の回りの物を使って水のしみ込み方を比較できる実験装置の図を示し，実験の手順と比較の対象を説明しているかを主な観点として，相対的に評価するとしている。

【16】(1)　a　(解答例)　一つ一つの気付いたことが関連付けられる気付きへと質的に高まること。　(2)　b　試す，見通す，工夫する

〈解説〉(1)　気付きは次の自発的な活動を誘発するものとなる。したがって，活動を繰り返したり対象との関わりを深めたりする活動や体験の充実こそが，気付きの質を高めていくことにつながる。下線部aについては，一つ一つの気付きが関連付けられた気付きへと質的に高まることが示されている。公開解答では，「関連」「質」等のキーワードの有無で評価するとしている。　(2)　生活科における気付きの質を高めるという視点に立ち，気付いたことを基に考えることができるようにするための多様な学習活動を行うことが大切である。そのためにも「試す，見通す，工夫するなど」を新たに加え，一層の充実を図り，

「深い学び」の実現を図ったものである。

【17】(1)　subject　　(2)　right　　(3)　sea

〈解説〉選択肢が日本語で与えられているので，それらを適切に英訳して答える。(1)　質問に対して，「英語」と答えていることから，教科であることがわかる。よって，subjectが適切。　(2)　郵便局への行き方を聞かれていて，二番目の角で～に曲がれ，とあるので，右(right)が適切。

(3)　夏休みに父親と行って，泳ぎを楽しんだ，とあるので，海(sea)が適切。

【18】(1)　イ　　(2)　エ　　(3)　イ

〈解説〉(1)　バスケットボールをプレイすることにかかる副詞なので，well (上手に) が適切。"as well as" の表現にも注意。　(2)　Aの発言の後に，Bがサンドイッチをあげているので，hungry(お腹がすいた)が適切。　(3)　行ったことのある国の数を聞いているので，イの15か国が適切。

【19】(1)　Did you enjoy the class today?　　(2)　Please make groups of five.

〈解説〉(1)「授業が楽しかった」を「授業を楽しんだ」とすることで，英語として自然な表現になる。　(2)　group of (人数)で，「(人数)のグループ」となる表現を覚えておく。

【20】(1)　(解答例)　好きなアニメを流すテレビの前では，子供たちは釘づけになるため。　　(2)　(解答例)　児童にとって興味・関心の高い素材やテーマを用意して，遊びの要素も学習の中に取り入れるなどして，児童の集中力をより長く保つための工夫をする。

〈解説〉(1)　下線部(A)の文が "So," で始まっているため，直前に理由が説明されているとわかる。公開解答では，「マンガ」，「釘づけ」等のキーワードの有無で評価するとしている。　(2)　児童にとって退屈だったり，難しすぎたりするなど，下線部(A)の後で述べられているような要素に陥らないように，児童にとって興味・関心の高い素材やテーマで，児童の集中力をより長く保つための工夫をすることが大切である。公開解答では，「児童の集中力をより長く保つための工夫であること」を主な観点として評価するとしている。

【21】A　状況　　B　発信　　C　内容　　D　活用

〈解説〉外国語教育における学習過程は，知識として理解しておくことが必要である。　A　目的，場面，状況の三つをひとまとめで覚える。　B　情報や意見を目的語に取るのは，発信と活用だが，ここでは発信が適切である。　C　言語面，内容面のセットで覚える。　D　空欄に当てはまる可能性があるのは活用，想起，発信だが，思考力，判断力，表現力等を高める活動であること及び文脈から，活用が適切である。

2020年度　実施問題

【1】次の文章を読んで，あとの1～5の問いに答えよ。

私たちは日々の生活のなかで様々な疑問に出会い，しばしば考え込む。自分への苛立ち，家族や恋愛，人間関係の悩み，社会や政治への不満，いまもなお世界のあちこちで続く戦争や暴力に対する[a]ガイタン。それらの問いのいくつかは解きほぐせない糸のよう[b]に複雑に絡み合っている。手をつかねて，どうしたらいいか，立ち尽くしてしまう。

残念ながら，すべてを一気[c]に解決するような魔法の杖はないし，答えをもらうのでは解決にならない。いったん迂回して，この疑問の背景や成り立ちを考え，他の事例を探る。それができれば，解決の糸口に向けて少しでも可能性が生まれる。それによって頭を切り換えることもできる。手がかりとしての学問の意義もここにある。

考えること，認識することがすべての学びの根本にある。私たちが世界について考え，認識するときに使う道具は，言葉や数などの記号である。言葉や数などの記号を通して考え，考えながら世界をとらえるための記号の束を生み出している。なかでも人文学は，言葉を切り口に人間とその文化や社会について探究する学問である。人間の心や身体は自分ひとりのもののようでいて，実は外側の文化的，社会的なファクターによって組み立てられている部分が大きい。社会科学は，こうした[d]観点を軸に理論的な探究と応用や実践について考える学問である。理学や自然科学は，言葉以外の様々な記号を駆使して世界を成り立たせている法則を探究する。それらの「知」を組み合わせて，私たちはいまこの世界に向き合っている。

人文学が扱うのは，まずは言葉である。言葉は，生まれたときから母語というかたちで私たちに与えられる。言葉のなかに生み出されるのだと言ってもいい。①幼児のとき，世界は不透明で身体の延長でしかとらえることができなかったが，言葉を覚えることで分節化され，世界を世界として認識できるようになる。「はじめに言葉ありき」。『聖書』のこの一節は，言葉によって世界が現れるという真実をよく伝えている。

一方，それは言葉は制約でもあるということだ。制約のなかで，私たちは世界をとらえている。しかし，世界には言葉にならないまま消え去ってしまうものの方がはるかに多い。言葉にできない思いや感情に襲われることもある。だからこそ，身の回りの知り尽くした世界から外に出て，言葉にならないものや思いにふれ，たぐり寄せることに意義がある。本を読むことも，絵画や映画，音楽に心を開くことも，旅をすることも基本はここに通じている。日々の勉強や仕事に追われているとき，私たちは言葉を自覚することはない。しかし，ふと立ち止まり，絶対的な美しさにふれて心を揺さぶられたり，深い疑問に出会ったりしたとき，私たちは考え込み，言葉に対面する，これはいったい何なのかと。②言葉の縁(へり)に立つとは，そのような瞬間を指す。深い闇に向き合い，言葉を求めて③一歩踏み出すこと。

(日本大学文理学部編『知のスクランブル－文理的思考の挑戦』による)

1 aガイタン を漢字に直して書け。

2 bに cに の品詞について，違いが分かるように説明せよ。

3 d観点 の熟語の構成について説明せよ。

4 ①幼児のとき，世界は不透明で身体の延長でしかとらえることができなかった とあるが，幼児であったときのどのような様子を表しているのか説明せよ。

5 ②言葉の縁に立つ ③一歩踏み出す とあるが，これらの言葉の意味を踏まえて筆者の主張を説明せよ。

(☆☆◎◎◎)

【2】次は，授業で扱う詩と，それについて教材研究をしているA教諭とB教諭の会話の一部である。詩と会話文を読んで，あとの1～3の問いに答えよ。

【授業で扱う詩】

レモン　はたちよしこ

レモンは
遠くへ　行きたいのです

うすく切れば
それがわかります

うすく切れば
いくつもの　車輪(しゃりん)

いい香(かお)りをふりまいて
車輪　車輪　車輪

レモンは
遠くへ　行きたいのです

【A教諭とB教諭の会話の一部】

A　五連からなる[　①　]詩ですね。輪切りにしたレモンは，確かに車輪に似ています。

B　この詩の作者は，そうした見た目の類似性に着目するだけでなく，そこから②更に発想を広げて表現していますね。

A　作者の発想の広げ方を，子どもたちは新鮮に感じるでしょうね。ものの見方を広げるとはどういうことか，この詩から感じ取らせたいですね。

B　繰り返しの表現を効果的に用いているのも，この詩の特徴ですね。

A　そうですね。特に，四連の「車輪」が繰り返されている箇所は，多様な③音読の工夫が期待できそうです。

1 [①]に当てはまる詩の文体と形式を漢字四字で書け。

2 ②更に発想を広げて とあるが，どのように発想を広げているか，具体的に説明せよ。

3 ③音読の工夫が期待できそう とあるが，考えられる音読の工夫とその効果を書け。

(☆☆◎◎◎)

【3】次の文章を読んで，下の1～3の問いに答えよ。

今は昔，*隠題(かくしだい)をいみじく興ぜさせ給ひける御門(みかど)の，*篳篥(ひちりき)を詠ませられけるに，人々①わろく詠みたりけるに，木こる童の，暁，山へ行くとていひける。「この比(ごろ)篳篥を詠ませさせ給ふなるを，②人のえ詠み給はざなる，童こそ詠みたれ」といひければ，具して行く童部，「あな，おほけな。かかる事ないひそ。さまにも似ず。いまいまし」といひければ，「などか必ずさまに似る事か」とて，

めぐりくる春々ごとに桜花
　　いくたびちりき人に問はばや

といひたりける。③さまにも似ず，思ひかけずぞ。

＊隠題…事物の名を歌の中に隠し詠む作歌法

＊篳篥…雅楽の管楽器

(『宇治拾遺物語』による)

1 ①わろく について品詞と活用形を説明せよ。

2 ②人のえ詠み給はざなる，童こそ詠みたれ とあるが，これについて次の問いに答えよ。

(1) これを述べたのは誰か，現代語で書け。

(2) 口語訳を書け。

3 ③さまにも似ず，思ひかけずぞ とあるが，その理由を歌の意味を踏まえて説明せよ。

(☆☆◎◎◎)

【4】「小学校学習指導要領(平成29年3月告示)」に関する次の1，2の問いについて，「小学校学習指導要領解説国語編(平成29年7月文部科学省)」を踏まえて答えよ。

1　言葉による見方・考え方を働かせることについて，空欄に当てはまる適切な語句を書け。

言葉による見方・考え方を働かせるとは，児童が学習の中で，(　ア　)と言葉，言葉と言葉との関係を，言葉の(　イ　)，働き，使い方等に着目して捉えたり問い直したりして，言葉への自覚を高めることであると考えられる。様々な事象の内容を自然科学や社会科学等の視点から理解することを直接の学習目的としない国語科においては，言葉を通じた理解や(　ウ　)及びそこで用いられる言葉そのものを学習対象としている。このため，「言葉による見方・考え方」を働かせることが，国語科において育成を目指す資質・能力をよりよく身に付けることにつながることとなる。

2 「読むこと」の領域における指導事項が「構造と内容の把握」「精査・解釈」「考えの形成」「共有」の四つの学習過程に沿って構成されていることについて，次の問いに答えよ。

(1)　四つの学習過程のうち，全領域で指導事項が位置付けられているものを一つ書け。

(2) 「共有」とは，どのようなことか。児童の姿で説明せよ。

(☆☆◎◎◎)

【5】次の(1)～(5)の問いに答えよ。

(1)　$(x-y-1)(x-y+3)-5$を因数分解せよ。

(2)　方程式$2x^2+4x-3=0$を解け。

(3)　卓球部員A，B，C，D，Eの5人の中から，くじびきで2人を選んでダブルスのチームをつくる。このとき，チームの中にAが含まれる確率を求めよ。

(4)　A地点とB地点の間を車で往復した。行きは時速45km，同じ道を帰りは時速55kmで，一定の速さで走った。A地点とB地点を往復した車の平均時速を求めよ。

(5)　次の図のような△ABCがある。このとき，BD＝CD，∠ABD＝∠CBDとなる点Dを，定規とコンパスを用いて作図せよ。ただし，作図に用いた線は消さないこと。

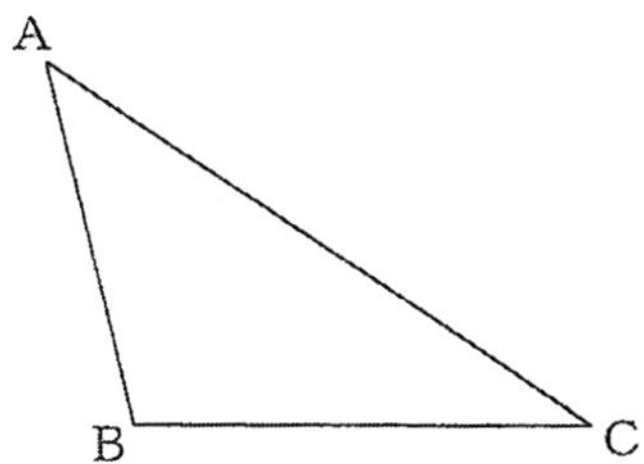

(☆☆☆◎◎◎)

【6】$a<0$のとき，関数$y=\frac{a}{x}$について必ずいえることを，次のア～エから全て選んで記号を書け。

ア　$x>0$のとき，xが増加するとyも増加する。

イ　$x>0$のとき，xが増加するとyは減少する。

ウ　yはxに比例する。

エ　yはxに反比例する。

(☆☆☆◎◎◎)

【7】次の図のように，AB＝3cm，BC＝4cmの直角三角形がある。直線ABを軸として1回転させてできる立体の体積をV_1，直線BCを軸として1回転させてできる立体の体積をV_2とするとき，V_1，V_2の何倍になるか求めよ。

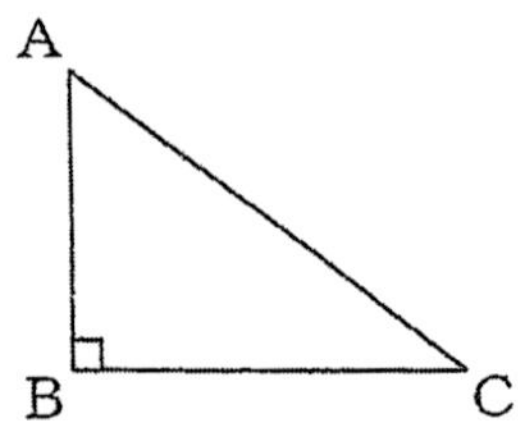

(☆☆☆◎◎◎)

【8】次の図で，AD＝DE＝EB，AF＝FC，EC＝5cmとする。このとき，FGの長さを求めよ。

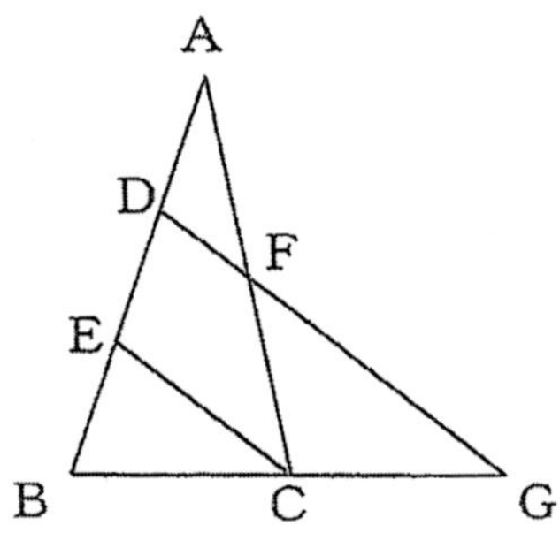

(☆☆☆◎◎◎)

【9】「連続する4つの奇数の和は，8の倍数になる。」ということがいつでも成り立つことを説明せよ。

(☆☆☆◎◎◎)

【10】次は，平成30年度全国学力・学習状況調査第6学年算数Aの問題である。この問題の本県児童の通過率は，54.4％であった。あとの(1)，(2)の問いに答えよ。

次の文の[　　]にあてはまるものを考えます。

円があります。この円の直径の長さを2倍にします。
このとき，直径の長さを2倍にした円の円周の長さは，もとの円の円周の長さの[　　]倍になります。

上の文の[　　]にあてはまるものを，下のアからエまでの中から1つ選んで，その記号を書きましょう。

ア　2　　イ　3.14　　ウ　4　　エ　6.28

(1)　この問題では，児童の主なつまずきとして，どのようなことが考えられるか，簡潔に1つ記述せよ。

(2)　(1)で挙げた児童の主なつまずきを踏まえ，授業における改善の方策を具体的に記述せよ。

(☆☆☆◎◎◎)

○【11】～【13】の設問において「小学校学習指導要領(平成29年3月告示)第2章　第2節　社会」を「学習指導要領」,「小学校学習指導要領解説社会編(平成29年7月文部科学省)」を「解説」と記す。

【11】次は,「学習指導要領」に示されている社会科の目標である。これを見てあとの(1)～(3)の問いに答えよ。

社会的な見方・考え方を働かせ，課題を追究したり解決したりする活動を通して，(　a　)する国際社会に主体的に生きる平和で民主的な国家及び社会の形成者に必要な(　b　)としての資質・能力の基礎を次のとおり育成することを目指す。

(1)　地域や我が国の国土の地理的環境，現代社会の仕組みや働き，地域や我が国の歴史や伝統と文化を通して社会生活について理解するとともに，様々な資料や調査活動を通して情報を適切に調べまとめる①技能を身に付けるようにする。
(2) 社会的事象の(　c　)や相互の関連，意味を多角的に考えたり，社会に見られる課題を把握して，その解決に向けて社会への関わり方を選択・判断したりする力，考えたことや選択・判断したことを適切に表現する力を養う。
(3) 社会的事象について，(　d　)を考え主体的に問題解決しようとする態度を養うとともに，多角的な思考や理解を通して，②地域社会に対する誇りと愛情，地域社会の一員としての自覚，我が国の国土と歴史に対する愛情，我が国の将来を担う国民としての自覚，世界の国々の人々と共に生きていくことの大切さについての自覚などを養う。

(1) (　a　)～(　d　)に当てはまる語句を書け。
(2) 下線部①について，小学校社会科における「技能」とは具体的にどのような内容か。「解説」を踏まえて三つ書け。
(3) 下線部②について，第3学年における学習の対象を「解説」を踏まえて書け。

(☆☆☆◎◎◎)

【12】「学習指導要領」〔小学校第4学年〕 2内容(3),〔小学校第5学年〕 2内容(5)に関する問題である。(1)～(3)の問いに答えよ。
(1) 秋田県では，5月26日を「県民防災の日」と定め，県民の防災への意識を高める様々な取組を行っている。この日を定めるきっかけとなった，昭和58年に発生した地震の名称を書け。また，第4学年において実際に自然災害によって被災した地域等を取り上げる際に配慮することを，「解説」を踏まえて書け。
(2) 資料は，災害が発生したときに陸上自衛隊が災害派遣活動の要請を受け，派遣されるまでの流れを示したものである。(a)，(b)に当てはまる語句を書け。

資料　災害発生から派遣までの流れ

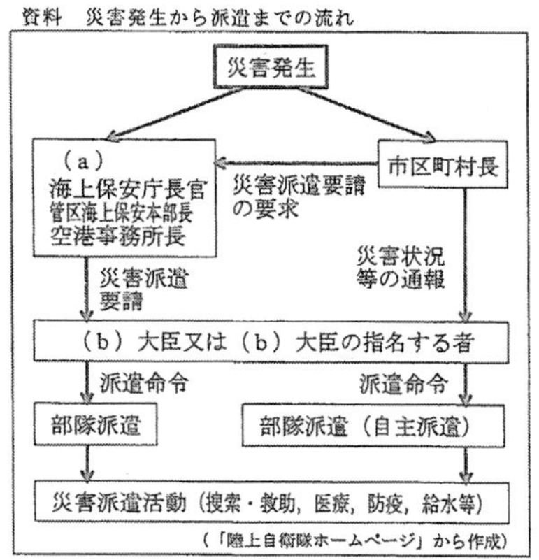

(3)　第5学年において「自然災害」を取り扱う際，指導に当たって留意すべき点について，第4学年2内容(3)とのねらいの違いを明らかにした上で「解説」を踏まえて書け。

(☆☆☆◎◎◎)

【13】「学習指導要領」〔小学校第6学年〕 2内容(1)に関する問題である。(1)～(4)の問いに答えよ。

写真１　衆議院の議場

写真２　閣議の様子

カード　児童のまとめ

写真1は，①国会の衆議院の議場の様子です。国会は国民の代表者として選挙で選ばれた国会議員によって進められます。写真2は，国会で決められた予算や法律に基づいて，国民全体のための色々な仕事を行う内閣の閣議の様子です。②内閣総理大臣と国務大臣たちが，政治の進め方などを相談しています。また，

> 憲法や法律に基づいて問題を解決し，国民の権利を守る仕事をしているのが③裁判所です。

(1)　下線部①について，世界では一院制のしくみをとる国も見られるが，日本においては衆議院と参議院の二院制(両院制)をとっている。二院制(両院制)の利点を二つ書け。

(2)　下線部②について，内閣総理大臣は，国会議員の中から国会の議決で指名することになっているが，衆議院と参議院が異なった指名の議決をした場合はどのような対応がとられるか説明せよ。

(3)　下線部③について，平成21年5月21日から，国民が地方裁判所で行われる刑事裁判(一定の重大な犯罪についての裁判)に参加する「裁判員制度」が始まった。裁判員制度における裁判では，原則として裁判官，裁判員はそれぞれ何名か。

(4)「国会と内閣と裁判所の三権相互の関連」について扱う際，思考力・判断力・表現力等を身に付けるよう指導することに関わって，配慮すべきことを「解説」を踏まえて書け。

(☆☆☆◎◎◎)

【14】次の文は，小学校学習指導要領(平成29年3月告示)第2章第4節理科に示されている第6学年の目標の一部である。あとの(1)～(3)の問いに答えよ。

> (1)　物質・エネルギー
> ①　略
> ②　燃焼の仕組み，水溶液の性質，aてこの規則性及び電気の性質や働きについて追究する中で，主にそれらの仕組みや性質，規則性及び働きについて，[　X　]を養う。
> ③　略
> (2)　生命・地球
> ①　略
> ②　生物の体のつくりと働き，生物と環境との関わり，b土地の

つくりと変化，月の形の見え方と太陽との位置関係について追究する中で，主にそれらの働きや関わり，変化及び関係について，[　X　]を養う。

③　生物の体のつくりと働き，生物と環境との関わり，土地のつくりと変化，月の形の見え方と太陽との位置関係について追究する中で，[　Y　]や主体的に問題解決しようとする態度を養う。

(1)　[　X　]，[　Y　]に当てはまる内容をそれぞれ書け。

(2)　下線部aの学習において，てこがつり合っている場合はどのような関係式が成立することを捉えさせればよいか。小学校学習指導要領解説理科編(平成29年7月文部科学省)に示されている内容に基づいて書け。

(3)　下線部bの学習において，流れる水の働きでできた岩石として扱うものは何か。小学校学習指導要領解説理科編(平成29年7月文部科学省)に示されている内容に基づいて，岩石の名称を3つ書け。

(☆☆☆◎◎◎◎)

【15】小学校第4学年「空気と水の性質」における指導について，次の(1)，(2)の問いに答えよ。

(1)　図のようなプラスチック製の注射器を用いて，児童に空気を圧(お)し縮めさせたい。安全に圧し縮めるために，どのようなことに気を付けてピストンを押すように指導すればよいか，書け。

図

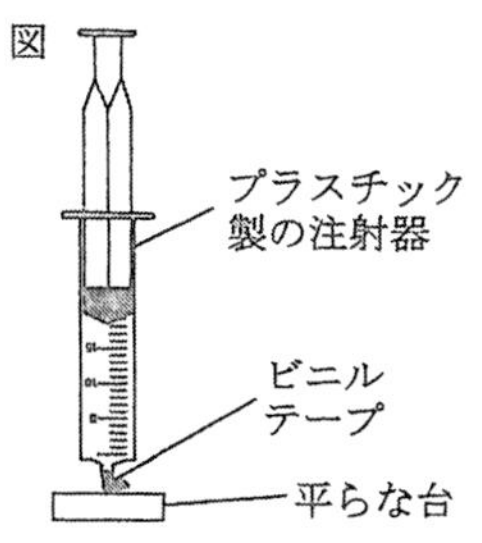

(2)　空気の性質と水の性質の両方を利用して，物を飛ばす道具を作って児童に提示したい。どのような道具を作ればよいか，図と言葉でかけ。

(☆☆☆◎◎◎◎)

【16】小学校第5学年「植物の発芽，成長，結実」における指導について，次の(1)～(3)の問いに答えよ。

(1)　児童に，ヘチマの雌花と雄花の見分け方を指導するため，雌花の外観上の特徴を説明したい。どのような説明をしたらよいか，書け。

(2)　ヘチマの雌花が開花した後，結実するために花粉が必要かどうかを調べるため，次の日に開花しそうな雌花のつぼみを2つ選んだ。それらのつぼみが開花するまでの間，どのような状態にしておけばよいか，書け。また，そのような状態にする理由を書け。

(3)　次のア～エは，ヘチマ，アサガオ，コスモス，トウモロコシの花粉を拡大して観察したときのスケッチである。ヘチマの花粉はどれか，1つ選んで記号を書け。

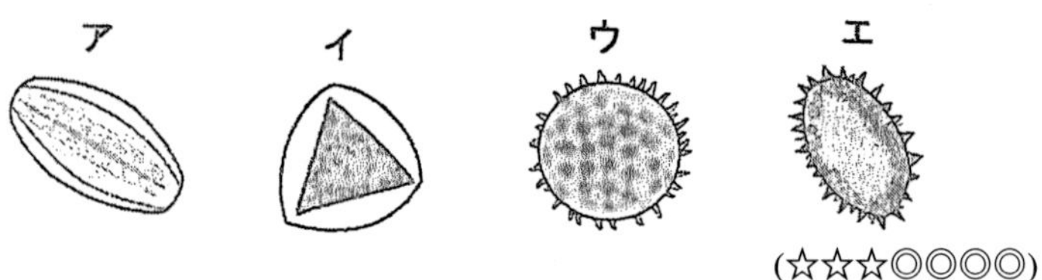

(☆☆☆◎◎◎◎)

【17】小学校第3学年「風とゴムの力の働き」における指導について，次の(1)，(2)の問いに答えよ。

(1)　図のようなプラスチックの段ボールとタイヤ等を用いて作った車を使い，風の力の働きについて調べたい。風の力の働きについて調べるためには，図の車にどのようなものを取り付ければよいか，図と言葉でかけ。

図

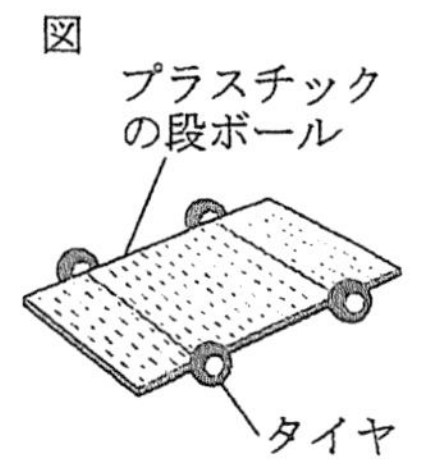

(2)　ゴムの力で動く車を用いて，児童に，ゴムの力を調整する必要感のある活動に取り組ませたい。どのような活動を行えばよいか，書け。

(☆☆☆◎◎◎◎)

【18】小学校第6学年「月と太陽」における指導について，次の(1)，(2)の問いに答えよ。

(1)　次のア～カのうち，秋田県で児童に観察させることができる月はどれか。2つ選んで記号を書け。

ア　午前9時の上弦の月　　イ　午前9時の満月

ウ　午前9時の下弦の月　　エ　午後3時の上弦の月

オ　午後3時の満月　　カ　午後3時の下弦の月

(2)　ある児童から「月の形が日によって変わって見えるのはなぜですか。」と質問された。この児童に理由を説明するため，図のような物を用意した。これらの物を使って，どのような実験を行い，どのようなことを児童に捉えさせればよいか，図と言葉でかけ。

図

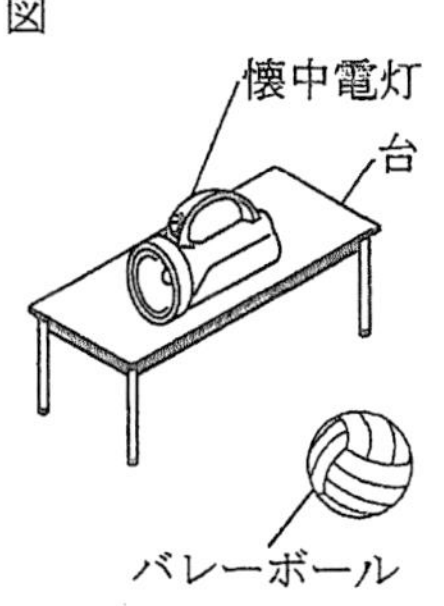

(☆☆☆◎◎◎◎)

【19】次の文は，小学校学習指導要領(平成29年3月告示)第2章第5節生活に示されている「指導計画の作成と内容の取扱い」の一部である。下の(1)～(3)の問いに答えよ。

> 1　指導計画の作成に当たっては，次の事項に配慮するものとする。
>
> (1)～(3)　略
>
> (4)　他教科等との関連を積極的に図り，指導の効果を高め，低学年における教育全体の充実を図り，中学年以降の教育へ円滑に接続できるようにするとともに，幼稚園教育要領等に示す[　P　]との関連を考慮すること。特に，小学校入学当初においては，幼児期における遊びを通した総合的な学びから他教科等における学習に円滑に移行し，主体的に自己を発揮しながら，a<u>より自覚的な学びに向かう</u>ことが可能となるようにすること。その際，生活科を中心としたb<u>合科的・関連的な指導</u>や，弾力的な時間割の設定を行うなどの工夫をすること。
>
> (5)，(6)　略

(1)　[　P　]に当てはまる内容を書け。

(2)　下線部aとはどのようなことか。小学校学習指導要領解説生活編(平成29年7月文部科学省)に示されている内容に基づいて，次のア～エから1つ選んで記号を書け。

ア　身近な人々，社会及び自然に関する活動の楽しさを味わうとともに，それらを通して気付いたことや楽しかったことなどについて，言葉，絵，動作，劇化などの多様な方法により表現し，考えること

イ　進んで自分らしさを表出し，自分のもっている力を働かせること

ウ　学ぶということについての意識があり，集中する時間とそうでない時間の区別が付き，自分の課題の解決に向けて，計画的に学んでいくこと

エ　遊びを通して達成感や満足感を味わったり，葛藤やつまずきなどの体験をしたりすること

(3)　下線部bにおける合科的な指導について説明した次の文が正しくなるように，[　X　]，[　Y　]に当てはまる内容を，小学校学習指導要領解説生活編(平成29年7月文部科学省)に示されている内容に基づいて，それぞれ書け。

合科的な指導とは，[　X　]をより効果的に実現するための指導方法の一つで，単元又は1コマの時間の中で，[　Y　]を組み合わせて，学習活動を展開するものである。

(☆☆☆☆◎◎◎)

【20】次の(1)～(3)の会話について，それぞれの英文の[　　]内に入る最も適切なものを，下の□から一つずつ選び，英語1語に直して書け。

(1)　A：When is your [　　]?

B：It's June 30.

(2)　A：How will the weather be [　　]?

B：It'll be fine.

(3)　A：What's your favorite subject at school?

B：I like [　　].

明日　　理科　　誕生日　　曇り　　昨日

(☆☆◎◎◎)

【21】次の(1)～(3)について，それぞれの英文の[　　]内に入る最も適切なものを，ア～エから一つずつ選び，その記号を書け。

(1)　Mari is good at [　　] tennis. She has played it for more than ten years.

ア　play　　イ　plays　　ウ　to play　　エ　playing

(2)　A：What do you want to be in the future?

B：I want to be [　　] because I want to go to the moon.

ア　an astronaut　　イ　a politician　　ウ　a dentist
エ　an engineer

(3)　A：Excuse me. Could you tell me how to get to the City Hall?
B：Sure. You should take the yellow bus over there.
A：How long does it take?
B：[　　].

ア　It takes you there　　イ　I think it costs 200 yen
ウ　About 10 minutes　　エ　Five kilometers or so

(☆☆◎◎◎◎◎)

【22】次の(1)，(2)は，授業における教師の発話である，日本語の意味になるように英語で書け。

(1)　目を閉じてください。
(2)　あなたは何枚のカードを持っていますか。

(☆☆◎◎)

【23】次の英文は，指導における工夫の一例である。(1)～(3)の設問に答えよ。

Record sounds for the topic or unit of your course

If you can record sounds from the real world, using (A)these sounds in the classroom can really appeal to your young learners' imagination. (B)For (　　), if the topic is 'Transport', record the sounds of cars, buses, or trains. For 'Animals', go to the zoo or make animal noises youeself. For 'Family', record the sounds of the kitchen or typical family activities. The learners have to match sounds to pictures or words, or they have to tell you what is happening.

【出典　Lynne Cameron and Penny Mckay, *Bringing creative teaching into the young learner classroom*, OXFORD UNIVERSITY PRESS】

(1)　下線部(A)が示す内容を具体的に日本語で書け。
(2)　下線部(B)が「例えば」という意味になるように，(　　)に適する英語1語を書け。

(3)　この英文を踏まえ，3年生の児童を対象に授業をするとき，①「ねらい」と②「活動」を日本語で書け。扱うトピックは文中から一つを選ぶこととする。

(☆☆☆☆☆◎◎◎◎)

【24】小学校学習指導要領(平成29年3月告示)に関する問題である。(1)，(2)の設問に答えよ。

第2節　英語　1　目標　(5)書くこと ア　大文字，小文字を(　①　)で書くことができるようにする。また，(　②　)を意識しながら音声で十分に慣れ親しんだ簡単な語句や基本的な表現を(　③　)ことができるようにする。 イ　自分のことや身近で簡単な事柄について，(　④　)を参考に，音声で十分に慣れ親しんだ簡単な語句や基本的な表現を用いて書くことができるようにする。

(1)　(　①　)～(　④　)にそれぞれ当てはまる語を，次の□から選んで書け。

文法　書き写す　活字体　筆記体　語順　書く 手本　例文

(2)　大文字，小文字を書く指導に関してどのような配慮が必要か。「高さや形」，「指導の順番」の観点から，学習指導要領解説を踏まえて書け。

(☆☆☆◎◎◎◎)

解答・解説

【1】1　慨嘆　　2　(解答例)　bは助動詞「ようだ」の連用形の一部で，cは副詞「一気に」の一部である。　　3　(解答例)　一字目が二字目を修飾する構成をとっている。　　4　(解答例)　言葉を知る以前の，自分が自分の体で体験したことしか知りえない様子。

5　(解答例)　われわれが世界を認識する道具である言葉のはたらきに自覚的になることで，その限界を押し広げていくことこそが人文学の学問である。

〈解説〉1　文脈から語句の意味を捉えた上で，漢字を考えることが重要である。慨嘆とは，嘆き憤ることである。　2　bは助動詞「ようだ」の連用形の一部で，助動詞は活用し，cは副詞「一気に」の一部で，副詞は活用しない。活用するか否かが大きな違いで，品詞を見極めるポイントである。公開解答では，「助動詞」「副詞」等のキーワードの有無で評価するとしている。　3「観点」とは，観察・考察するときの立場や目の付けどころを言う。「観る点」という語の構成である。公開解答では，「修飾する」等のキーワードの有無で評価するとしている。　4　言葉を知る以前／以後という二項対立を押さえることが重要である。言葉を獲得して以降の状態から，幼児の様子を遡って考える。公開解答では，「言葉」「体験」等のキーワードの有無で評価するとしている。　5　第3段落に，人文学は，学びの根本にあるという認識するための道具である言葉を切り口として探究する学問であることが述べられ，最終段落で日々の生活の中では言葉を自覚することができないという記述などをエッセンスとして，筆者の主張を説明する。公開解答では，「自覚」「学問」等のキーワードの有無で評価するとしている。

【2】1　口語自由　　2　(解答例)　輪切りにしたレモンと車輪の見た目の類縁性から，「遠くへ　行きたい」というレモンの願望として表現

している。　3　(解答例)　等間隔で「しゃりん」と発する工夫をすることで，車輪の回転を想起させるという効果を生むことができる。

〈解説〉1　詩は，文体で口語詩・文語詩の2種類，形式で自由詩・定型詩・散文詩の3種類に分けられる。また，内容で叙事詩・叙情詩・叙景詩の3種類に分けられる。　2「遠くへ　行きたい」という願望の表現は，うすく切ると車輪に似ていることから発想されたものとみることができる。公開解答では，「遠くへ　行きたい」「願望」等のキーワードの有無で評価するとしている。　3　音読した際の音と，詩の内容の連関に気が付くことが大切である。公開解答では，「間」「回転」等のキーワードの有無で評価するとしている。

【3】1　形容詞「わろし」の連用形　2　(1)　子どもの木こり
(2)　(解答例)　誰も篳篥を題とした和歌を詠みなさることができないそうだ。自分は詠んでしまった。　3　(解答例)　和歌の「いくたびちりき(桜の花は何度散ったことか)」の部分に，「ひちりき」を隠し詠んだ，意外にも上手な和歌であったから。

〈解説〉『宇治拾遺物語』の「木こり小童隠題歌の事」である。　1　下線部①直後の動詞を修飾していることから，活用形は連用形であることが分かる。「よくない，感心できない」という意味の「わろし(悪しと書く)」の連用形である。　2　(1)　下線部②の直前の文にある「木こる童」すなわち，子どもの木こりである。　(2)　副詞「え」は打消しの表現を伴って，不可能を表す。公開解答では，「誰も」「自分」等のキーワードの有無で評価するとしている。　3　子どもの木こりは，まだ年少ながらも，得意気に宣言した通りに，隠題という作歌法を使いこなしたのである。公開解答では，「散る」「ひちりき」等のキーワードの有無で評価するとしている。

【4】1　ア　対象　イ　意味　ウ　表現　2　(1)　考えの形成
(2)　(解答例)　文章を読んでまとめた意見や感想を共有し，自分の考えを広げること。

〈解説〉1　国語科の教科目標の柱書の冒頭に示された「言葉による見方・考え方を働かせ」についての解説である。教科の目標では，まず，国語科において育成を目指す資質・能力を国語で正確に理解し適切に表現する資質・能力とし，国語科が国語で理解し表現する言語能力を育成する教科であることが示されている。　2　(1)　全領域で「考えの形成」の指導事項が設定されていることが，平成29年に告示された新学習指導要領の大きな特徴である。なお，「共有」も全領域で位置付けられている。　(2)　学習指導要領では，意見や感想を「共有する」，「違いがあることに気付く」，「自分の考えを広げる」と段階的に指導事項が設定されている。公開解答では，「考え」「広げる」等のキーワードの有無で評価するとしている。

【5】(1)　$(x-y-2)(x-y+4)$　　(2)　$x=\dfrac{-2\pm\sqrt{10}}{2}$　　(3)　$\dfrac{2}{5}$

(4)　時速$\dfrac{99}{2}$km

(5)

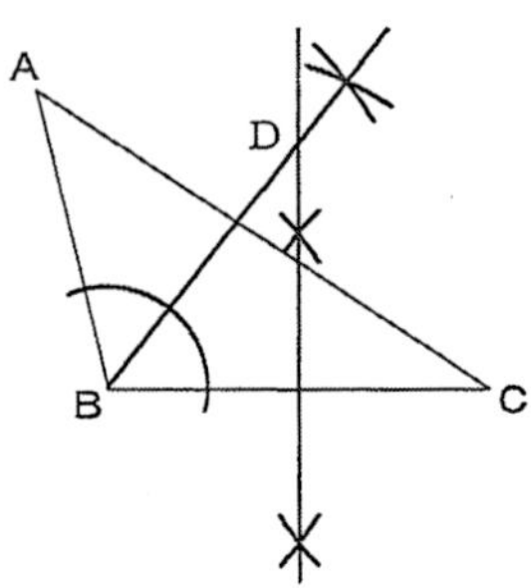

〈解説〉(1)　$(x-y-1)(x-y+3)-5$　$x-y=M$とおくと，$(M-1)(M+3)-5=M^2+2M-8=(M-2)(M+4)$　Mを$x-y$にもどして，$(M-2)(M+4)=\{(x-y)-2\}\{(x-y)+4\}=(x-y-2)(x-y+4)$　(2)　2次方程式$ax^2+2b'x+c=0$の解は，$x=\dfrac{-b'\pm\sqrt{b'^2-ac}}{a}$で求められる。

$2x^2+4x-3=0$　⇔　$x=\dfrac{-2\pm\sqrt{2^2-2\times(-3)}}{2}=\dfrac{-2\pm\sqrt{4+6}}{2}$

$=\frac{-2\pm\sqrt{10}}{2}$ (3) 卓球部員A，B，C，D，Eの5人の中から，くじびきで2人を選ぶとき，全ての選び方は$_5C_2=\frac{5\times4}{2\times1}=10$〔通り〕 このうち，2人の中にAが含まれるのは(A，B)，(A，C)，(A，D)，(A，E)の4通り よって，求める確率は $\frac{4}{10}=\frac{2}{5}$ (4) A地点とB地点の間の道のりを$a$kmとすると，行きにかかった時間は$\frac{a}{45}$時間，帰りにかかった時間は$\frac{a}{55}$時間だから，A地点とB地点を往復した車の平均時速は$2a\div\left(\frac{a}{45}+\frac{a}{55}\right)=\frac{99}{2}$で，時速$\frac{99}{2}$km (5) BD＝CDより，点Dは辺BCの垂直二等分線上にある。また，∠ABD＝∠CBDより，点Dは∠ABCの二等分線上にある。

【6】ア，エ

〈解説〉xとyの関係が定数aを用いて$y=\frac{a}{x}$と表されるとき，yはxに反比例し，双曲線を描く。a＞0のとき，xが増加するとyは減少するグラフになり，xもyも正の第1象限または，xもyも負の第3象限で双曲線を描く。一方，a＜0のとき，xが増加するとyも増加するグラフになり，xが正のときyは負の第4象限または，xが負のときyが正の第2象限で双曲線を描く。

【7】$\frac{4}{3}$倍

〈解説〉直線ABを軸として1回転させてできる立体V_1は，底面の半径が4cm，高さが3cmの円錐だから，$V_1=\frac{1}{3}\pi\times4^2\times3=16\pi$〔cm^3〕 直線BCを軸として1回転させてできる立体V_2は，底面の半径が3cm，高さが4cmの円錐だから，$V_2=\frac{1}{3}\pi\times3^2\times4=12\pi$〔cm^3〕 よって，$\frac{V_1}{V_2}=\frac{16\pi}{12\pi}=\frac{4}{3}$で，$V_1$は$V_2$の$\frac{4}{3}$倍になる。

【8】$\frac{15}{2}$cm

〈解説〉△AECで，点D，Fはそれぞれ辺AE，ACの中点だから，中点連結定理より，DF//EC，DF＝$\frac{1}{2}$EC＝$\frac{1}{2}$×5＝$\frac{5}{2}$〔cm〕　DF//ECより，EC//DGだから，平行線と線分の比についての定理より，EC：DG＝BE：BD＝1：2　DG＝2EC＝2×5＝10〔cm〕　以上より，FG＝DG－DF＝10－$\frac{5}{2}$＝$\frac{15}{2}$〔cm〕

【9】(解答例)　整数nを用いて，連続する4つの奇数を$2n+1$，$2n+3$，$2n+5$，$2n+7$と表すと，連続する4つの奇数の和は　$(2n+1)+(2n+3)+(2n+5)+(2n+7)=8n+16=8(n+2)$　より，8の倍数になる。

〈解説〉奇数は2で割って1余る整数だから，整数nを用いて$2n+1$と表すことができる。その連続する4つの奇数の和だから，$(2n+1)+(2n+3)+(2n+5)+(2n+7)$などのように表せる。

【10】(1)　(解答例)「直径の長さを2倍にすると，円周の長さは3.14倍になる。」と誤った理解をしている。　(2)　(解答例)　もとにする円の直径に対して，その直径を2倍，3倍，…にした円の円周の長さを実際に計算させ，直径の増える割合と，円周の長さの増える割合との間の関係に気付かせる。

〈解説〉(1)　(他の解答例)　円周の長さが直径の長さに比例していることを理解できていない。　(2)　公開解答では，(1)のつまずきを踏まえ具体的な手立てを明らかにして改善の方策を示している，内容が具体的で分かりやすく説得力がある，等を主な観点として相対的に評価するとしている。

【11】(1)　a　グローバル化　　b　公民　　c　特色　　d　よりよい社会　　(2)　(解答例)　情報を集める，情報を読み取る，情報をまとめる　　(3)　(解答例)　市区町村

〈解説〉(1)　aは，国際社会に係っているので，「グローバル化」が相応しい。「グローバル化する国際社会に主体的に生きる平和で民主的な

国家及び社会の形成者に必要な公民としての資質・能力の基礎を次のとおり育成することを目指す」とは，小学校及び中学校の社会科の共通のねらいであり，小学校及び中学校における社会科の指導を通して，その実現を目指す究極的なねらいが示されている。 (2) 学習指導要領解説(平成29年7月)によると，小学校社会科における「技能」は，社会的事象について調べまとめる技能を指す。具体的には，調査活動や諸資料の活用など手段を考えて問題解決に必要な社会的事象に関する情報を集める技能，集めた情報を「社会的事象の見方・考え方」に沿って読み取る技能，読み取った情報を問題解決に沿ってまとめる技能などであるとしている。 (3) 第3学年における学習の内容は，身近な地域や市区町村の地理的環境，地域の安全を守るための諸活動や地域の産業と消費生活の様子，地域の様子の移り変わりについてである。市区町村が学習対象となる。

【12】(1) 日本海中部地震 (解答例) 個人の置かれている状況や，プライバシーなどに十分配慮すること。 (2) (a) 都道府県知事 (b) 防衛 (3) (解答例) 第5学年では「我が国の国土の地理的環境の理解」において自然災害を扱うが，第4学年では「地域社会についての理解」において自然災害を扱う。

〈解説〉(1) 秋田県には，秋田県学校防災カレンダーがあり，様々な防災情報，過去に起きた県内，国内，国際的な災害がそれぞれの日付に記されている。5月26日「県民防災の日」には，「日本海中部地震 昭和58年」と記されている。被災した地域を取り上げる際には，被災地に居住していた人々や今も居住している人々がいることを念頭に十分配慮する必要がある。公開解答では，「個人の状況」，「プライバシー」等のキーワードの有無で評価するとしている。 (2) 自衛隊は，都道府県知事等の要請(ただし，特に緊急を要する場合は，要請を待たずに)に基づき，防衛大臣またはその指定する者の命令により派遣され，捜索・救助，水防，医療，防疫，給水，人員や物資の輸送など，様々な災害派遣活動を行っている。防衛省や陸上自衛隊のホームページに，災害発生から自衛隊派遣までの流れが掲載されている。 (3) 第3学年は市区町村，第4学年は都道府県，第5学年は国全体と学習範囲が広がっていることを踏まえ，内容と取り扱いをしっかり押さえておきたい。第4学年で「自然災害」を取り扱うときは，地域社会の安全を守るための諸活動・人々の取り組みなどが主となるが，第5学年では我が国の国土の地理的環境が「自然災害」の発生に関係していること，国土や国民生活を守るために国や県が様々な活動をしていることが主となっている。公開解答では，「地域社会についての理解」，「国土の地理的環境の理解」等に触れた記述かどうかを主な観点として相対的に評価するとしている。

【13】(1) (解答例) ・慎重な審議を行い，一方の行き過ぎをチェックできる ・異なる選出方法・任期なので，多様な民意を反映できる ・衆議院解散時の緊急議事に参議院が対応できる から二つ
(2) (解答例) 衆議院と参議院とが異なった指名の議決をした場合，両議院の協議会を開いても意見が一致しないとき，又は衆議院が指名の議決をした後，国会休会中の期間を除いて10日以内に，参議院が，指名の議決をしないときは，衆議院の議決を国会の議決とする。
(3) 裁判官3名，裁判員6名 (4) (解答例) 国民としての政治への関わり方について多角的に考えて，自分の考えをまとめることができるように配慮すること。

〈解説〉(1) 定員・任期・被選挙権・選挙区・解散の有無・緊急集会の有無など衆議院と参議院の違いを勘案し，二院制をとっている理由を整理して書くことが大切である。公開解答では，「国民の様々な意見を広く反映」，「慎重な審議」，「行き過ぎを抑制」，「不足を補完」等に触れた記述かどうかを主な観点として相対的に評価するとしている。
(2) 内閣総理大臣の指名については，日本国憲法第67条第2項に規定されている。これは衆議院の優越の一つである。公開解答では，「両議院による協議会」，「10日以内に指名の議決」等に触れた記述かどうかを主な観点として相対的に評価するとしている。 (3) 裁判員制度

とは，殺人などの重大な刑事事件の裁判に，国民の中から選ばれた裁判員が参加する制度である。原則として裁判員6名と裁判官3名が一つの事件を担当し，裁判員は裁判官と対等に論議して，被告人が有罪か無罪かを判断する。有罪の場合，どのような刑罰を宣告するかを決める。　(4)　具体的には，選挙は国民の代表者を選出する大切な仕組みであること，行政に必要な予算を国民が納める税金が支えていること，国民が裁判に参加するしくみとして裁判員制度があることなどを踏まえて，様々な立場から多角的に考え，義務や責任などと関連付けて自分の考えをまとめるように指導することが大切である。公開解答では，「政治への関わり方」，「考えをまとめる」等に触れた記述かどうかを主な観点として相対的に評価するとしている。

【14】(1)　X　より妥当な考えをつくりだす力　　Y　生命を尊重する態度　　(2)　(解答例)　左側の(力点にかかるおもりの重さ)×(支点から力点までの距離)＝右側の(力点にかかるおもりの重さ)×(支点から力点までの距離)　　(3)　れき岩，砂岩，泥岩

〈解説〉(1)　第6学年では特に，学習の過程において，自然の事物・現象から見いだした問題について追究し，より妥当な考えをつくりだすといった問題解決の力を育成することに重点が置かれている。より妥当な考えをつくりだすとは，自分が既にもっている考えを検討し，より科学的なものに変容させることである。この力を育成するためには，自然の事物・現象を多面的に考えることが大切である。　(2)　てこを傾ける働きの大きさは，力点にかかるおもりの重さと支点から力点までの距離の積で決まる。公開解答では，重さ，距離等のキーワードを用いて関係式を正しく示しているかを主な観点として相対的に評価するとしている。　(3)　地層は流れる水の働きや火山の噴火によってできる。流れる水の働きによってできる岩石にはれき岩，砂岩，泥岩があり，これらは岩石を作る粒の大きさによって区別される。火山灰からできた岩石は凝灰岩である。

【15】(1)　(解答例)　注射器が倒れないよう真下に力を加えるようにする。力を加えすぎないようにする。　(2)　(解答例)　図…下の図
言葉…ペットボトルロケット

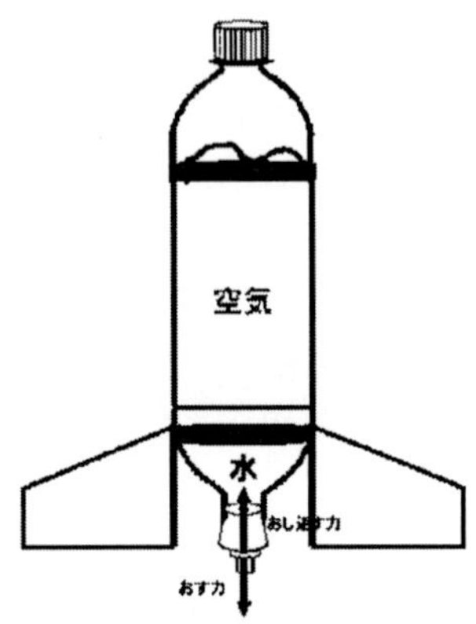

〈解説〉(1)　容器に閉じ込めた空気や水を圧し縮めようとする際には，容器が破損したり，容器の一部が飛び出したりして，容器などの一部が顔や体などに当たったりしないようにするなど，安全に配慮するように指導する。公開解答では，真下等のキーワードの有無で評価するとしている。　(2)　空気は圧し縮められるが，水は圧し縮められない。ペットボトルロケットに空気を入れると，圧し縮められた中の空気が元に戻ろうとして後ろにいきおいよく圧され，ペットボトルの中の水が吹き出して飛ぶ。公開解答では，空気の性質と水の性質の両方を利用して物を飛ばす道具を発想しているかを主な観点として，相対的に評価するとしている。

【16】(1)　(解答例)　雌花は子房があるために花びらの下にふくらみがあるが雄花は子房がないのでふくらみがない。
(2)　(解答例)　状態…一方の雌花には袋をかぶせ，もう一方にはかぶせない。
理由…袋をかぶせたほうは受粉が行われないがかぶせなかった方は受粉が行われ，花粉の有無によって結実するかどうかを調べることがで

きるから。　(3)　ア

〈解説〉(1)　雌花にはめしべがあり，めしべには受粉を行う柱頭と子房がある。雄花には花粉をつくるおしべがある。公開解答では，子房等のキーワードの有無で評価するとしている。　(2)　花粉の有無の条件を変えることで結実に花粉が必要かどうかが分かる。公開解答では，状態については袋等のキーワードの有無で，理由については受粉等のキーワードの有無で，それぞれ評価するとしている。　(3)　イはトウモロコシ，ウはアサガオ，エはコスモスとみられる。

【17】(1)　(解答例)　図略(車にヨットの帆のような風受けを取り付けた図)　言葉…車にヨットの帆のような風受けを取り付ける。

(2)　(解答例)　ゴムで動く車をより速く動かすにはどうしたらよいかを考えさせる。束ねるゴムの数，ゴムを引っ張る長さなどを変えて車を走らせてみる。

〈解説〉(1)　形状や材料は色々なものが考えられるのでどのようなものでも構わない。公開解答では，風を受けるために取り付けるものについて説明しているかを主な観点として，相対的に評価するとしている。

(2)　出題されたような活動を通して，ゴムの力の大きさを変えると，物が動く様子も変わることを捉えるようにする。公開解答では，目的によって行う動作と変える条件について説明しているかを主な観点として，相対的に評価するとしている。

【18】(1)　ウ，エ　(2)　(解答例)　図略(台の上に乗せた懐中電灯の前に児童がバレーボールをもって，その場で一回転することを示す図)　言葉…児童がバレーボールをもって点灯した懐中電灯の前に立ちその場で一回転する。ボールと懐中電灯の位置関係によってボールの光っている部分の形が変わることから，月の形の見え方は，太陽と月との位置関係によって変わることをとらえさせる。

〈解説〉(1)　上弦の月は昼に東から昇り夕方に南中，真夜中に西に沈むので午後3時の観察は可能である。下弦の月は真夜中に東から昇り明け方に南中，昼に西に沈むので午前9時の観察は可能である。満月は夕方に東から昇り真夜中に南中，明け方に西に沈むので午前9時や午後3時には観察できない。　(2)　この実験において児童は地球，懐中電灯は太陽，ボールは月に見立てられる。公開解答では，実験の様子が分かる図を示し，実験の方法と児童に捉えさせたいことを説明しているかを主な観点として，相対的に評価するとしている。

【19】(1)　幼児期の終わりまでに育ってほしい姿　　(2)　ウ
(3)　X　(解答例)　各教科のねらい　　Y　(解答例)　複数の教科の目標や内容

〈解説〉(1)「幼児期の終わりまでに育ってほしい姿」は，健康な心と体，自立心，協同性，道徳性・規範意識の芽生え，社会生活との関わり，思考力の芽生え，自然との関わり・生命尊重，数量や図形，標識や文字などへの関心・感覚，言葉による伝え合い，豊かな感性と表現の項目で幼稚園教育要領(平成29年告示)に示されている。　(2)　学習指導要領解説(平成29年7月)では，より自覚的な学びに向かうことに関連して，小学校においても，幼児期における学びと育ちを土台とし，児童が興味・関心をもったことを個々のペースで追究していけるような，ゆったりとした時間の流れの中で，少しずつ小学校での学習に慣れていくようにしたいという趣旨のことが解説されている。　(3)　合科的な指導と対をなす「関連的な指導」に関しては，教科等別に指導するに当たって，各教科等の指導内容の関連を検討し，指導の時期や指導の方法などについて相互の関連を考慮して指導するものと，同解説書に示されている。

【20】(1)　birthday　　(2)　tomorrow　　(3)　science

〈解説〉(1)「あなたの～はいつですか」という質問で，「6月30日です」と答えているので，birthday「誕生日」を選ぶのが適切。　(2)　will be と未来のことを尋ねているので，「明日(tomorrow)の天気はどうなりますか」とするのが適切。　(3)「学校であなたの一番好きな科目は何ですか」という質問なので，科目であるscience「理科」を選ぶ。

【21】(1) エ　(2) ア　(3) ウ

〈解説〉(1) be good at～は動名詞～ingを目的語に取る。「Mariはテニスが上手です。10年以上テニスをやっています」という意味。

(2)「月に行きたいから」と言っているので，an astronaut「宇宙飛行士」を選ぶのが適切。イは「政治家」，ウは「歯医者」，エは「エンジニア」の意味。　(3) how to get to～は「～への行き方」という意味で，頻出表現である。空欄は「どれくらい時間がかかりますか」という質問に対する答えなので，ウのAbout 10 minutes「10分くらい」を選ぶのが適切。

【22】(1) Close your eyes.　(2) How many cards do you have?

〈解説〉(1) 解答例の他に，Pleaseを付け加えてPlease close your eyes.としても良い。　(2)「何枚」は「いくつ」と考えてHow many ～？とする。英作文をさせる問題は頻度としてはあまり見かけないが，簡単な英作文はできるようにしておくこと。

【23】(1) (解答例)　・現実世界から録音した音。　・現実の生活の中から録音した素材。　(2) example　(3) ① (解答例) ねらい：日常生活の中にある音を通して，日本語と外国語との音声の違い等に気づくとともに，外国語の音声や基本的な表現に慣れ親しむようにする。　② (解答例) 活動：録音した動物の鳴き声の音を使って，児童に何の音かを英語で答えてもらう。

〈解説〉(1) 下線部の前の部分で，「現実世界から音を録音することができれば」と述べられているので，these soundsはそうした音のことを指している。下線部を含む文の意味は，「現実世界から音を録音することができれば，こうした音を授業で使うと生徒の想像力を刺激することになって良い」という内容。公開解答では，「現実」，「録音」等のキーワードの有無で評価するとしている。　(2) for exampleの他に，

for instanceでもよい。　(3)　外国語活動の目標を踏まえて，この英文で述べられている活動の中からトピックを1つ選んで当てはめていけば良い。公開解答では，①については「外国語活動の目標を踏まえたねらいであること」等を，②については「録音した音を活用した活動であること」等を，それぞれ主な観点として評価するとしている。

【24】(1)　①　活字体　②　語順　③　書き写す　④　例文
(2)　(解答例)　aやe，c，fとl，hとnなどのように，高さの違いを意識して書く練習をさせる。また，bやd，pやqなど紛らわしい形にも注意させる。指導の順番については，アルファベット順に教えることにこだわらず，左右対称の文字や簡単に書ける文字など児童に対して効果的な順番で指導する。

〈解説〉(1)　アの目標は，大文字及び小文字を正しく書き分けること，語順を意識しながら，語と語の区切りに注意して，音声で十分に慣れ親しんだ簡単な語句や基本的な表現を書き写すことができるようにすることが示されている。イの目標は，英語で書かれた文，又はまとまりのある文章を参考にして，その中の一部の語，あるいは一文を自分が表現したい内容のものに置き換えて文や文章を書くことができるようにすることが，学習指導要領解説(平成29年7月)に示されている。
(2)　効果的な文字を書く指導の順番については，例えば，A，H，Iなどの左右対称の文字，Cc，Jj，Kkなどの大文字と小文字の形がほぼ同じ文字等，文字の形の特徴を捉えて指導するなど工夫することが大切であることが，同解説書に示されている。公開解答では，「高さの違い」，「紛らわしい形」，「児童にとって効果的」等のキーフレーズを基に評価するとしている。

2019年度　実施問題

【1】次の文章を読んで，あとの1～5の問いに答えよ。

子育て中のある女性から，少し前にお聞きした話を紹介しましょう。その女性は毎朝おんぶ紐で子をおんぶして，自宅の前の道を掃いているそうです。そうすると，声をかけてくるヒトもおられるようです。「おはようございます」，さらに，「かわいいですね。おいくつですか？」と，その女性の肩越しに見える赤ん坊の顔に目を向けた後，視線を再び母であるその女性に向けてたずねられるようです。「おんぶして道を掃いているのがaメズラしいから声をかけてくるヒトも多いのでしょう」と，その女性は言っておられましたが，私はそれだけではないと思います。

母が子を抱っこして互いに見つめ合っている姿を目にすれば，私たちはその母子の結びつきの強さを自然に感じ取ることができるでしょう。母が背中に子をおんぶして道を掃く作業をしている光景も，同じように，母子の強い結びつきを見るヒトに感じさせると思います。背中におんぶされた子は母の背中に物理的にぴったりくっつき，しかも，母の掃く動作と連動して動いているようにも見えます。このような光景を目にすれば，私たちは心理的に母子の一体感を強く感じるはずです。さらに，背中の子が顔を母の肩あたりにくっつけていたら，子が母に頼り切っていることがもっと強調されることになり，一体感をさらに強く感じさせることになるでしょう。これほどの魅力をb発散しているのですから，子をおんぶして道を掃いている女性に声をかけるヒトも多くなるはずです。そして，その女性に声をかければ，女性と背中におんぶされている子が一緒になって，その話しかけるヒトを見つめることになります。

ふたりが同じ対象物を見ることを共同注視と言います。子どもの社会発達において，共同注視をできることがとても大事ということはよく知られています。私は共同注視は単にふたりの間cで行われる動作として完了するだけでなく，周囲のヒトにも影響を与えると思っています。子をおんぶして道を掃く女性を見ながらそばを通るヒトは，背中の子と母がときどき同じ方向を見ている，つまり共同注視していることに気が付くこともあると思います。この場合の共同注視はまさに母と子の共同作業です。例えば，ふたりの子どもたちが楽しそうに会話している，じゃれ合っているなどの光景は並んdで座っているふたりの子どもがひとりずつ手にしたゲーム機で遊んでいる光景よりも，ずっと微笑ましく感じられると思います。ヒトは，楽しく関わっているふたり，つまり共同作業を親和的に行っているふたりに興味をひかれやすい生きものだと思います。だから共同注視している母子が視野の中に入ると，その方向を見てしまうのだろうと思います。

さらに，子をおんぶしている母に話しかければ，話しかけるヒトが母とおんぶされた子の共同注視の対象となります。母子から一緒に見つめられているという感覚を，話しかけたヒトは感じられるはずです。これはより一層抵抗できない魅力なのだと思います。

(中道　正之『サルの子育て　ヒトの子育て』による)

1　a　メズラしい　を漢字に直して書け。

2　b　発散　の対義語を漢字で書け。

3　c　で　　d　で　の品詞について，違いが分かるように説明せよ。

4　より一層抵抗できない魅力　とあるが，なぜ筆者はそのように考えるのか。「抵抗できない」と表現した筆者の意図が分かるように説明せよ。

5　本文の論の展開とその効果について，各段落の内容を踏まえて説明せよ。

(☆☆☆◎◎◎)

【2】次は，詩集「風のゆうびんやさん」に収録されている詩と，この詩の授業プランについて，A教諭とB教諭が会話した内容の一部である。詩と会話文を読んで，あとの1～3の問いに答えよ。

【授業で扱う詩】

いのち　　むらかみ　みちこ

わずか
なのかの
いのち
あたえられた
ときを
ちからのかぎり
①うたいつづける
あきかぜが
そよと　ふく
はやしで

【A教諭とB教諭の会話の一部】

A　私は，この詩をひと目見た時，視覚にうったえかけてくる詩だと思いました。この詩と児童を出会わせる場面では，②この詩の視覚的な特徴に気付かせたいと思います。

B　なるほど。詩に対する児童の興味が高まりそうですね。続く学習活動として，詩の構成について考えてみてはどうでしょう。この詩は，三つのまとまりで構成されていますよね。一つ目のまとまりが1行目から3行目まで，二つ目のまとまりが4行目から7行目まで，三つ目のまとまりが8行目から10行目までと捉えられます。

A　そうですね。気付いたのですが，この詩は一つ目と三つ目のまとまりを入れ替えて読んでも，意味が通じますね。③三つのまとまりの並べ方に着目してみると，この詩のよさを更に理解できそうです。

1　①うたいつづける　とあるが，ここで使われている表現技法を漢字3字で書け。

2　②この詩の視覚的な特徴　を二点，説明せよ。

3　③三つのまとまりの並べ方　のよさを，一つ目と三つ目のまとまりを入れ替えた場合と比べて，説明せよ。

(☆☆☆◎◎◎)

【3】次の文章を読んで，下の1～3の問いに答えよ。

楊梅(やまもも)大納言顕雅卿は，若くよりいみじく*言失をぞし給ひける。

①神無月のころ，ある宮腹に参りて，御簾の外にて，女房たちとものがたりせられけるに，時雨のさとしければ，供なる雑色を呼びて，「車の降るに，時雨さし入れよ」とのたまひけるを，「車軸とかやにや，おそろしや」とて，御簾の内，笑ひあはれけり。

さて，ある女房の，「御いひたがへ，つねにありと聞ゆれば，まことにや，御祈りのあるぞや」といはれければ，「そのために，三尺のねずみをつくり，供養せむと思ひ侍る」といはれたりける。をりふし，ねずみの御簾のきはを，走り通りけるを見て，観音に思ひまがへて，のたまひけるなり。

「時雨さし入れよ」には，②まさりてをかしかりけり。*越度(をちど)の次(ついで)にいひ出さる。

＊言失…言い間違い

＊越度…失敗

(『十訓抄』による)

1　①神無月　とあるが，これについて次の問いに答えよ。

(1)　読み仮名を書け。

(2)　陰暦の何月のことか書け。

2　この文章に書かれた二つの言い間違いのうち，一つ目に書かれた言い間違いについて，口語訳を書け。

3　②まさりてをかしかりけり　とあるが，その理由を説明せよ。

(☆☆☆◎◎◎)

【4】「小学校学習指導要領(平成29年3月告示)」の国語科の目標及び内容に関する次の1，2の問いについて，「小学校学習指導要領(平成29年告示)解説国語編(平成29年7月文部科学省)」を踏まえて答えよ。

1　国語科の目標について，空欄に当てはまる適切な語句を書け。

> 言葉による見方・考え方を働かせ，言語活動を通して，国語で正確に理解し適切に表現する資質・能力を次のとおり育成することを目指す。
>
> (1)　日常生活に必要な国語について，その(　ア　)を理解し適切に使うことができるようにする。
>
> (2)　日常生活における人との関わりの中で(　イ　)力を高め，思考力や想像力を養う。
>
> (3)　言葉がもつ(　ウ　)を認識するとともに，言語感覚を養い，国語の大切さを自覚し，国語を尊重してその能力の向上を図る態度を養う。

2　語彙を豊かにすることに関する事項の語句の量を増やすことに関して示された，各学年の指導の重点となる語句のまとまりとは何か，説明せよ。

(☆☆☆◎◎◎)

【5】次の(1)～(3)の問いに答えよ。

(1)　$1.03^2-0.97^2$を計算せよ。

(2)　$x+y=2$，$xy=-2$のとき，x^2-xy+y^2の値を求めよ。

(3)　バスケットボールの試合で，A，B，C，D，E，Fの6チームが，総当たりでそれぞれ1回ずつ対戦するとき，試合数は全部で何試合になるかを求めよ。

(☆◎◎◎)

【6】A小学校の昨年度の児童数は，男女合わせて550人だった。今年度は男子が4%，女子が3%増加し，全体としては20人増加した。昨年度

の男子をx人，女子をy人として連立方程式をつくり，A小学校の今年度の男子と女子の児童数を求めよ。また，求める過程も示せ。

(☆☆◎◎◎)

【7】次の図のように，放物線$y=x^2$と直線$y=-x+6$のグラフの交点をx座標の小さい順に，A，Bとし，原点をOとする。下の(1)，(2)の問いに答えよ。

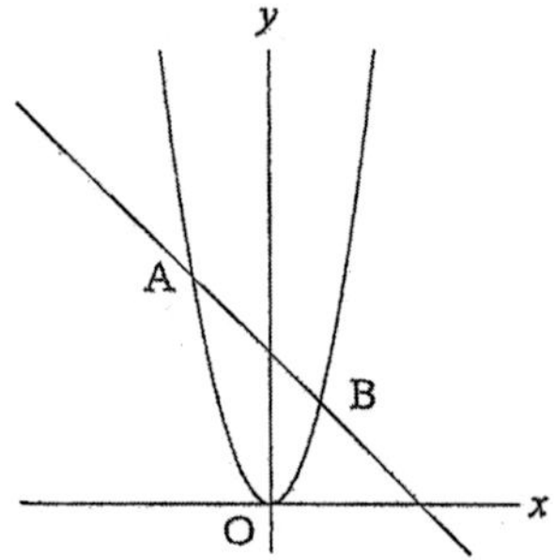

(1)　点A，Bのそれぞれの座標を求めよ。

(2)　$y=x^2$のグラフ上に原点と異なる点Dをとる。△OABと△DABの面積が等しくなるような点Dの座標を全て求めよ。

(☆☆☆◎◎◎)

【8】次の図のように，円Oの周上に点Pがある。点Pを通り円Oに接する接線を，定規とコンパスを用いて作図せよ。ただし，作図に用いた線は消さないこと。

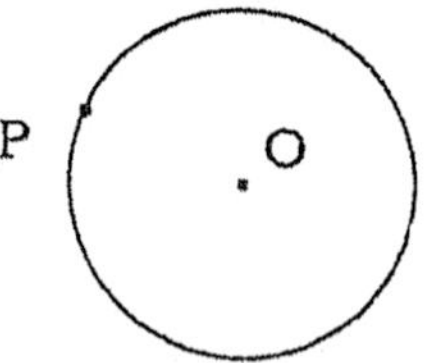

(☆◎◎◎)

【9】次の図のように，底面の半径が6cm，母線の長さが12cmの円錐がある。この円錐の表面積を求めよ。ただし，円周率をπとする。

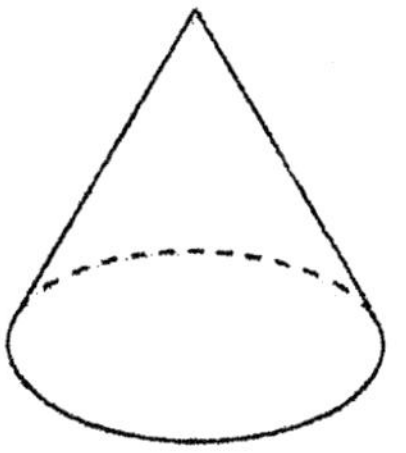

(☆☆☆◎◎◎)

【10】次は，平成29年度秋田県学習状況調査小学校第5学年算数の問題である。この問題の通過率は，43.4%であった。下の(1)，(2)の問いに答えよ。

> 次の図のように，たてが48cm，横が60cmの長方形の紙を，あまりがでないようにできるだけ大きな正方形に切り分けます。正方形の1辺の長さは何cmになりますか。答えを□の中に書きましょう。
>
> 60cm
>
> 48cm
>
> □ cm

(1)　この問題では，児童の主なつまずきとして，どのようなことが考えられるか，簡潔に1つ記述せよ。

(2)　(1)で挙げた児童の主なつまずきを踏まえ，授業における改善の方策を具体的に記述せよ。

(☆☆☆◎◎◎)

○【11】～【13】の設問において，「小学校学習指導要領(平成20年3月告示)第2章第2節社会」を「学習指導要領」，「小学校学習指導要領(平成29年3月告示)第2章第2節社会」を「新学習指導要領」，「小学校学習指導要領解説社会編(平成20年8月文部科学省)を「解説」と記す。また，設問中の「おおむね満足できる」状況(B)は，〔「十分満足できる」状況(A)「おおむね満足できる状況」(B)，「努力を要する状況」(C)〕の3段階評価によるものである。

【11】「学習指導要領〔第3学年及び第4学年〕 2内容(6)，「新学習指導要領」〔小学校第4学年〕 2内容(1)及び(5)に関する問題である。あとの(1)～(3)の問いに答えよ。

資料1 「新学習指導要領」(一部)

(1)　都道府県の様子について，学習の問題を追究・解決する活動を通して，次の事項を身に付けることができるように指導する。

ア　次のような知識及び技能を身に付けること。

(ア)　自分たちの県の地理的環境の概要を理解すること。また，47都道府県の［　①　］と位置を理解すること。

(イ)　地図帳や各種の資料で調べ，白地図などにまとめること。

イ　次のような思考力，判断力，表現力等を身に付けること。

(ア)　我が国における自分たちの県の位置，県全体の［　②　］や主な産業の分布，［　③　］や主な都市の位置などに着目して，県の様子を捉え，地理的環境の特色を考え，表現すること。

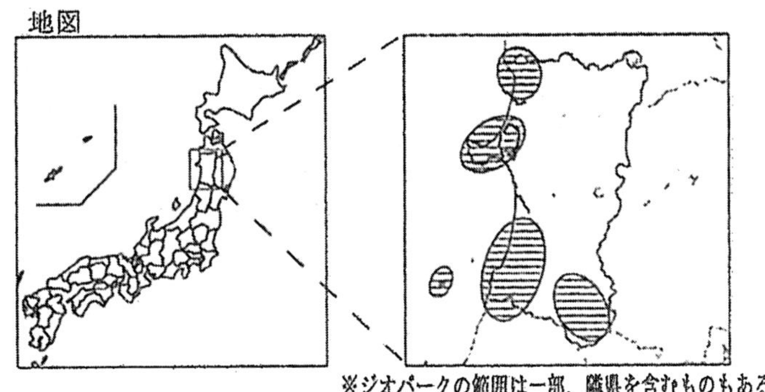
地図
※ジオパークの範囲は一部，隣県を含むものもある。

資料2　児童のまとめ

・秋田県は，日本全体から見ると北の方にある。 ・秋田県は，青森県，岩手県，宮城県，山形県ととなり合っている。

(1)　資料1の①～③に当てはまる語を書け。

(2)　地図中の〔図〕の範囲内には，ジオパークがある。このジオパークは「秋田県の様子について調べ，秋田県の特色を考えるようにする」単元で具体的に調べる対象として取り扱うことができるものと考えられるが，その理由について「解説」を踏まえて書け。

(3)　資料2は，児童が秋田県の位置を学習した授業の最後に秋田県の位置をまとめたものであり，「おおむね満足できる」状況(B)と判断した。そのように判断した理由を「解説」を踏まえて書け。

(☆☆☆◎◎◎)

【12】「学習指導要領」〔小学校第5学年〕 2内容(3)に関する問題である。児童たちが日本の工業生産について調べ，まとめたものである。あとの(1)，(2)の問いに答えよ。

資料１　働いている人の数で分類した工場

工場で働いている人の数(人)	工場数	工場に占める割合（%）
～　9	278 251	70.0
10～ 99	106 323	26.7
100～299	9 951	2.5
300～	3 210	0.8

（資料１，２は「日本国勢図会」2017/18から作成）

資料２　日本の工場の生産額の割合

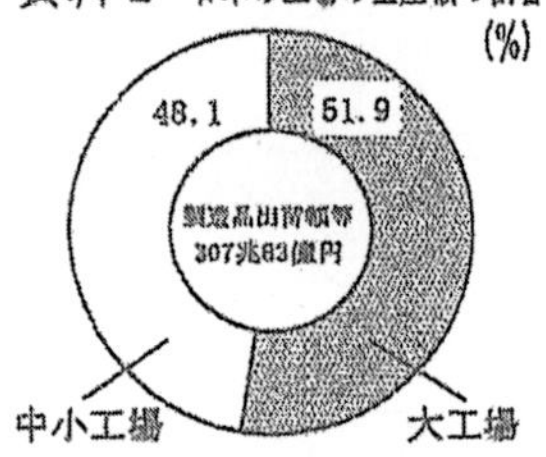

カード1　児童Aまとめ

> 調べた本では，働いている人の数が300人以上の工場を大工場，299人以下の工場を中小工場としていました。日本の大工場は，中小工場に比べて数が少ないことが分かりました。また，大工場と中小工場の生産額はおおよそ同じくらいであることが分かりました。

カード2　児童Bのまとめ

> 各自動車生産工場では，「リサイクルしやすい自動車」「ハイブリッド車など，排出ガスの少ない自動車」「車いすのまま乗りおりできる自動車」「夜でも歩行者を見えやすくする装置を付けた自動車」など，環境や人に優しい自動車が研究，開発，生産されていました。各自動車生産工場では＿＿＿＿＿＿＿＿＿＿ことが分かりました。

(1)　児童Aが「日本の大工場と中小工場」について図書館で調べ，見付けた資料1と資料2を基にカード1にまとめたが「おおむね満足できる」状況(B)に達していないと判断した。「おおむね満足できる」

状況(B)と判断できるまとめになるよう，次の書き出しに続けて書け。

日本の大工場は，中小工場に比べて

(2) カード2は，児童Bが「自動車生産工場」について調べ，まとめたものである。このカードが「おおむね満足できる」状況(B)と判断できるまとめになるよう，下線部に適切な内容を書け。

(☆☆☆◎◎◎)

【13】「学習指導要領」〔小学校第6学年〕2内容(1)に関する問題である。次の会話は，日本の世界文化遺産について，グループで話し合っている様子である。あとの(1)～(3)の問いに答えよ.

会話

児童A：秋田県のホームページを見て，秋田県内の遺跡を含む①北海道・北東北の縄文遺跡群が世界文化遺産の登録を目指していることを知りました。この遺跡群について詳しく調べたいです。 児童B：僕は世界最古の木造建築物として日本で最初に世界文化遺産に登録された②法隆寺に興味があります。これほど古い建物が現在まで残っているのはきっと多くの人々の努力があるからだと思います。 児童C：私は，家族と一緒に③富岡製糸場を見学しました。富岡製糸場を出発点として日本の製糸業が大きく発展したと観光ガイドさんから教えてもらいました。

地図 近畿地方

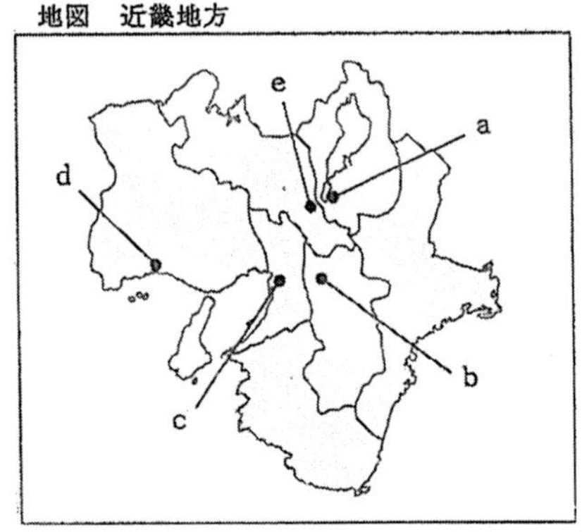

(1) 次のア～オの遺跡のうち，下線部①に含まれるものを全て選び，記号を書け。

ア 伊勢堂岱遺跡　　イ 三内丸山遺跡　　ウ 纒向遺跡

エ 吉野ヶ里遺跡　　オ 大湯環状列石

(2) 下線部②が建てられた位置を地図中のa～eから1つ選び，記号を書け。

(3) 我が国の代表的な文化遺産を歴史学習で取り上げる際に配慮することは何か,「解説」を踏まえて書け。また，下線部③を取り上げる場合，具体的にどのように取り扱うか書け。

(☆☆☆◎◎◎)

【14】次の文は，小学校学習指導要領(平成29年3月告示)に示されている理科の目標である。あとの(1)～(3)の問いに答えよ。

> 自然に親しみ，理科の見方・考え方を働かせ，(A)をもって観察，実験を行うことなどを通して，自然の事物・現象についての問題を(B)に解決するために必要な資質・能力を次のとおり育成することを目指す。
>
> (1) 自然の事物・現象についての理解を図り，観察，実験$_X$などに関する基本的な技能を身に付けるようにする。

(2) 観察，実験などを行い，$_{\text{Y}}$問題解決の力を養う。
(3) 自然を愛する心情や主体的に問題解決しようとする態度を養う。

(1) A，Bに当てはまる語句をそれぞれ書け。
(2) 下線部Xについて，ものづくりのほかにどのような活動が含まれるか。小学校学習指導要領解説理科編(平成29年7月文部科学省)に示されている内容に基づいて2つ書け。
(3) 下線部Yについて，第5学年で主に育成を目指す問題解決の力はどのようなものか。小学校学習指導要領解説理科編(平成29年7月文部科学省)に示されている内容に基づいて書け。

(☆☆☆☆☆◎◎◎◎)

【15】小学校第3学年「光の性質」における指導について，次の(1)～(3)の問いに答えよ。

(1) 図のように，虫眼鏡で日光を集めて紙に当てる実験を行った。児童に虫眼鏡を操作させる際には安全面に配慮し，破損によるけがに気を付けることに加え，どのようなことを指導しなければならないか。小学校学習指導要領解説理科編(平成29年7月文部科学省)に示されている内容に基づいて書け。

図

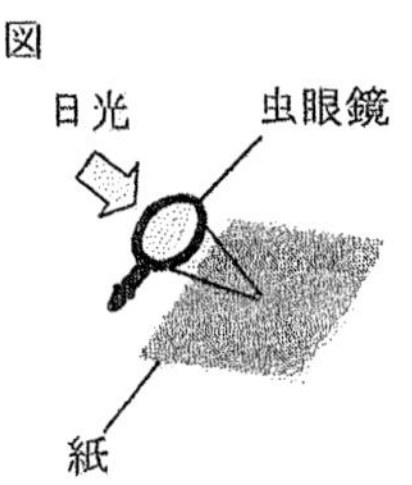

(2) 焦点距離が15cmの虫眼鏡の前方10cmの位置に物体を置いたとき，物体の虚像は虫眼鏡から30cmの位置にできた。この虫眼鏡の倍率は何倍か，求めよ。
(3) ある児童が授業の振り返りの場面で「日光を利用すれば，調理す

る器具が作れるのではないかと思いました。」と発表した。この児童の思いを受けて，身の回りにある物を用い，日光を利用し物を温めて調理する器具を児童と共に製作することにした。どのような器具を製作すればよいか。製作に用いる物を示して新具の図をかけ。また，製作する器具で物が温められる仕組みを言葉で書け。

(☆☆☆◎◎◎)

【16】小学校第5学年「物の溶け方」における指導について，次の(1)，(2)の問いに答えよ。

(1)　食塩を水に溶かしたところ，ある児童から「食塩はなくなったのですか。」と質問された。この児童に食塩が水に溶けてもなくならないことを捉えさせるために，どのような手順で実験を行わせればよいか。図と言葉でかけ。

(2)　正しいろ過の方法を児童に指導するために，図のような誤った方法を示した絵を意図的に提示した。図で示した方法の中で，誤っている部分はどこか，2つ書け。

図

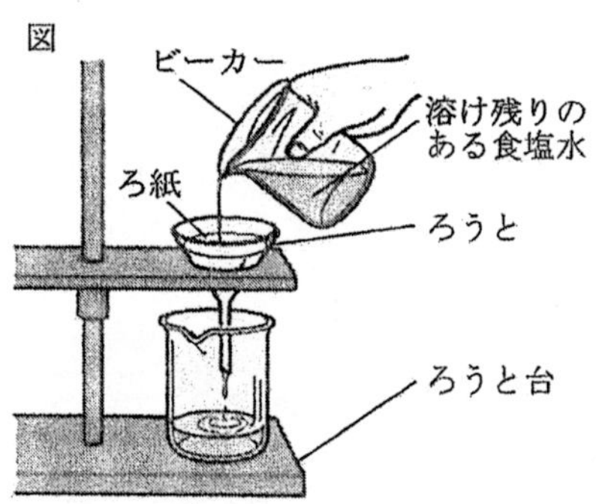

(☆☆☆◎◎◎)

【17】小学校第4学年「天気の様子」における指導について，次の(1)，(2)の問いに答えよ。

(1)　水面や地面などから水が蒸発していることを児童に捉えさせるた

めに，どのような現象を観察させればよいか。小学校学習指導要領解説理科編(平成29年7月文部科学省)に示されている内容に基づいて書け。

(2) 教室内の気温が20℃，露天が10℃のとき，教室内の湿度は何％か。求める式を書き，答えは小数第一位を四捨五入して整数で書け。ただし，それぞれの気温における飽和水蒸気量は表のとおりとする。

気温〔℃〕	0	5	10	15	20	25	30	35
飽和水蒸気量〔g/m³〕	4.8	6.8	9.4	12.8	17.3	23.1	30.4	39.6

(☆☆☆◎◎◎)

【18】小学校第6学年「人の体のつくりと働き」における指導について，次の(1)，(2)の問いに答えよ。

(1) 血管と血液の流れを調べるために，図1のような顕微鏡でメダカの尾びれを観察することにした。

図1

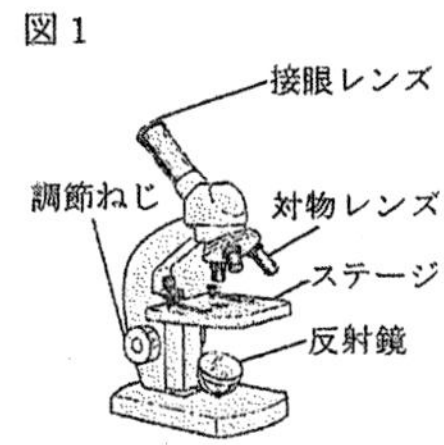

① 顕微鏡を操作して観察する物にピントを合わせる際の手順が正しくなるように，次のア～オを並べかえて記号を書け。

ア 観察する物をステージにのせる。

イ 対物レンズを一番低倍率のものにする。

ウ 接眼レンズをのぞきながら，反射鏡を調節して全体が均一に明るく見えるようにする。

エ 真横から見ながら調節ねじを回し，観察する物と対物レンズをできるだけ近づける。

オ 接眼レンズをのぞき，調節ねじを少しずつ回し，観察する物と対物レンズを遠ざける。

② 生きているメダカの尾びれの様子を観察するには，メダカをどのようにして観察すればよいか。用いるものを示して書け。

(2) 図2は，人の心臓のつくりを示した模式図である。A～Dのうち，静脈血が流れている血管はどれか，全て選んで記号を書け。

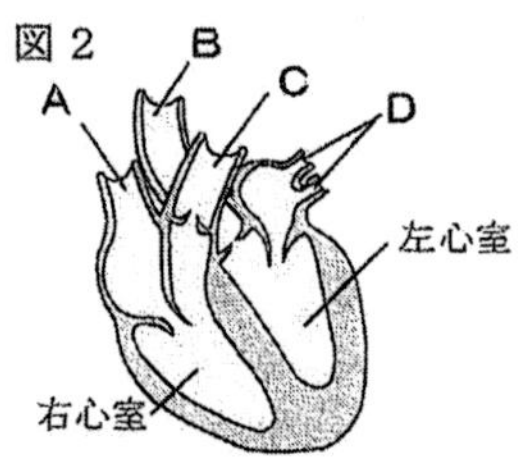

(☆☆☆◎◎◎)

【19】次の文は，小学校学習指導要領(平成29年3月告示)に示されている生活科の目標である。下の(1)～(3)の問いに答えよ。

> 具体的な活動や体験を通して，身近な生活に関わる$_X$見方・考え方を生かし，自立し生活を豊かにしていくための資質・能力を次のとおり育成することを目指す。
> (1) 活動や体験の過程において，自分自身，身近な人々，社会及び自然の特徴や(　A　)，それらの関わり等に気付くとともに，生活上必要な習慣や技能を身に付けるようにする。
> (2) 身近な人々，社会及び自然を自分との関わりで捉え，自分自身や自分の生活について$_Y$考え，表現することができるようにする。
> (3) 身近な人々，社会及び自然に自ら働きかけ，意欲や(　B　)をもって学んだり生活を豊かにしようとする態度を養う。

(1) A，Bに当てはまる語句をそれぞれ書け。

(2) 下線部Xについて，他教科等と異なり，「見方・考え方を働かせ」とせず「生かし」としているのは，どのような観点からか。小学校学習指導要領解説生活編(平成29年7月文部科学省)に示されている内容に基づいて書け。

(3) 下線部Yについて,「分析的に考えること」と「創造的に考えること」が,小学校学習指導要領解説生活編(平成29年7月文部科学省)に示されている。次のア～カの学習活動のうち,「創造的に考えること」に当てはまるものはどれか,3つ選んで記号を書け。

ア 試す　　イ 比べる　　ウ 見通す　　エ たとえる

オ 見付ける　　カ 工夫する

(☆☆☆☆◎◎◎◎)

【20】次の(1),(2)について,それぞれの英文で説明されている語を,英語1語で書け。

(1) the day of the week between Thursday and Saturday

(2) a building or room containing books that can be read or borrowed

(☆☆☆◎◎◎)

【21】次の(1)～(4)について,それぞれの英文の[　　]内に入る最も適切なものを,ア～エから1つずつ選び,その記号を書け。

(1) Let's enjoy speaking English. Don't be afraid of [　　] mistakes.

ア make　　イ to make　　ウ making　　エ made

(2) To my surprise, he returned to his work soon [　　] he left the hospital.

ア after　　イ if　　ウ until　　エ while

(3) A: What are your plans for this summer vacation, Ken?

B: [　　] It'll be fun to cook dinner with my family and see beautiful stars at night.

ア I'm planning to go camping.

イ I'm looking forward to seeing a movie.

ウ My best plan was a trip with my friends.

エ My parents want me to study hard during summer vacation.

(4) A: What's the matter?

B: I have to clean my room before my friends come. I have only 10 minutes

A : Oh, dear! [　　]

B : Thank yon, Mom.

ア　Is it so hard?

イ　Do you need some help?

ウ　Can you help me with the cleaning?

エ　Will you join us?

(☆☆☆◎◎◎)

【22】次の(1)，(2)は，授業やALTとの打ち合わせでよく使う表現である。日本語の意味になるように英語で書け。

(1)　歌を歌いましょう。

(2)　このゲームのやり方を説明してください。

(☆☆☆◎◎◎)

【23】次は，ゴーランド先生(Mrs Gowland)のクラスルーム・マネジメントについて述べた英文である。(1)～(3)の設問に答えよ。

Mrs Gowland uses teaching techniques that rely on students working in groups and collaborating with each other to (A)solve problems. The class is colourful with student work hanging from the ceiling and on the walls. Mrs Gowland has worked hard at providing a classroom environment where the students feel (　①　) and have the confidence to risk a (　②　) answer or opinion in the group work. (B)During work time, Mrs Gowland is always walking around encouraging students and bringing students who are off - task back on task before they misbehave. When students do misbehave, she attempts to re-engage them quickly, quietly and in private.

【出典　Tim McDonald, *classroom management engaging students in learning*, OXFORD UNIVERSITY PRESS】

(1)　生徒たちが下線部(A)のためにゴーランド先生の授業でしていることは何か，日本語で書け。

(2) ①，②に入る最も適切な語を，次のア～エからそれぞれ一つずつ選び，その記号を書け。

① ア bad イ young ウ safe エ tired

② ア right イ popular ウ final エ wrong

(3) 下線部(B)を行っている理由を，具体的に日本語で書け。

(☆☆☆◎◎◎)

【24】次は，小学校学習指導要領(平成29年3月告示)に示されている外国語の目標である。①～⑤に適語を書け。

> 外国語によるコミュニケーションにおける見方・考え方を働かせ，外国語による聞くこと，読むこと，話すこと，書くことの言語活動を通して，コミュニケーションを図る基礎となる資質・能力を次のとおり育成することを目指す。
> (1) 外国語の音声や文字，語彙，表現，文構造，言語の働きなどについて，日本語と外国語との違いに気付き，これらの知識を理解するとともに，読むこと，書くことに慣れ親しみ，聞くこと，読むこと，話すこと，書くことによる実際のコミュニケーションにおいて(①)できる基礎的な技能を身に付けるようにする。
> (2) コミュニケーションを行う(②)や場面，状況などに応じて，身近で簡単な事柄について，聞いたり話したりするとともに，音声で十分に慣れ親しんだ外国語の語彙や基本的な表現を推測しながら読んだり，(③)を意識しながら書いたりして，自分の考えや気持ちなどを伝え合うことができる基礎的な力を養う。
> (3) 外国語の背景にある(④)に対する理解を深め，他者に配慮しながら，(⑤)に外国語を用いてコミュニケーションを図ろうとする態度を養う。

(☆☆☆◎◎◎)

解答・解説

【1】1　珍(しい)　　2　吸収　　3　(解答例)　cは「ふたりの間で行われる」と場所を指し示す格助詞「で」である。また，dは「並んで座っている」と，現在継続中の様子を表している接続助詞「で」である。
4　(解答例)　ヒトは，共同作業を親和的に行っている二人に興味をひかれやすい生きものである。子をおんぶしている母に話しかければ，話しかけるヒトが母とおんぶされた子の共同注視の対象となり，自分が興味をもったものに見つめられるという感覚を味わえるから。
5　(解答例)　第一段落で問題提起をし，第二・第三段落でヒトは，共同作業を親和的に行っているふたりに興味をひかれやすい生きものである，という筆者の定義を，具体例を交えながら分かりやすく説明している。第四段落はこれまでのことをふまえて，子をおんぶしている母に声をかけることは，母子から一緒に見つめられるという魅力的なことなのである，と論を結んでいる。

〈解説〉1　文脈を読み取り，内容に添った意味の漢字を書く。　2「発散」とは，何かを外に向けて発して散らすこと。対義する言葉としては他に「集束」がある。　3　格助詞は名詞の下につく。今回の場合，cの直前に「間」という名詞があった。公開解答では，「格助詞」「接続助詞」等のキーワードの有無で評価するとしている。　4　下線部より前に着目する。下線部直前の段落で筆者は，「ヒトは，～共同作業を親和的に行っているふたりに興味をひかれやすい生きものだ」と述べている。このことをふまえ，対象を母子に置き換えて，端的にまとめる。公開解答では，「興味をひかれる」等のキーワードの有無で評価するとしている。　5　全体は四つの形式段落に分かれているが，第一段落が問題提起，第二・第三段落が説明，第四段落が結論，と構成は分かりやすい。第三段落で，筆者の結論の軸になる定義が述べられていることを忘れずに説明すること。公開解答では，「具体例」等のキーワードの有無で評価するとしている。

【2】1　擬人法　　2　(解答例)　・すべて平仮名で書かれている。　・詩の行頭が一字ずつ下がっていて，階段状に書かれている。

3　(解答例)　三つ目のまとまりを始めにすると，「わずか／なのかの／いのち」の「何か」が，林で歌い続けることが分かるだけであるが，一つ目のまとまりを始めにすることで，命のはかなさが強調される。また，「はやしで」と文が途中で終わることで，命の限り歌い続けようとする「何か」の力強さが余韻として残る。

〈解説〉1　下線部①より後に「はやしで」とあり，「うたいつづける」の主語が「はやし」の中の何かであることが分かる。　2　一切漢字が使われていないこと，通常とは違う，ずらした書き方をしていることを，端的にまとめる。公開解答では，「平仮名」「階段状」等のキーワードの有無で評価するとしている。　3　一つ目と三つ目のまとまりを入れ替えることで生じてくる二つの違いを述べ，それによってどのような効果が得られるかを述べる。「一つ目と三つ目のまとまりを入れ替えた場合と比べて」と問われているので，現状と入れ替えた場合，両方の詩の印象を書くこと。公開解答では，「はかなさ」「余韻」等のキーワードの有無で評価するとしている。

【3】1　(1)　かんなづき(かみなづき，かむなづき)　　(2)　十月

2　(解答例)　車が降るから時雨を中に入れなさい。

3　(解答例)　ある女房が，「言い間違いを直すためにお祈りをなさっているとうかがいましたが」と聞くと，大納言が走っているねずみを見つけ，「観音」と「ねずみ」を間違えて，「三尺のねずみをつくって供養する」と言ったことが前回よりおもしろかったため。

〈解説〉1　(1)　「かむなづき」が音便化し，「かんなづき」となった。

(2)　年月の月にはそれぞれ別名がある。さまざまなところで用いられているので，覚えておくとよい。　2　言い間違えた部分は「車の降るに，時雨さし入れよ」である。本当は「時雨の降るに，車さし入れよ」のつもりだったのだが，入れ違いになったのである。公開解答では，「車」「時雨」等のキーワードの有無で評価するとしている。

3　おかしい点を明確にして，端的にまとめる。「観音」と言うべきところを，ねずみを見たために「ねずみ」と言い間違えてしまった。それがおかしかったというのである。公開解答では，「祈る」等のキーワードの有無で評価するとしている。

【4】1　ア　特質　　イ　伝え合う　　ウ　よさ　　2 (解答例)　第1学年及び第2学年では，身近な事を表す語句，第3学年及び第4学年では，様子や行動，気持ちや性格を表す語句，第5学年及び第6学年では，思考に関わる語句のことである。

〈解説〉1　問題文(1)～(3)は，それぞれ，「小学校学習指導要領(平成29年3月)　国語科」の「目標及び内容」の(1)～(3)に該当する。よく出題されるキーワードなので，しっかり覚えておくこと。　2　それぞれ，学習指導要領の「目標及び内容」の「内容　(1)オ」にあり，「学習指導要領解説国語編　第2章 第2節　2(知識及び技能)の内容」の「語彙」にも説明されている。学年・成長に応じて抽象的な語彙の習得を目指していることに留意する。公開解答では，「身近」「思考」等のキーワードの有無で評価するとしている。

【5】(1)　0.12　　(2)　10　　(3)　15試合

〈解説〉(1)　$1.03^2-0.97^2=(1.03+0.97)(1.03-0.97)=2\times0.06=0.12$
(2)　$x^2-xy+y^2=(x+y)^2-3xy=2^2-3\times(-2)=10$　　(3)　${}_6C_2=\frac{6\times5}{2\times1}=15$〔試合〕

【6】(解答例)　昨年度は男女合わせて550人だったので，$x+y=550$…①，今年度は男子が4%増加したので$0.04x$人，女子が3%増加したので$0.03y$人，全体で20人増加したので$0.04x+0.03y=20$…②　②の両辺を100倍して$4x+3y=2000$…②′　①×4－②′よりyを求めると，$y=200$。それを①に当てはめてxを求めると，$x=350$。つまり，昨年度の男子が350人，女子が200人。したがって，今年度の男子は$350\times1.04=364$〔人〕，女子は$200\times1.03=206$〔人〕

〈解説〉別の途中の解法としては，②′−①×3よりxを求めると，$x=350$。それを①に当てはめてyを求めると，$y=200$。

【7】(1)　A(−3，9)，B(2，4)　(2)　(−4，16)，(−1，1)，(3，9)

〈解説〉(1)　$x^2=-x+6$より$x^2+x-6=0$　$(x-2)(x+3)=0$　よって$x=2$，-3となる。$x=2$のとき$y=4$，$x=-3$のとき$y=9$なのでA(−3，9)，B(2，4)　(2)　D$(d，d^2)$とおく。Dと直線$y=-x+6$の距離は$\dfrac{|d+d^2-6|}{\sqrt{1^2+1^2}}=\dfrac{|d+d^2-6|}{\sqrt{2}}$　…①，また，点Oと直線$y=-x+6$の距離は$\dfrac{|-6|}{\sqrt{1^2+1^2}}=\dfrac{6}{\sqrt{2}}=3\sqrt{2}$　…②。△OABと△DABの面積が等しいとき①と②が等しいので，$\dfrac{|d+d^2-6|}{\sqrt{2}}=3\sqrt{2}$。よって，$|d+d^2-6|=6$，絶対値を外して，$d^2+d-6=\pm6$，これらを解いて，$d=-4$，$-1$，0，3　$d\neq0$なので，D(−4，16)，(−1，1)，(3，9)

【8】

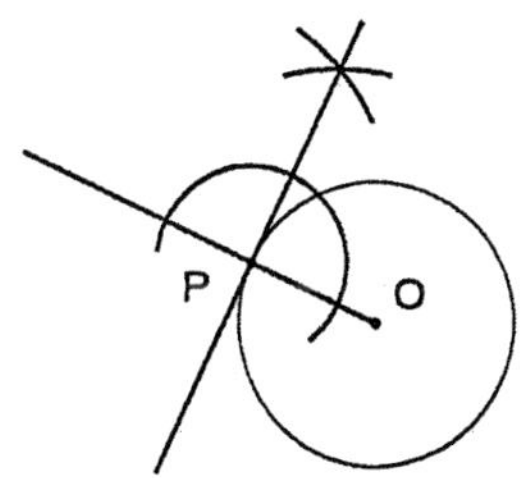

〈解説〉①　直線OPを引く。　②　点P中心の適当な円をかき，直線OPとの交点を2つとる。　③　②の2つの交点を中心とする2つの円の交点をとり，それらを結ぶ。

【9】108π cm²

〈解説〉半径12cmの円の円周は$2\pi\times12=24\pi$〔cm〕，半径6cmの円の円周は$2\pi\times6=12\pi$〔cm〕，したがって，円錐の側面の展開図となる扇形の弧の長さが12πcmなので中心角の大きさは$360\times\frac{12\pi}{24\pi}=180$〔°〕である。よって，円錐の表面積は$\pi\times12^2\times\frac{180}{360}+\pi\times6^2=72\pi+36\pi=108\pi$〔$cm^2$〕

【10】(1)　(解答例)　・48と60の最大公約数が12のところを，6や4などで間違えて処理してしまっている。　・最大公約数ではなく最小公倍数を使ってしまっている。　から1つ　　(2)　(解答例)　・最大公約数の求め方の基本問題に取り組むなどの確認をする。　・最大公約数と最小公倍数の違いを説明し，正方形の敷き詰め問題にはどちらを使えばよいかを考えさせる。

〈解説〉(1)　公開解答では，「48と60の最大公約数を6と考えている。」「最大公約数ではなく，最小公倍数を求めている。」等を主なつまずきとして述べている，としている。　(2)　公開解答では，「(1)のつまずきを踏まえ，具体的な手立てを明らかにして，改善の方策を示している。」「内容が具体的でわかりやすく説得力がある。」等を主な観点として，相対的に評価するとしている。

【11】(1)　①　名称　　②　地形　　③　交通網　　(2)　(解答例)　ジオパークは，県内の特色ある地域のうち，自然環境，伝統や文化などの地域の資源を保護・活用しているものに該当するので，「秋田県の様子について調べ，秋田県の特色を考えるようにする」単元で取り扱うことができる。　　(3)　(解答例)　秋田県の地理的位置について，隣接する4つの県があることや，日本全体から見た位置について，方位などを用いて言い表しているので，「おおむね満足できる」状況といえる。

〈解説〉(1)　「新学習指導要領」にもしっかり目を通しておきたい。

(2)　学習指導要領解説(平成20年8月)の第3学年及び第4学年の目標及び内容(6)の「ウ　県内の特色ある地域の人々の生活」の内容の取扱いとして，「自然環境，伝統や文化などの地域の資源を保護・活用している地域を取り上げること」とある。ジオパークはまさに，豊かな自然を守りそれを保護・活用している地域の好例である。公開解答では，「地域の資源」「保護・活用」等のキーワードの有無で評価するとしている。　(3)　学習指導要領解説(平成20年8月)の第3学年及び第4学年の内容(6)に，「「自分たちの県の地理的位置」を調べるとは，～隣接する市や県との位置関係や日本全体から見た位置などについて，方位などを用いて言い表すことを通して，自分たちの市や県の位置を広い視野からとらえることができるようにすることである」との記述がある。公開解答では，「隣接する県」「方位」等のキーワードの有無で評価するとしている。

【12】(1)　(解答例)　(日本の大工場は，中小工場に比べて)一つの工場当たりの生産性が極めて高いため，0.8％の大工場が生産額の61.9％を占めている。　(2)　(解答例)　消費者の需要や環境への配慮などの工夫や努力をしている

〈解説〉(1)　資料1の表，資料2のグラフから関連して読み取れる数値を解答の中に明記することが望ましい。公開解答では，「一つの工場当たりの生産性の高さ」に触れるなど，資料1と資料2を関連付けて読み取ったことを記述しているかどうかを評価するとしている。　(2)　学習指導要領解説(平成20年8月)の第5学年の内容(3)に，「我が国の工業生産に従事している人々が，消費者の多様な需要にこたえ，環境に配慮しながら，優れた製品を生産するために様々な工夫や努力をしていること」が記されている。公開解答では，「消費者の需要」「環境への配慮」等のキーワードの有無で評価するとしている。

【13】(1)　ア・イ・オ　(2)　b　(3)　(解答例)　配慮すること…歴史上の主な事象や人物の働きとの関連に配慮して，児童が理解しやすいものを選択して取り上げ，具体的に調べることができるようにする。具体的な取扱い…富岡製糸場は，1872年に開業した。明治5年のことで，明治政府の近代産業の育成を目指す殖産興業政策の一環として開

業した，官営模範工場の一つであったことを理解させる。

〈解説〉(1) アは秋田県，イは青森県，ウは奈良県，エは佐賀県，オは秋田県の遺跡である。 (2) 法隆寺は奈良県の斑鳩に位置する。

(3) 文化遺産にどのようなものがあるかを考え，学習指導要領解説の記述を踏まえた内容で，記述したい。世界文化遺産に登録された富岡製糸場の歴史的背景を具体的に述べる。公開解答では，「配慮すること」として，「歴史的事象や人物のはたらきとの関連に配慮して児童が理解しやすいものを選択して取り上げる」など，解説を踏まえた記述かどうかを評価するとしている。「具体的な取扱い」では，「殖産興業」「近代化」等のキーワードの有無で評価するとしている。

【14】(1) A 見通し B 科学的 (2) 栽培，飼育

(3) (解答例) 科学的な問題に対して起こりうることを予想し，その問題を解決するための方法を見いだす力のことである。

〈解説〉理科の目標の(1)には育成を目指す資質・能力のうち「知識及び技能」を，(2)には「思考力，判断力，表現力等」を，(3)には「学びに向かう力，人間性等」が示されている。 (3) 学習指導要領解説(平成29年7月)では，「第5学年では，主に予想や仮説を基に，解決の方法を発想するといった問題解決の力の育成を目指している」ことが示されている。公開解答では，「予想」「方法」等のキーワードの有無で評価するとしている。教科の目標は，理解の上，確実に覚えておきたい。

【15】(1) (解答例) 太陽の光が直接目に入らないように指導する。

(2) 3倍 (3) (解答例) 図…フライパンなどを床に置き，そこに対して複数の鏡を用いて日光を集めるようなものをかければよい。説明…物体は日光を浴びるとその光エネルギーを熱エネルギーに変換する。したがって，鏡などで光を一点に集めればより大きな熱を得ることができる。

〈解説〉(1) 学習指導要領解説(平成29年7月)には，「直接目で太陽を見たり，反射させた日光を人の顔に当てたり，虫眼鏡で集めた日光を衣服

や生物に当てたりしないようにするなど，安全に配慮するように指導すること」が示されている。公開解答では，「太陽」等のキーワードの有無で評価するとしている。　(2)　30÷10＝3より，倍率は3倍である。　(3)　光の性質の一つであるものを温める性質を用いた問題である。公開解答では，反射した光が集まるような器具の図を示し，物が温まる仕組みを説明しているかを主な観点として相対的に評価するとしている。

【16】(1)　(解答例)　図…食塩を溶かす前と溶かした後のビーカーの重さを測定している図　　説明…溶かす前の総量の重さと溶かした後の総量の重さを測定して，総量の重さが溶かした食塩の重さの分だけ増えていることを確かめる。　(2)　(解答例)　・溶液を注ぐときは，ガラス棒をつたわせてゆっくり注ぐ。　・ろうとの足の先端がビーカーの壁に接するよう設置する。

〈解説〉(1)　公開解答では，溶かす前の総量と溶かした後の総量を測定している実験の様子が分かる図を示し，実験の手順を説明しているかを主な観点として相対的に評価するとしている。　(2)　溶液を注ぐときは，溶液が飛び散らないように注意して扱う。公開解答では，「ガラス棒」等のキーワードの有無や，「ろうとの足」等のキーワードの有無で評価するとしている。

【17】(1)　(解答例)　寒い日に窓ガラスに水滴が発生していることを確認させ，空気中に蒸発した水が結露していることを観察させる。

(2)　式　9.4÷17.3×100(＝54.3…)　答え　54％

〈解説〉(1)　空気中に含まれる水蒸気を確認させるには，気体から液体への状態変化を確認できるようなものを観察すればよい。公開解答では，「水滴」等のキーワードの有無で評価するとしている。　(2)　空気中に含まれる水蒸気量をその時の飽和水蒸気量で割れば，湿度を求めることができる。

【18】(1)　①　イ→ウ→ア→エ→オ　　②　(解答例)　水を少量加えた袋にメダカを入れ，袋に入れたメダカを顕微鏡で観察する。　(2)　A，C

〈解説〉(1)　①　顕微鏡の使い方は頻出問題なのでしっかりおぼえておきたい。　②　公開解答では，「水」等のキーワードの有無で評価するとしている。　(2)　右心室は，体を循環して戻ってきた血液(静脈血)がたまる場所である。

【19】(1)　A　よさ　　B　自信　　(2)　(解答例)　幼児期における未分化な学習との接続という観点から，「働かせ」とせず「生かし」としている。

(3)　ア・ウ・カ

〈解説〉(1)　目標は，「活動や体験」「身近な生活」「身近な人々」「特徴やよさ，それらの関わり」「意欲や自信をもって」などがキーワードである。　(2)　「小学校学習指導要領解説(平成29年7月)　生活編　第2章　第1節　2(2)」に示されている。生活科は教育課程において，幼児期の教育と小学校教育とを円滑に接続するという機能をもっている。公開解答では，「幼児期」「接続」等のキーワードの有無で評価するとしている。　(3)　「小学校学習指導要領解説　生活編　第2章　第1節3(2)」では，分析的に考えることは「見付ける，比べる，たとえる」，創造的に考えることは「試す，見通す，工夫する」ことであることが示されている。

【20】(1)　Friday　　(2)　library

〈解説〉英文で説明された単語を答える問題。英英辞典を使って，英文で単語を説明する文章に慣れておくとよい。　(1)　「1週間のうちで，木曜日と土曜日の間の日」とあるので，「金曜日」を英単語で解答する。(2)　「読んだり借りたりすることのできる本のある，建物や部屋」とあるので，「図書館」を英語で解答する。

【21】(1)　ウ　(2)　ア　(3)　ア　(4)　イ

〈解説〉穴埋め問題，前半は文法，後半は会話の流れを理解して答える。

(1)　be afraid of ～ingで「～することを恐れる」。現在分詞を用いることに注意する。　(2)　soon after ～で「～のあとすぐに」。

(3)　Aに聞かれてBが夏休みの予定について話している。空欄のあとで，「夕食を作って，夜に綺麗な星を見るのは楽しいだろう」と述べていることから，キャンプに行くのだと推測できる。　(4)　Bの友人があと10分でくるが，まだ部屋の掃除をしているところに，Bの母Aが来た場面。ウの「掃除を手伝ってくれない？」という文と間違わないよう注意する。

【22】(1)　Let's sing a song.　(2)　Please explain how to play this game.

〈解説〉ALTとの会話でよく使う表現を文で答える問題である。

(1)　sing a songで「歌を歌う」となる。　(2)　how to ～で，「～のやり方」となる。

【23】(1)　(解答例)　生徒にグループ活動をさせたり，お互いに協力させる。　(2)　①　ウ　②　エ　(3)　(解答例)　生徒を励まし，課題に取り組んでいない生徒が行儀の悪いことをする前に，課題に再び取り組ませるため。

〈解説〉日本語で説明する記述式の問題であり，要点を押さえて解答したい。　(1)　下線部を含む文意は「ゴーランド先生は，問題を解決するためにグループで活動し互いに協力する児童に依存する指導方法を使う」。work in groupは「グループで活動する（作業する）」，collaborateは「協力する」の意味を表す。公開解答では，「グループ活動」「協力」等のキーワードの有無で評価するとしている。　(2)　グループ活動においてクラスの環境づくりでゴーランド先生の気をつけていることの内容。後の文などから，「安心して，間違いを恐れずに議論に参加できる環境」を心がけているとわかる。　(3)　活動中にゴーランド先生がいつも歩きまわっている理由は，下線部以降にある。encourageは

「励ます」，bring ～ backは「～を戻す」，misbehaveは「無作法に振る舞う」の意味を表す。公開解答では，「生徒を励ます」「課題に再び取り組ませる」等のキーワードの有無で評価するとしている。

【24】①　活用　②　目的　③　語順　④　文化　⑤　主体的

〈解説〉外国語科の目標は，コミュニケーションを図る基礎となる資質・能力を育成することである。このためには，(1)に示す「知識及び技能」，(2)に示す「思考力，判断力，表現力等」，(3)に示す「学びに向かう力，人間性等」それぞれに関わる外国語特有の資質・能力を育成する必要があり，その際，外国語教育の特質に応じて，児童が物事を捉え，思考する「外国語によるコミュニケーションにおける見方・考え方」を働かせることが重要であることが，学習指導要領解説(平成29年7月)に示されている。教科の目標は確実に覚えておきたい。

2018年度　実施問題

【1】次の文章を読んで，あとの1～4の問いに答えよ。

現代社会の中での科学は，まず「役に立つ技術を生むための知識」とされているのではないでしょうか。この①「役に立つ」という言葉に，科学者も社会も縛られているのです。もちろん「役に立つ」ことは大事ですが，その意味をていねいに考える必要があります。しかも，科学と科学技術は決して同じものではありません。科学，科学技術，役に立つというような言葉一つ一つていねいに考えることが必要だと思うのです。

子どもたちの理科離れをaウレい，大人の科学リテラシーのbケツジョを嘆く声は，新しい科学技術開発とそれが生み出す新製品，そこから生まれる経済成長を求めてのものになっています。その必要性を否定はしませんが，「自然科学」というように，科学の本来の姿は，自然と向き合うことであり，そこから自然観，人間観を生み出すことです。つまり，科学は一つの文化なのです。近年日本では，科学という言葉をc単純に科学技術に置き換えてしまい，文化として存在する科学そのものを忘れる傾向があります。

科学を文化とするなら，本を読み，絵を眺め，音楽を聴くのと同じように，誰もが科学と接することができて初めて，科学が社会の中に存在したことになるはずです。ここで，作家や画家や音楽家が自分の作品を世に出すときに，コミュニケーターを求めたりするだろうかと考えてみると，今の科学のありようの不自然さが見えてきます。

私は，ここに科学の問題があると考えています。現在の制度では，科学が社会へと出ていく方法は論文と決められています。論文は，分野を同じくしている専門家に理解されればよいのであり，そのために必要で十分な事柄を書くための作法もきめられています。もちろん論文は重要な発信方法ですが，文化として科学が広く受けとめられることを考えた時には，あまりにも限定された対象への特殊な形での発信と言わざるを得ません。小説や絵や音楽とはまったく違います。しかも最近は論文の数やどの専門誌に投稿するかなどによって評価されるので，ここでの競争に明け暮れることになります。震災後に，音楽家はすぐ被災地で歌い人の心を明るくすることができるのに，基礎科学の研究者は何もできないことを痛感したと述べましたが，まさにそうなのです。

どうしたらよいか。ここで比較してみたいのが音楽です。小説や絵は作品がそのまま受けとめられますが，音楽は楽譜の状態で理解することは一般の聞き手には難しく，演奏されることが必要です。ベートーヴェンがすばらしいと思えるのは，オーケストラ，ピアノなどさまざまな演奏家という「専門家」による表現があるからです。演奏家は楽譜を通して，音楽と同時に自分を表現します。私は，科学にもこの作業が必要なのではないかと思っています。コミュニケーターでなく表現者です。しかも，本来なら音楽も作曲家が演奏者でもある，シンガーソングライターが原点でしょう。モーツァルトもベートーヴェンも演奏をしていました。②科学者も本来は，そうあるべきなのではないでしょうか。

(中村桂子『科学者が人間であること』による)

1　aウレい　bケツジョを漢字に直して書け。

2　c単純の対義語を漢字で書け。

3　①「役に立つ」とあるが，ここでの「役に立つ」とは，どのようなことか，説明せよ。

4　②科学者も本来は，そうあるべきなのではないでしょうかとあるが，

(1)「そう」とは，どういうことか。文章中の言葉を使って説明せよ。

(2)　筆者が「あるべき」と考える理由を説明せよ。

(☆☆◎◎◎)

【2】次は，授業で扱う詩と，詩の授業プランについてA教諭とB教諭が会話した内容の一部である。詩と会話文を読んで，あとの1～3の問いに答えよ。

【授業で扱う詩】

ちびへび　　工藤　直子

暖ったかいのだもの
散歩は　したいよ
ちびへびは
おうちに鍵をかけて
ぶらぶらでかけた

こんちわというと
小鳥は　ピャッと飛びあがり
いたちはナンデェとすごんだ
あら おびに短したすきに長しねと
仲間は忍び笑いをした

ちびへびは急いで家にもどり
おうちの中から鍵をかけ
①燃え残りの蚊取り線香のように
まるくなって　ねむった
でも……
暖ったかいのだもの
散歩は　したいよ

ちびへびは
もういちど　でかけた
誰もいないところまで

――こんちわ　いわずに
　ぷらぷら　しないで

【A教諭とB教諭の会話の一部】

A　それぞれの連で「ちびへび」の心情の変化を捉えられるといいのですが…。
B　二連に出てくる②「あら　おびに短したすきに長しね」ということわざを用いた巧みな表現の意味が分からないと，この後の「ちびへび」の心情は捉えられないでしょう。言葉の意味の理解を深めるためにも，実際におびとたすきを準備できるといいですね。
A　そうですね。問題は，③四連の「ちびへび」の心情をどう捉えさせるかです。「ちびへび」が外へ出掛けた一連と比べて考えさせようと思います。

1　①燃え残りの蚊取り線香のようにとあるが，ここで使われている表現技法を，漢字2字で書け。
2　②「あら　おびに短したすきに長しね」ということわざを用いた巧みな表現とあるが，巧みな表現と言える理由について，ことわざの意味を踏まえて説明せよ。
3　③四連の「ちびへび」の心情は，一連と比べて，どのように変化したと考えられるか，根拠を明確にして説明せよ。

(☆☆◎◎◎)

【3】次の文章を読んで，あとの1～3の問いに答えよ。

*筑紫（つくし）になにがしの*押領使（あふりやうし）などいふやうなるもののありけるが，*土大根（つちおほね）を①よろづにいみじき薬とて，朝ごとに二つづつ焼きて食ひけること，年久しくなりぬ。

ある時，館（たち）の内に人もなかりける隙をはかりて，敵襲ひ来りて囲み攻めけるに，館の内に兵二人出で来て，②命を惜しまず戦ひて，皆追ひ返してげり。いと不思議に覚えて，「日ごろここにものし給ふとも見ぬ人々の，かく戦ひし給ふは，いかなる人ぞ」と問ひければ，「年ごろ頼みて，朝な朝な召しつる土大根らにさぶらふ」と言ひて失せにけり。

深く信をいたしぬれば，かかる徳もありけるにこそ。

＊筑紫……筑前と筑後の国，転じて九州の総称
＊押領使…国司の命により奸盗狼籍(かんとうろうぜき…ずるがしこく悪さをはたらく者)を討伐する職
＊土大根…大根
＊てげり…「てけり」の強調形，「てんげり」と同じ

(兼好法師『徒然草(第68段)』による)

1 ①よろづにいみじき薬について，口語訳を書け。

2 ②命を惜しまず戦ひてとあるが，なぜ命を惜しまずに戦ったのか，その理由を書け。

3 この文章の内容と特徴を以下のように短くまとめたとき，(　ア　)と(　イ　)に当てはまる言葉を書け。ただし，どちらも漢字2字とする。

土大根という(　ア　)を(　イ　)化して登場させた珍しい話である。

(☆◎◎◎)

【4】「小学校学習指導要領(平成20年3月告示)」の内容に関する次の1～3の問いについて，「小学校学習指導要領解説国語編(平成20年8月文部科学省)」を踏まえて答えよ。

1 小学校第1・2学年「B書くこと」の言語活動例では，「オ　伝えたいことを簡単な手紙に書くこと。」が示されているが，低学年における手紙を書く学習で，配慮すべきことを書け。

2　「A話すこと・聞くこと」の話し合うことに関する指導事項における系統性について，(　ア　)～(　ウ　)の空欄に当てはまる内容を書け。

第1・2学年	互いの話を集中して聞き、（ア）に沿って話し合うこと。
第3・4学年	互いの考えの共通点や相違点を考え、司会や提案などの役割を果たしながら、（イ）に沿って話し合うこと。
第5・6学年	互いの立場や意図をはっきりさせながら、（ウ）に話し合うこと。

3　小学校第5・6学年「C読むこと」の言語活動例では，「ウ　編集の仕方や記事の書き方に注意して新聞を読むこと。」が示されるとともに，記事の書き方の例として「逆三角形の構成」が挙げられているが，「逆三角形の構成」について説明せよ。

(☆☆◎◎◎)

【5】次の(1)～(5)の問い に答えよ。

(1)　$-\frac{x}{2}+7y-2\left(\frac{3}{4}x-0.5y\right)$を計算せよ。

(2)　方程式$3x^2+5x+2=0$を解け。

(3)　次の図のように，縦5m，横3mの長方形があり，4等分されている。図の斜線部分の面積を求めよ。

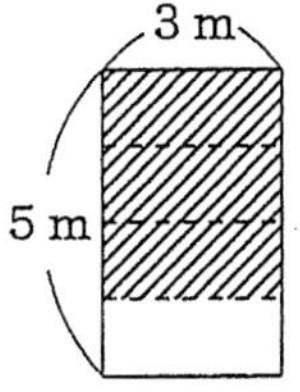

(4)　1から6までの目が出る大小2つのさいころを同時に投げるとき，目の数の和が7より大きくなる確率を求めよ。ただし，さいころの目の出方は同様に確からしいものとする。

(5)　濃度がx%の食塩水200gと濃度が7%の食塩水300gを全て混ぜたとき，混ぜてできた食塩水の濃度は何%になるか，xを用いて表せ。また，求める過程も示せ。

(☆☆☆◎◎◎◎)

【6】次の図のように，∠BAC＝90°の直角三角形ABCがあり，∠ABC＝30°，BC＝24cmである。頂点Aから辺BCに垂線をひき，辺BCとの交点をHとする。このとき，線分AHの長さを求めよ。

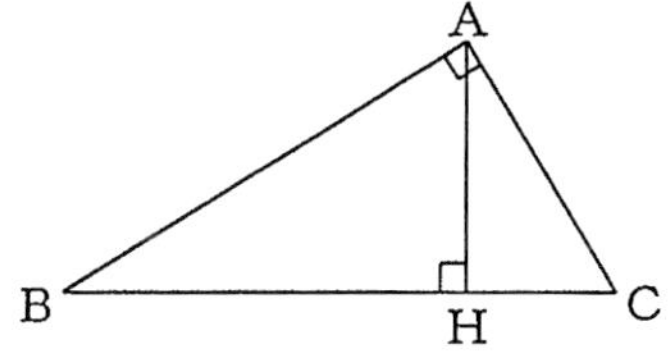

(☆☆☆◎◎◎)

【7】次の図の①，②はそれぞれ$y=-2x+4$，$y=x+4$のグラフである。点Aは①と②の交点，点B，Cはそれぞれx軸と②，①との交点である。点Pは線分AC上の点であり，x座標がaである。点Qは線分AB上の点であり，点Pとy座標が等しい。点P，Qからx軸に垂線をひき，x軸との交点をそれぞれS，Rとする。このとき，あとの(1)，(2)の問いに答えよ。

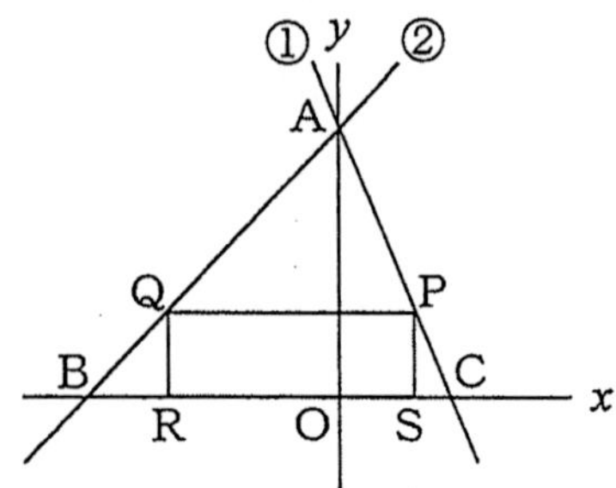

(1)　点Qの座標をaを用いて表せ。

(2)　長方形PQRSの面積の最大値を求めよ。

(☆☆☆◎◎◎◎)

【8】次の図のような正方形の折り紙があり，頂点をそれぞれA，B，C，Dとする。辺BC上に点Pがあり，頂点Dが点Pに重なるように折る。そのときにできる折り目の線分を作図せよ。ただし，作図に用いた線は消さないこと。

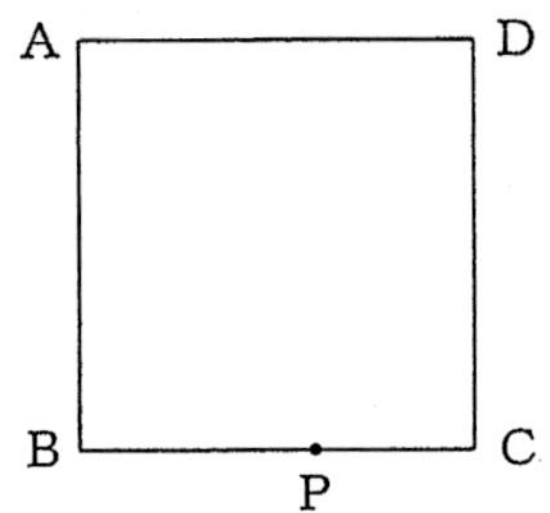

(☆☆☆◎◎◎)

【9】次の図は，ある学級の児童20人の夏休みに読んだ本の冊数をまとめたものである。最頻値，中央値，平均値をそれぞれ求めよ。ただし，●は1人とする。

夏休みに読んだ本の冊数

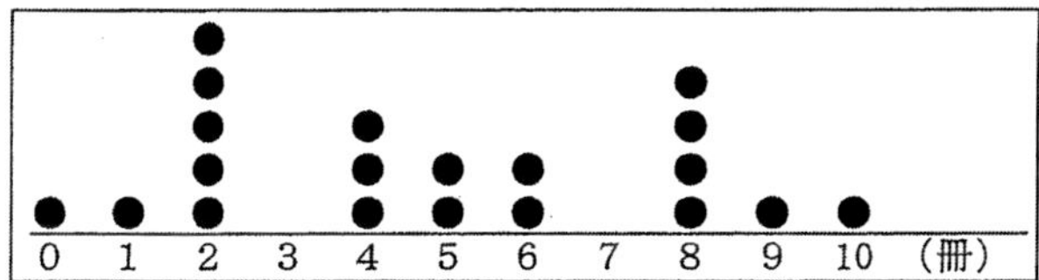

(☆☆☆◎◎◎)

【10】次は，平成28年度秋田県小学校学習状況調査第4学年算数の問題である。この問題の通過率は，35.0%であった。あとの(1)，(2)の問いに答えよ。

A小学校とB小学校では，それぞれペットボトルのキャップ集めをしています。集めたキャップの個数を折れ線グラフに表すと次のようになりました。

集めたキャップの個数(A小学校)

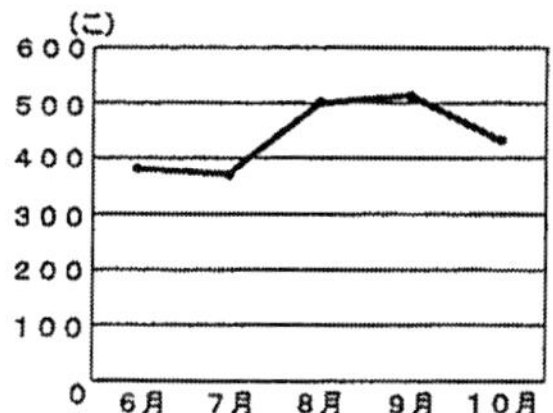

集めたキャップの個数(B小学校)

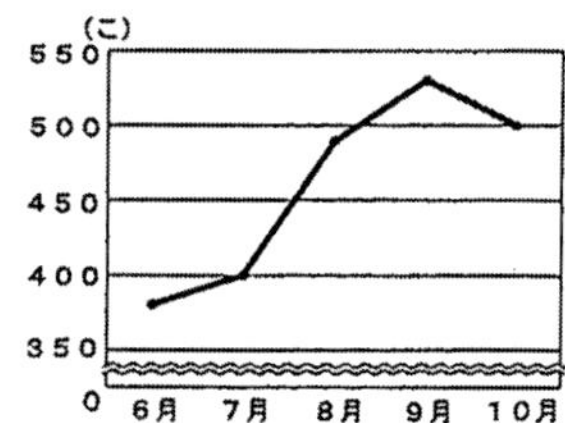

ゆきなさんは，上の2つのグラフの，7月から8月までの集めたキャップの個数の変わり方の様子をくらべて，次のように説明しました。

A小学校にくらべてB小学校のほうが，7月から8月までの線のかたむきが急です。だから，<u>A小学校にくらべてB小学校のほうが，7月から8月までの集めたキャップの個数のふえ方は大きいです</u>。

ゆきなさんが言っている，――部のことは，正しくありません。そのわけを，グラフから読み取れる集めたキャップの個数をもとにして，言葉や数を使って□の中に書きましよう。

(1)　この問題では，児童の主なつまずきとして，どのようなことが考えられるか，簡潔に1つ記述せよ。

(2)　(1)で挙げた児童の主なつまずきを踏まえ，授業における改善の方策を具体的に記述せよ。

(☆☆☆◎◎◎◎◎)

○　【11】～【13】の設問において，「小学校学習指導要領(平成20年3月告示)第2章　第2節　社会」を「学習指導要領」，「小学校学習指導要領解説社会編(平成20年8月文部科学省)」を「解説」と記す。

【11】「学習指導要領」〔小学校第3学年及び第4学年〕2内容(1)に関連する問題である。次の地図は，児童が学校のまわりを調査し，まとめたものである。(1)～(3)の問いに答えよ。

地図

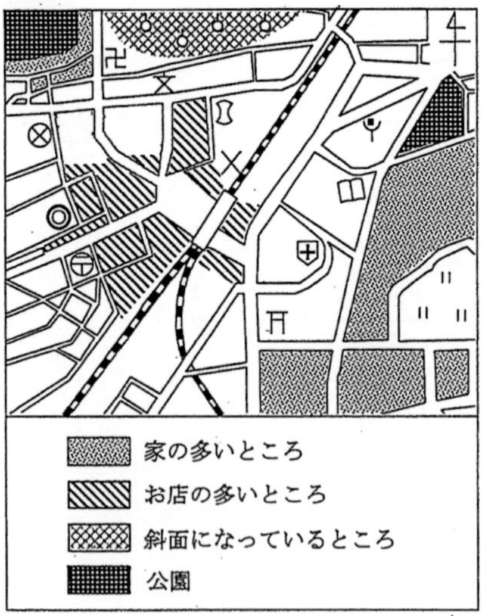

家の多いところ
お店の多いところ
斜面になっているところ
公園

(1) 地図中の学校から見て，西南西の方位にある施設の名称を書け。

(2) 消防署の地図記号を，地図中から選んで書け。

(3) 次は，「解説」に例示されている観察や調査の仕方についてまとめたものである。①～③の問いに答えよ。

・[　あ　]に観察する。 ・a数や量に着目して調査する。 ・[　い　]に基づいて観察，調査する。 ・b他の事業と対比しながら観察，調査する。 ・cまわりの諸条件と関係付けて観察，調査する。

① [　あ　]，[　い　]に当てはまる語句をそれぞれ書け。

② 児童が，自分たちの住んでいる市と近隣の市との結び付きの様子に気付くようにするために，駅の構内やバスターミナルを，下線部a，bの仕方で観察，調査させたとき，着目させたい具体物を二つ書け。

③ 下線部cの仕方で地図の地域の様子や土地利用の特徴を観察，調査させるとき，児童に気付かせたい内容を二つ書け。

(☆☆☆◎◎)

【12】「学習指導要領」〔小学校第5学年〕2内容(1)に関連する問題である。(1)～(3)の問いに答えよ。

(1) 地図のXの対蹠点の緯度と経度を，○緯○度，□経□度の形で書け。ただし，地図中にある緯度，経度は数値のみを示している。

地図

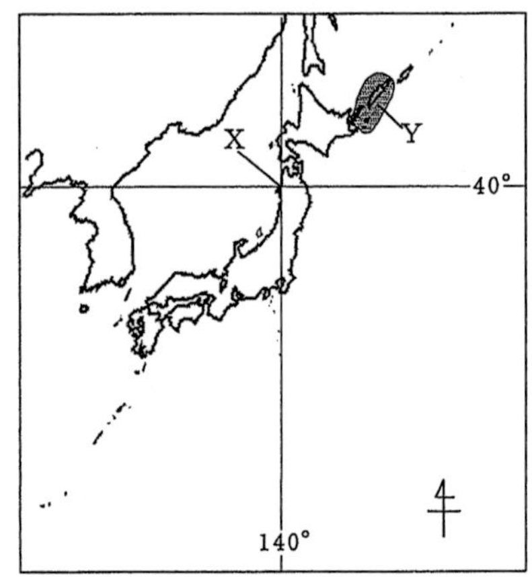

(2) Yの地域に位置する島が，島面積の広い順番に並んでいるものを，ア～エから一つ選んで記号を書け。ただし，島面積とは，周辺にある1平方キロ未満の小島や岩礁の面積を含まない，本島のみの面積のことである。

ア　国後島→択捉島→歯舞群島→色丹島

イ　択捉島→国後島→色丹島→歯舞群島

ウ　国後島→歯舞群島→択捉島→色丹島

エ　択捉島→色丹島→国後島→歯舞群島

(3) 次の評価問題が，我が国の位置を世界の広がりでとらえ，他との関係で適切に表現できるかを評価する問題となるよう，［　Z　］に入る適切な内容を三つ書け。

[評価問題]

次に示した条件に合わせて，日本の位置を説明しなさい。 ＜条件＞ ［　Z　］

(☆☆☆◎◎)

【13】「学習指導要領」〔小学校第6学年〕2内容(1)に関連する問題である。(1)～(3)の問いに答えよ。

(1) カードの［A］～［C］に当てはまる人物名を，それぞれ書け。

カード　児童が人物の働きについてまとめたもの

［A］	［B］	小林寿太郎	［C］
皇帝の権力が強いドイツ等の憲法を学び，内閣制度をつくり，明治天皇から初代内閣総理大臣を任じられ，憲法をつくる仕事に力を注ぎました。	外務大臣として，イギリスを相手に交渉を行い，1894年に不平等条約の一部を改正して領事裁判権をなくすことに成功しました。	日露戦争を終わらせる［D］の締結を実現し，条約改正を達成するなど，日本の外交の立役者となりました。	アメリカで研究を行い，へびの毒や黄熱病の研究，原因不明の伝染病の病原体の発見などにより，世界的に注目されました。

(2) ［D］に当てはまる条約名を書け。

(3) カードの人物の学習など，2内容(1)の指導を通して共感的に理解させる内容を，「解説」を踏まえて書け。

(☆☆☆◎◎)

【14】次の文は，小学校学習指導要領(平成20年3月告示)第2章第4節理科に示されている第4学年の目標である。あとの(1)～(3)の問いに答えよ。

(1) (A)，物の状態の変化，電気による現象を(B)，熱，電気の働きと(C)ながら調べ，見いだした問題を興味・関心をもって追究したりものづくりをしたりする活動を通して，それらの性質や働きについての見方や考え方を養う。

(2) 人の体のつくり，動物の活動や植物の成長，天気の様子，月や星の位置の変化を運動，季節，気温，時間などと(C)ながら調べ，見いだした問題を興味・関心をもって追究する活動を通して，生物を(D)する態度を育てるとともに，人の体のつくりと運動，動物の活動や植物の成長と環境とのかかわり，気象現象，月や星の動きについての見方や考え方を養う。

(1)　A，Bに当てはまる語句を，次からそれぞれ1つずつ選んで記号を書け。

ア　空気や水　　イ　物の溶け方　　ウ　てこの規則性　　エ　力
オ　光　　　　　カ　磁石

(2)　C，Dに当てはまる語句をそれぞれ書け。

(3)　小学校第4学年「電気の働き」の学習では，「光電池を使ってモーターを回すことなどができること」のほかに，どのようなことを理解させればよいか。小学校学習指導要領(平成20年3月告示)第2章第4節理科に示されている内容に基づいて書け。

(☆☆☆◎◎◎◎◎)

【15】小学校第6学年「水溶液の性質」における指導について，次の(1)～(3)の問いに答えよ。

(1)　水溶液の性質を調べるために，図のようにリトマス紙を持っている児童がいた。この児童に直接手で持ってはいけない理由を伝え，リトマス紙の正しい持ち方を指導したい。理由と持ち方をそれぞれ書け。

図

(2)　二酸化炭素が水に溶けることを児童に視覚的に捉えさせたい。どのような実験を行い，どのような現象を示せばよいか，書け。

(3)　水溶液の性質を調べる実験に用いるために，5%の食塩水を200g準備したい。このとき，食塩と水はそれぞれ何gずつ必要か，求めよ。

(☆☆☆◎◎◎)

【16】小学校第3学年「昆虫と植物」における指導について，次の(1)～(3)の問いに答えよ。

(1) モンシロチョウのように「卵→幼虫→蛹→成虫」という変態の仕方に対し，バッタのように「卵→幼虫→成虫」という変態の仕方を何というか，書け。

(2) 畑でモンシロチョウの幼虫を見付けた児童から「幼虫を育てたいのですが，どのように飼えばよいですか。」と質問された。この児童に，継続的に観察するための適切な飼い方を説明したい。どのようなことを説明すればよいか，図と言葉でかけ。

(3) 昆虫の成虫の体は，頭，胸，腹の3つの部分からできている。それぞれのつくりの特徴として，児童に捉えさせることは何か。小学校学習指導要領解説理科編(平成20年8月文部科学省)に示されている内容に基づいて書け。

(☆☆☆◎◎◎◎)

【17】小学校第5学年「流水の働き」における指導について，次の(1)～(3)の問いに答えよ。

(1) 川の上流で見られる石の形や大きさは，下流で見られる石と比べてどのような特徴をもつものが多いか，書け。

(2) 砂防ダムの役割について，流れる水の働きと結び付けて児童に説明したい。どのようなことを説明すればよいか，書け。

(3) 流れる水の量による土地の様子のちがいを，モデル実験を取り入れて児童に捉えさせたい。どのような実験を行い，どのような現象を示せばよいか，図と言葉でかけ。

(☆☆☆◎◎◎)

【18】次の(1)～(4)の問いに答えよ。

(1) 図1のように，傾き30°の斜面上に質量500gの台車をのせ，台車に働く斜面方向の力の大きさをばねばかりで調べた。斜面方向に働く力の大きさは何Nか，四捨五入して小数第1位まで求めよ。ただし，重力加速度を9.8m/s^2とする。

図1

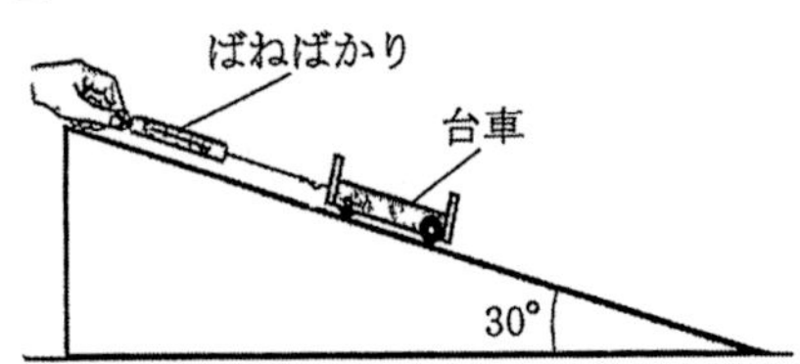

(2)　酸化銅を炭素の粉末と混ぜ合わせて熱すると，二酸化炭素が発生し，銅ができた。このときの化学反応式を書け。

(3)　末梢神経のうち，感覚器官から中枢神経へ電気的な信号を伝える神経を何というか，書け。

(4)　図2は，ある地震における震源，震央，観測点の位置関係を模式的に示したものである。この地震では，震央での初期微動継続時間が6.0秒，観測点での初期微動継続時間が10.0秒であった。図2のXに当てはまる，数値を求めよ。

図2

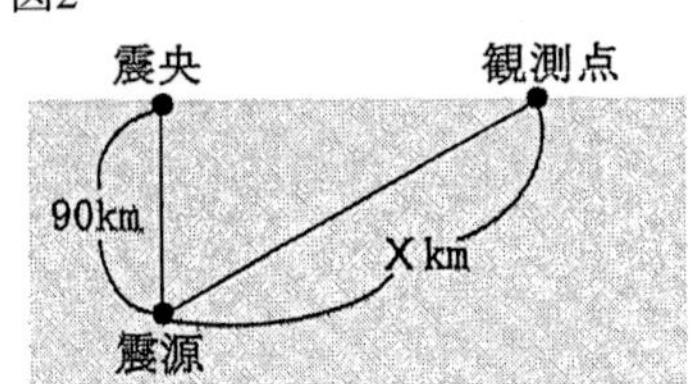

(☆☆☆◎◎◎)

【19】次の文は，小学校学習指導要領(平成20年3月告示)第2章第5節生活の「指導計画の作成と内容の取扱い」の一部である。あとの(1)，(2)の問いに答えよ。

> 2　第2の内容の取扱いについては，次の事項に配慮するものとする。
> (1)　地域の人々，社会及び自然を生かすとともに，それらを(　A　)に扱うよう学習活動を工夫すること。

(2)　具体的な活動や体験を通して気付いたことを基に考えさせるため，見付ける，比べる，(　B　)などの多様な学習活動を工夫すること。

(3)　具体的な活動や体験を行うに当たっては，身近な幼児や高齢者，障害のある児童生徒などの多様な人々と触れ合うことができるようにすること。

(4)　生活上必要な習慣や技能の指導については，人，社会，自然及び(　C　)にかかわる学習活動の展開に即して行うようにすること。

(1)　A～Cに当てはまる語句をそれぞれ書け。

(2)　下線部の活動を通して，どのようなことを育むことが大切か。小学校学習指導要領解説生活編(平成20年8月文部科学省)に示されている内容に基づいて書け。

(☆☆☆☆☆◎◎◎)

解答・解説

【1】1　a　憂(い)　　b　欠如　　2　複雑　　3　経済成長をもたらすということ。　4　(1)　自然と向き合う中で，自然観・人間観を生み出し，それらを表現すること。　(2)　科学が文化として一般に理解されることが重要であると筆者は考えるから。

〈解説〉1　文脈の中で語句の意味を捉えた上で，漢字を考えることが大切である。　2　主要な対義語は確実に押さえておきたい。　3　本文第二段落の内容から問いに合わせた形で答える。公開解答では「経済」等のキーワードを主な観点として相対的に評価することを示している。　4　(1)　指示語の対象は原則的に指示語の直前から探す。音楽の例と科学の共通点をまとめる。ただ単に「自然観・人間観」を生み出すということだけではなく，それらを「表現する」ということまで言及する必要がある。　(2)　筆者は，本文第四段落において，科学が「限定された対象への特殊な形での発信」となっていることを危惧している。公開解答では「文化」「一般に理解される」等のキーワードを主な観点として相対的に評価することを示している。

【2】1　直喩(比喩)　　2「ちびへび」の中途半端な長さを言い表し，「ちびへび」を揶揄しているから。　3「ちびへび」が仲間から疎外されて一度家に帰り閉じこもるも，もう一度出かけることから，「ちびへび」は馬鹿にされることに負けない強い気持ちを持つように変化した。

〈解説〉1「ような」「たとえば」「如し」などの語を用いる比喩を「直喩」と言う。上記のような語を用いない比喩は「暗喩」と言う。

2「おびに短したすきに長し」とは，中途半端で役に立たないことのたとえである。更に，詩において，この表現の直後の「仲間は忍び笑いをした」ということの理由まで言及する必要がある。公開解答では「中途半端」「揶揄する」等のキーワードを主な観点として相対的に評価することを示している。　3　四連での再びの外出は，三連で一度家に閉じこもっていることに言及してこそ意味を持つ。また四連では，一連とは異なり，「誰もいないところまで」出かけたのである。この違いが表す変化をまとめる。公開解答では「強い」等のキーワードを主な観点として相対的に評価することを示している。

【3】1　全てにすばらしい薬　　2　押領使の長年の信頼に応えるため　3　ア　食物(野菜)　　イ　擬人

〈解説〉1「いみじ」は，よいにつけ悪いにつけ，不吉なほど甚だしいさまを言う。ここでは文脈上，よい意味で用いられている。公開解答では「全て」「すばらしい」等のキーワードを主な観点として相対的に評価することを示している。　2　本文の主旨は末尾で要約されている。公開解答では「信頼に応える」等のキーワードを主な観点として相対的に評価することを示している。　3　擬人とは，人でないものを人に見立てることを言う。

【4】1　書いたものを読み合い，よいところを見付けて感想を伝え合うなど交流する活動を設定し，楽しみながら書こうとする態度を育てること。　2　ア　話題　イ　進行　ウ　計画的　3　結論から，説明・補足説明と次第に詳しく説明する構成のこと。

〈解説〉1　「B書くこと」の指導事項には「オ　書いたものを読み合い，よいところを見付けて感想を伝え合うこと」とある。公開解答では「交流」「楽しさ」等のキーワードを主な観点として相対的に評価することを示している。　2　学習指導要領は丸暗記を要求されているのではない。全体を体系的に捉えた上で，細部の意味を理解しておくことが大切である。　3　「逆三角形の構成」とは新聞の特徴的な文章構成のことである。こうすることでニュースのポイントを的確に読者に伝えることができる。公開解答では「次第に詳しく」等のキーワードを主な観点として相対的に評価することを示している。

【5】(1)　$-2x+8y$　(2)　$x=-\frac{2}{3}$，-1　(3)　$\frac{45}{4}\text{m}^2$　(4)　$\frac{5}{12}$

(5)　求める過程…$\dfrac{200\times\frac{x}{100}+300\times\frac{7}{100}}{200+300}\times100=\dfrac{2x+21}{5}$

答…$\dfrac{2x+21}{5}$〔%〕

〈解説〉(1)　$-\frac{x}{2}+7y-2\left(\frac{3}{4}x-0.5y\right)=-\frac{x}{2}+7y-\frac{3}{2}x+y=-2x+8y$

(2)　$3x^2+5x+2=0 \Leftrightarrow (3x+2)(x+1)=0 \quad \therefore \ x=-\frac{2}{3}$，$-1$

(3)　斜線部分は長方形全体の$\frac{3}{4}$だから，斜線部分の面積は　$5\text{m}\times3\text{m}\times\frac{3}{4}=\frac{45}{4}\text{m}^2$　(4)　大小2つのさいころを同時に投げるとき，全ての目の出方は　$6\times6=36$通り。このうち，目の数の和が7より大きくなるのは，大きいさいころの出た目の数をa，小さいさいころの出た目の数をbとしたとき，$(a, b)=(2, 6)$，$(3, 5)$，$(3, 6)$，$(4, 4)$，$(4,$

5)，(4，6)，(5，3)，(5，4)，(5，5)，(5，6)，(6，2)，(6，3)，(6，4)，(6，5)，(6，6)の15通り。よって，求める確率は　$\frac{15}{36}=\frac{5}{12}$

(5)　$(濃度\%)=\frac{(食塩の量)}{(食塩水の量)}\times 100$

【6】$6\sqrt{3}$ cm

〈解説〉△ABCと△ABHは30°，60°，90°の直角三角形で，3辺の比は2：1：$\sqrt{3}$ だから，$AH=\frac{1}{2}AB=\frac{1}{2}\times\frac{\sqrt{3}}{2}BC=\frac{1}{2}\times\frac{\sqrt{3}}{2}\times 24=6\sqrt{3}$ cm

【7】(1)　$(-2a,\ -2a+4)$　　(2)　6

〈解説〉(1)　点Pのx座標はaだから，①式に$x=a$を代入して，点Pのy座標$=-2\times a+4=-2a+4$　よって，点Qのy座標も$-2a+4$　②式に$y=-2a+4$を代入して，$-2a+4=x+4$　よって，点Qのx座標$=-2a+4-4=-2a$　以上より，$Q(-2a,\ -2a+4)$　　(2)　(1)より，$P(a,\ -2a+4)$　また，①式に$y=0$を代入して，$0=-2x+4$　$x=2$　よって，C(2，0)　点Pは線分AC上にあるから，$0\leq a\leq 2$…③　長方形PQRSの面積$=PS\times PQ=(-2a+4)\times\{a-(-2a)\}=-6a^2+12a=-6(a-1)^2+6$　よって，長方形PQRSの面積は$a=1$のとき，最大値6をとる。これは③を満足する。

【8】

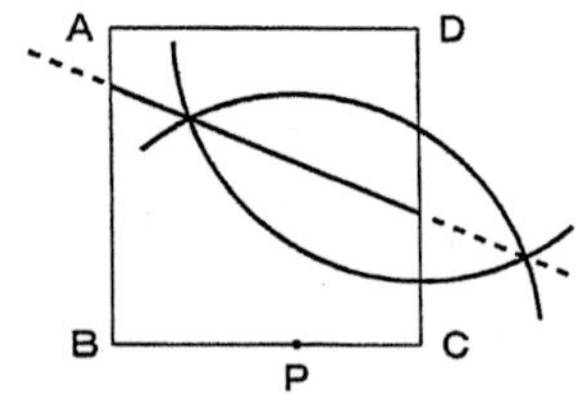

〈解説〉2点D，Pは折り目の線を対称の軸として，線対称だから，折り目の線は線分DPの垂直二等分線である。

【9】最頻値…2冊　　中央値…4.5冊　　平均値…4.8冊
〈解説〉資料の値の中でもっとも頻繁に現れる値が「最頻値」だから，度数が5人で最も多い2冊が最頻値。「中央値」は資料の値を大きさの順に並べたときの中央の値。児童の人数は20人で偶数だから，読んだ本の冊数の少ない方から10番目と11番目の冊数の平均が中央値。問題の図より，10番目が4冊，11番目が5冊だから，中央値＝(4冊＋5冊)÷2＝4.5冊。「平均値」＝(0冊×1人＋1冊×1人＋2冊×5人＋4冊×3人＋5冊×2人＋6冊×2人＋8冊×4人＋9冊×1人＋10冊×1人)÷20人＝96冊÷20人＝4.8冊

【10】(1)　それぞれの目盛りの大きさなどに留意して的確に読み取ることができない。　(2)　1枚のグラフ用紙に，A小学校とB小学校のグラフを重ねて書かせることによって，目盛りの大きさなどに留意して的確に読み取らなければならないことを気付かせる。
〈解説〉(1)　(その他の解答例)　月と個数を対応させて数値を読み取ることができない。　(2)　(1)のつまずきを踏まえ，具体的な手立てを明らかにして改善の方策を示していること，内容が具体的で分かりやすく説得力があること等が必要である。

【11】(1)　警察署　　(2)　Y　　(3)　①　あ　ありのまま　　い　観点　②　路線図，時刻表　　③　斜面のところは果樹園になっている。駅の周りには店がたくさんある。
〈解説〉(1)，(2)　地図記号に関しては地図帳や国土地理院のホームページなどに掲載されている。ただ，地図記号だけ見てもなかなかイメージがわかないものである。実際の地図帳を見ながら確認していく方が理解は早いと思われる。自分で仮想の街をつくり，そこに地図記号を入れて街をつくっていくという作業を通じても覚えやすいであろう。いずれにしても，自分で積極的に作業をすることで覚えていくものである。　(3)　②　「近隣の市との結び付き」とあるので，それが分かるものを観察，調査させなければならない。路線図や時刻表ならば，

数や量に着目でき，また本数などで比較することもできる。
③ 「家」「公園」は土地利用の観点からはまとめにくい。ここは，「店」と「駅」，「斜面」と「果樹園」を使って説明するとよい。

【12】(1) 南緯40度，西経40度　(2) イ　(3) 1 日本が属している大陸名を答える。 2 隣り合う国名を答える。 3 日本の周りの海洋名を答える。
〈解説〉(1) 「対蹠」とは「正反対」という意味である。地図に出ているものをそのまま書かないように。特に経度は数値も変わるので注意したい。 (2) 日本の最北端である択捉島が一番広い。 (3) 「世界の広がりでとらえ」と問題文にあるので，大陸や近隣諸国，海洋と関連づけて説明させる必要がある。「ユーラシア大陸」や「大韓民国」，「太平洋」や「日本海」などという言葉を書かせることによって，「世界の広がりでとらえ」という指示に対応できる。

【13】(1) A 伊藤博文　B 陸奥宗光　C 野口英世　(2) ポーツマス条約　(3) 今日の私たちの生活は，先人たちの働きの上に成立しているということや，課題を解決するために先人たちが努力したことによって国家や社会が発展してきたこと。
〈解説〉(1) A 「ドイツ等の憲法を学び」，「初代内閣総理大臣」から伊藤博文である。 B 「外務大臣」，「1894年に不平等条約の一部を改正」，「領事裁判権をなくす」という部分から陸奥宗光である。 C 「黄熱病の研究」という部分から野口英世である。 (2) 日露戦争は結果的には両国とも消耗戦のようなものになり，アメリカの仲介により講和会議が開かれた。そこで締結された条約がポーツマス条約である。
(3) 先人たちによって現在の日本があるということ，発展してこられたのも先人たちが課題を克服してきたからである，ということを理解させたい。それは歴史に興味を持つことにもつながるはずである。

【14】(1) A ア　B エ　(2) C 関係付け　D 愛護
(3) 乾電池の数やつなぎ方を変えると，豆電球の明るさやモーターの回り方が変わること。

〈解説〉(1)，(2) 各学年の目標は，学年が上がるたびにステップアップしていく。前学年の何を踏まえて新しい目標が設定されているのか，よく読み込み理解しておくこと。　(3) 第4学年の目標では「エネルギー」についての基本的な見方や概念を柱とした内容として，「電気の働き」が設定されている。乾電池や光電池にモーターなどをつなぎ，乾電池や光電池の働きと乾電池の数や光の強さと関係付けながら調べ，電気の働きをとらえるようにする。公開解答では，「乾電池の数」「つなぎ方」等のキーワードの有無で評価することを示している。

【15】(1) 理由…リトマス紙は水溶液の性質に反応するため，手の汗にも反応してしまい，さわった部分の色の変化がおきる可能性がある。持ち方…ピンセット等を使い，直接触れないようにする。　(2) ペットボトルに水と二酸化炭素を入れて振る。二酸化炭素が水に溶けた分だけ中の空気が減り，ペットボトルがへこむ。　(3) 食塩…10g　水…190g

〈解説〉(1) 実験を正しく行うためには，幾つかの約束事を守ることが大切である。その約束事を児童に的確に伝えることも指導の一端である。公開解答では，「汗」，「色の変化」，「ピンセット」等のキーワードの有無で評価することを示している。　(2) 二酸化炭素は水に溶けやすい。公開解答で，「へこむ」等のキーワードの有無で評価することを示している通り，「水溶液の性質」として視覚的にわかりやすい実験である。　(3) 質量パーセント濃度は，溶質÷溶液×100で求めることができる。

【16】(1) 不完全変態　(2) 透明なふた付きの容器を用意，しめらせた紙を敷き，ふたには細かい穴を開け，飼育ケースにする。キャベツ等の餌は毎日取り替え，ケースの中は清潔を心掛け，幼虫には直接手

で触らない。幼虫の色や大きさ，動き，糞等，観察カードに記録していくとよい。

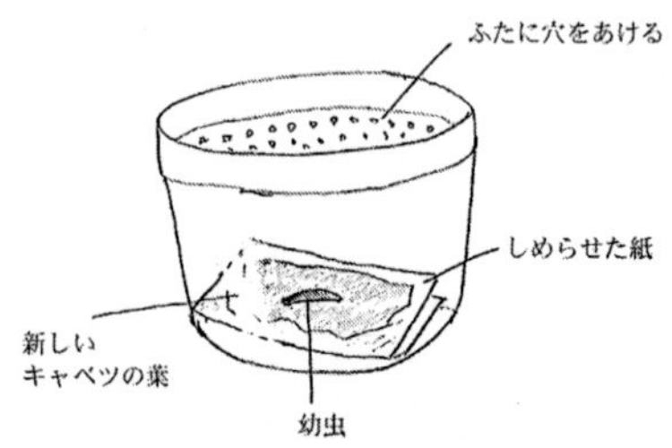

(3)　頭…目や触角，口がある。　胸…3対6本のあしがあり，はねのついているものがある。　腹…いくつかの節からできている。

〈解説〉(1)　蛹を経る変態を完全変態，蛹を経ない変態を不完全変態という。　(2)　幼虫から蛹，成虫に成長していく様を継続して観察・記録した後は，野外に放すことで生物を愛護する態度を育てるようにする(文部科学省「小学校理科の観察，実験の手引き　第3学年B(1)」より)。公開解答では，継続的な観察に適した容器を図で示して，適切な飼い方を説明しているかを主な観点として，相対的に評価することを示している。　(3)　「学習指導要領解説　理科編　第3章　第1節　2　内容」に示されている。公開解答では，頭は「目」「口」等，胸は「あし」「6本」等，腹は「節」等のキーワードの有無で評価することを示している。

【17】(1)　形…角ばっている　　大きさ…大きい　　(2)　川の水の量や速さが増えると，多くの土地が削られ，水とまじり一度に運ばれると土石流となり，下流の被害が増大することになる。砂防ダムは，洪水の際に流れてくるこの土砂をせき止める働きがある。　(3)　バット等に土を入れたものを用意し，同じ傾きの斜面に2つの同じような流れるところを作り，それぞれ流す水量を変えて水の働きを調べる。水量の多い方が，土地を削ったり運んだりする働きが大きいことを示す。

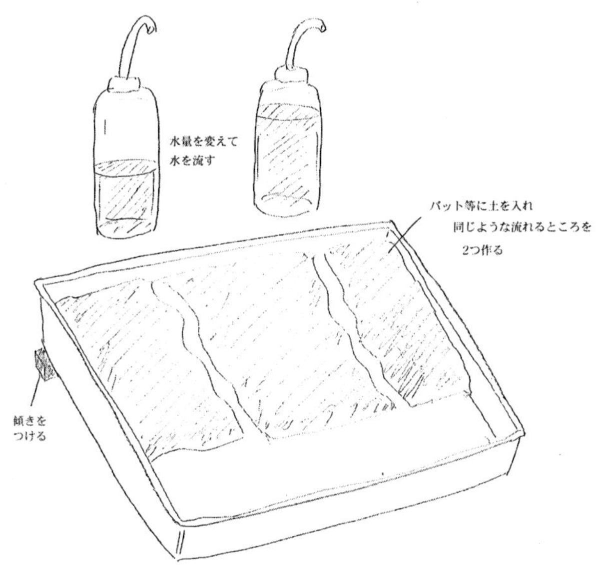

〈解説〉(1)　石は流水によって石同士がぶつかることで小さくなり，角が取れて丸みを帯びる。　(2)　砂防ダムとは，小さな渓流などに設置される土砂災害防止のための設備の一つである。公開解答では，「けずられる」「一度に」「運ぶ」等のキーワードの有無で評価することを示している。　(3)　雨の降り方によって流れる水の量は変わり，増水による土地の様子が大きく変化することがある。自然の力の大きさを考えていこう(文部科学省「小学校理科の観察，実験の手引き　第5学年B(3)」より)。公開解答では，流れる水の量が異なるモデル実験の方法を図で示して，実験の手順や児童に捉えさせる現象を説明しているかを主な観点として，相対的に評価することを示している。

【18】(1)　2.5〔N〕　　(2)　$2CuO+C \rightarrow 2Cu+CO_2$　　(3)　感覚神経
(4)　150〔km〕

〈解説〉(1)　斜面に沿った力の大きさを計算する。$\mathrm{Sin}30=\frac{1}{2}$より，$4.9\times\frac{1}{2}=2.45\fallingdotseq2.5$Nである。　(2)　酸化銅と炭素を混ぜて加熱すると，酸

化銅が炭素によって酸素を奪われる還元反応が起こり，酸化銅は銅になる。酸化銅から酸素をうばった炭素は二酸化炭素となる。　(3)　末梢神経には，脳や脊髄から分岐し筋肉を動かす「運動神経」，温痛覚や触覚を伝える「感覚神経」，からだのさまざまな組織や器官のはたらきを調整する「自律神経」がある。　(4)　震央までの初期微動継続時間から，地震の揺れは90〔km〕÷6.0〔秒〕＝15〔km/s〕であるとわかる。ここから観測点までの距離Xを導く。

【19】(1)　A　一体的　　B　たとえる　　C　自分自身　　(2)　発達に応じて他者を尊重する態度や尊敬する気持ち，共に生きていくという考え方をはぐくむことが大切である。

〈解説〉(1)　「小学校学習指導要領」に関する出題では，「指導要領」のポイントとなる言葉をピックアップした問題が多い。「指導要領」及び「同解説」を熟読しておくとよい。　(2)　「多様な人々と触れ合う」ことについては，「小学校学習指導要領解説　生活編　第4章　2　(3)」に示されている。公開解答では，「尊重」「共に生きていく」等のキーワードで評価することを示している。

2017年度　実施問題

【1】次の文章を読んで，あとの1～5の問いに答えよ。

> 自分の紡いだ糸を伯母の年子に届けたあいは，年子から思いがけず銭をもらい喜んで帰宅する。しかし，母のコトは銭を受け取ったあいを叱責し，次の日に返しに行く約束をさせた。夜になり，父の左衛門と母，ヨシ，もと，あいの三姉妹は眠りに就く。

土間の窓から，湿り気を帯びた夜風が忍んでくる。梅雨も近いのだろう，蛙の鳴き声が一層，賑やかになった。その鳴き声に，左衛門とコトの鼾（いびき）が交互に，紛れ込む。

あいは寝付かれず，莚（むしろ）から目だけを出して息を詰めていた。寝返りを打てば少しは気が紛れるだろうが，両隣りで眠るヨシともとに，まだ起きていることを悟られたくなかった。

「姉ちゃん，もう寝たか？」

右側から，ぼそりともとの声がした。

「起きてるよ」

末の妹をaオモンバカって，ヨシは低い声で応じる。

「厠（かわや）に行きたいのかい，もと」

闇の中で頭（かぶり）を振る気配があった。

「あいがもらってきた銭，お母さんは本当に欲しくないんだろうか」

「欲しいに決まってるさ。①喉から手が出るほど欲しいに決まってるじゃないか」

ヨシの言葉に，もとは莚を捲（めく）って身を起こした。

「だったら素直にもらっておけば良いじゃないか。あの銭はあいにやったんじゃない，お母さんに渡るべき銭だし。それを，どうして返したりするんだよ」

「し，あいが起きるよ」

低い声で言って，ヨシも闇の中で半身を起こした。

「銭を受け取らないのは，伯父さんのとこの暮らし向きのこともあるけど，あたしらの……殊に，あいのためだと思うんだ」

自分の名が出たので，あいは身体を強張(こわば)らせて，長姉の言葉を待った。

「あたしの反物が初めて売れた時に，お母さんに言われたんだ。銭ってのは厄介だ，なまじ②味を覚えると，もっともっと欲しくなる。それが叶えられないと，bショウネがさもしくなる，って。百姓が楽して銭の味を覚えて，良いことなんて何もない，ってね」

さもしくならないためには，銭の値打ちを正しく知るよりない。あいはまだ十歳，簡単に銭が手に入る，と思わせたくなかったんだよ，とヨシは話した。

「お母さんは偉いなあ」

もとが太い息を吐いた。

「おらだって，あいと一緒だ。銭をもらうのに躊躇(ためら)いはないよ。けど，そんな容易(たやす)く銭が手に入れば，きっとお母さんの言う通り，勝手に他人の懐勘定したり，あてにしたり，さもしいことを考えるようになっちまうんだろうな」

お母さんは本当に偉いなあ，ともとが繰り返すのを聞いているうち，あいの耳の奥に，年子の声が蘇(よみがえ)ってきた。

——学ぶ機会は与えられずとも，自身の中に宝を築けるのが，前之内村の女の強みだよ

文字を読めず，書けない母。けれど，③母の中には，何より尊い宝がある。

④そう悟った途端，あいは泣きそうになって，姉たちに気付かれぬように筵の中へと潜った。

(高田郁『あい　永遠に在り』による)

1　aオモンバカって　bショウネ　を漢字に直して書け。

2　①喉から手が出るほど欲しい　はずの母が銭を受け取らない一番の

理由を，ヨシは何だと考えているのか，書け。

3 ②味を覚える のここでの意味を考え，「銭」という言葉を使って説明せよ。

4 ③母の中には，何より尊い宝がある とあるが，あいは母のどんなところに対して，このように感じていると考えられるか，書け。

5 ④そう悟った途端，あいは泣きそうになって，姉たちに気付かれぬように筵の中へと潜った とあるが，このときのあいの心情について説明せよ。

(☆☆☆◎◎◎)

【2】次の文章を読んで，下の1～3の問いに答えよ。

a今様の事どものめづらしきを，言ひひろめ，もてなすこそ，又うけられね。①世にことふりたるまで知らぬ人は，心にくし。いまさらの人などのある時，ここもとに言ひつけたることぐさ，ものの名など，心得たるどち，b片端言ひかはし，目見合はせ，笑ひなどして，心知らぬ人に心得ず思はする事，②世なれず，よからぬ人の，必ずある事なり。

(兼好法師『徒然草』による)

1 a今様 b片端 の読み仮名を現代仮名遣いで書け。

2 ①世にことふりたるまで知らぬ人は，心にくし について，口語訳を書け。

3 ②世なれず，よからぬ人の，必ずある事なり とあるが，具体的にどのような行為を挙げているか，簡潔に書け。

(☆☆☆◎◎◎)

【3】次の1～3に答えよ。

1 次の漢字の読み仮名を平仮名で書け。

① 昔日　② 漸次　③ 桟敷

2 次の ない の品詞名を書け。

① 今日は時間がない。　　②ちっとも本を読まない。

3 次の文の――線部を，上司に対する敬語の使い方としてふさわしくなるよう改めて書け。

社長，こちらには何時に参られますか。

(☆☆☆◎◎◎)

【4】平成20年3月告示の小学校学習指導要領国語の内容に関する次の1～4の問いについて，小学校学習指導要領解説国語編(平成20年8月文部科学省)を踏まえて答えよ。

1 国語科の目標について，空欄に当てはまる適切な語句を書け。

国語を適切に表現し正確に理解する能力を育成し，(　①　)を高めるとともに，思考力や想像力及び(　②　)を養い，国語に対する関心を深め国語を尊重する態度を育てる。

2 小学校第3・4学年「C読むこと」の言語活動例イでは，「記録や報告の文章，図鑑や事典などを読んで利用すること。」が示されているが，児童に課題解決のために必要な本や文章を選ばせるとき，指導すべきことを書け。

3 小学校第5・6学年において，「伝統的な言語文化と国語の特質に関する事項」について古文や漢文を用いて指導するとき，配慮すべきことを書け。

4 「指導計画の作成と内容の取扱い」における，「書写に関する事項」について，空欄に当てはまる適切な数字を書け。

硬筆を使用する書写の指導は各学年で行い，毛筆を使用する書写の指導は第(　①　)学年以上の各学年で行うこと。　また，毛筆を使用する書写の指導は硬筆による書写の能力の基礎を養うよう指導し，文字を正しく整えて書くことができるようにするとともに，各学年年間(　②　)単位時間程度を配当すること。

(☆☆☆◎◎◎)

【5】次の(1)～(4)の問いに答えよ。

(1)　$-2^2+6\times(-3)^2$　を計算せよ。

(2)　$x-\dfrac{x-y}{2}$　を計算せよ。

(3)　不等式　$|3x-2|<1$　を解け。

(4)　120km離れているA地点とB地点の間を，車で往復した。行きは時速40km，同じ道を帰りは時速60kmで，一定の速さで走った。A地点とB地点を往復した車の平均の速さを求めよ。また，求める過程も示せ。

(☆☆☆◎◎◎)

【6】水平に置かれた机の上に，底面の半径が5cmの円柱を，底面が机と接するように置く。この円柱を3つ並べてひもで束ね，ひもの長さが最短になるようにして結んだ。これを上から見ると次の図のようになる。このとき，結んだひもの長さを求めよ。ただし，円周率はπとし，ひもの結び目の長さは考えないものとする。

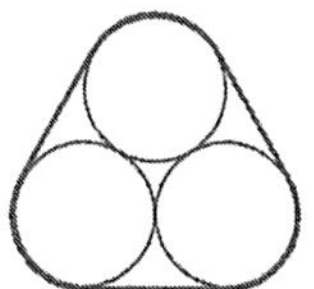

(☆☆☆◎◎◎)

【7】あとの図は，直線$y=x-6$…①と放物線$y=-x^2$…②のグラフである。直線①と放物線②の交点を，x座標の小さい順にA，Bとする。次の(1)，(2)の問いに答えよ。

(1)　点A，Bの座標をそれぞれ求めよ。

(2)　点Aを通り，△OABの面積を二等分する直線の式を求めよ。

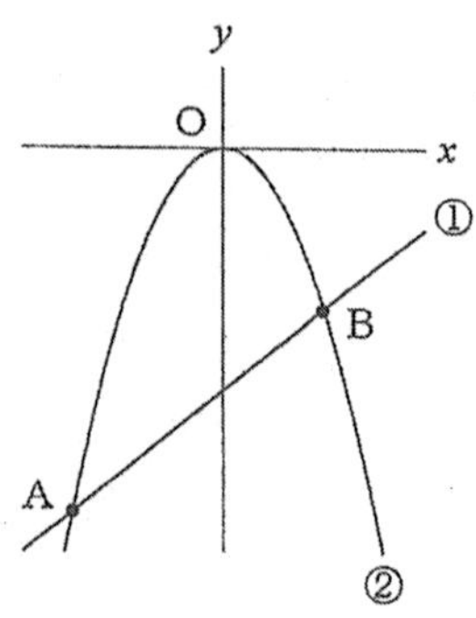

(☆☆☆◎◎◎)

【8】次の直角三角形ABCについて，(1)，(2)の問いに答えよ。

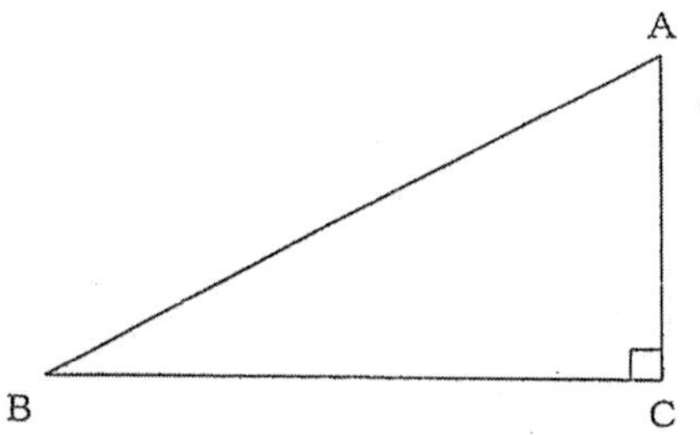

(1)　直角三角形ABCに内接する円の中心Oを作図せよ。ただし，作図に用いた線は消さないこと。

(2)　辺BCの長さが10cm，辺ACの長さが5cmのとき，内接する円の半径の長さを求めよ。

(☆☆☆◎◎◎)

【9】次の表は，ある小学校6年生男子30人の身長の度数分布表である。身長が160.0cm以上の6年生男子の相対度数を求めよ。

6年生男子の身長調べ

身長（cm）	度数（人）
以上　　未満	
145.0～150.0	4
150.0～155.0	9
155.0～160.0	11
160.0～165.0	5
165.0～170.0	1
計	30

(☆☆☆◎◎◎)

【10】次は，平成27年度全国学力・学習状況調査第6学年算数Bの問題である。この問題の本県児童の通過率は，17.1％であった。下の(1)，(2)の問いに答えよ。

問題

せんざいを買います。家で使っているせんざいが，20％増量して売られていました。増量後のせんざいの量は480mLです。増量前のせんざいの量は何mLですか。求める式と答えを書きましょう。

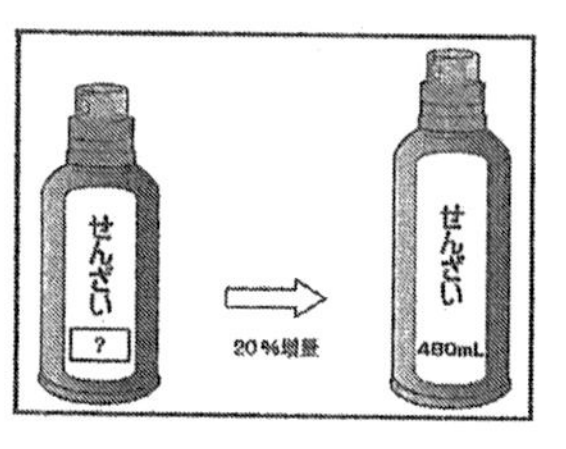

(1)　この問題では，児童のつまずきとして，どのようなことが考えられるか，簡潔に1つ記述せよ。

(2)　(1)で挙げた児童のつまずきを踏まえ，授業改善の方策を具体的に記述せよ。

(☆☆☆◎◎◎)

○【11】～【13】の設問において，「小学校学習指導要領(平成20年3月告示)第2章 第2節 社会」を「学習指導要領」，「小学校学習指導要領解説 社会編(平成20年8月文部科学省)」を「解説」と記す。また，「十分満足できる」状況(A)，「おおむね満足できる」状況(B)は，「評価規準の作成，評価方法等の工夫改善のための参考資料【小学校　社会】(平成23年11月文部科学省)」等によるものである。

【11】次の会話は，ごみの減量についてグループ内で話し合っている様子である。(1)～(3)の問いに答えよ。

会話

先　生：ごみの量を減らすために，分担して調べた3Rについて発表してもらいます。 児童A：私は[　あ　]について調べました。再使用できるビンなどを繰り返し使うことです。 児童B：私は[　い　]について調べました。食べ残しをしないようにしたり，買い物のとき買い物袋を持参しレジ袋をもらわないようにしたりして，ごみそのものを減らすことです。 児童C：私は[　う　]について調べました。ごみを資源に変え，再び別の製品などにすることです。そのために材質を区別するマークが付いている商品もあります。

(1)　会話の下線部の具体例を，ア～エから一つ選んで記号を書け。

ア 　イ 

ウ 　エ 

(2)　会話の[　あ　]～[　う　]に当てはまる語句を，ア～ウから一つずつ選んで記号を書け。

ア　リサイクル　　イ　リデュース　　ウ　リユース

(3)「学習指導要領」〔小学校第3学年及び第4学年〕2内容(3)に関する問題である。①，②の問いに答えよ。

①　ここでは，「廃棄物の処理」について取り上げる対象の範囲として二つが示され，そのうちの一つを選択し指導する。「ごみ」の他に示されている対象を書け。

② 法や自分たちで決めたきまりを守ることが地域の健康な生活や良好な生活環境の維持と向上を図る上で大切であることに気付かせるために，「廃棄物の処理」の指導ではどのような法やきまりの事例を取り上げるべきか，「解説」踏まえて一つ書け。

(☆☆☆◎◎◎◎)

【12】次の会話は，東大寺の大仏づくりについてグループ内で話し合っている様子である。(1)～(4)の問いに答えよ。

会話

児童D：大仏をつくった目的はなにかな。どんな方法でつくったのかな。 児童E：(a)は，東大寺に大仏をつくらせることで(b)を願ったことが大仏造営の詔の資料から分かったよ。 児童F：大仏づくりにはたくさんの金属などが使われたそうよ。 児童G：橋などをつくる土木工事を進めて，多くの農民に慕われた(c)が協力したことも，多くの人が大仏づくりに加わったことに結びついたそうだよ。

(1) (a)に当てはまる天皇名と(b)に入る内容をそれぞれ書け。

(2) (c)に入る僧をア～エから一つ選んで記号を書け。

ア 法然　イ 親鸞　ウ 行基　エ 空海

(3) 大仏が造営された同じ世紀に，中国から日本に渡ってきた僧とその僧が開いた寺の組合せが正しいものを，ア～カから一つ選んで記号を書け。

ア 鑑真…延暦寺　イ 鑑真…唐招提寺　ウ 道元…永平寺

エ 道元…唐招提寺　オ 最澄…延暦寺　カ 最澄…永平寺

(4)　資料1，2は，大仏づくりが行われた頃の国家の様子について考察させるために提示したものである。①，②の問いに答えよ。

資料1

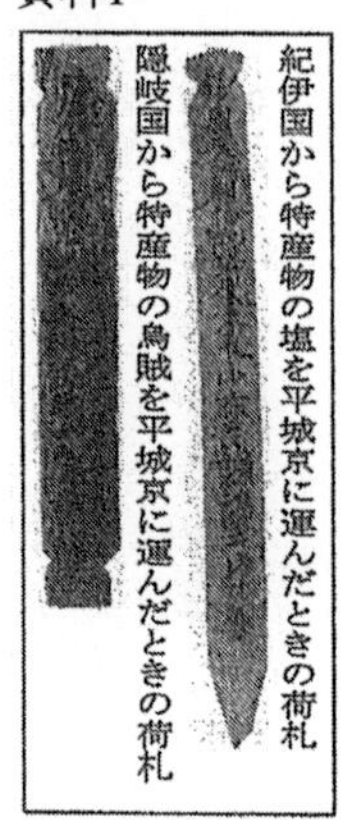

紀伊国から特産物の塩を平城京に運んだときの荷札
隠岐国から特産物の烏賊を平城京に運んだときの荷札

資料2

①　資料1にある隠岐国は現在の島根県，紀伊国は現在の和歌山県に位置する。それぞれの県の位置を次の地図に，例にならって書け。

②　資料1，2から共通して読み取れる内容を書け。

(☆☆☆◎◎◎)

【13】「学習指導要領」〔小学校第5学年〕2内容(2)，(4)に関する問題である。(1)，(2)の問いに答えよ。

(1)　「我が国の農業や水産業」について，次のことを調べ，考えさせる内容を「解説」を踏まえ，下の文章に続けて書け。

・様々な食料生産が国民の食生活を支えていること，食料の中には外国から輸入しているものがあること ・我が国の主な食料生産物の分布や土地利用の特色など ・食料生産に従事している人々の工夫や努力，生産地と消費地を結ぶ運輸などの働き

我が国の農業や水産業は，国民の食料を確保する重要な役割を果たしていることや，

(2)　資料1を，「社会的な思考・判断・表現」の観点で評価するとき，「十分満足できる」状況(A)と判断した。資料1と資料2の相違点に着目し，そのように判断した理由を書け。

資料1　児童Xが「情報化した社会の様子と国民生活とのかかわり」について調べ，考えた内容

地域のお医者さん同士でつくったネットワークにより，病院の検索や紹介，感染症流行の情報などが広く提供されています。そのことで，私たちは，病院を探したり選んだりできます。ネットワークを利用すると遠くにいる人と情報交換もできます。こちらで起きている事件や事故，災害などの情報を私たちがネットワークで流すことで，その情報を得た人は事件や事故，災害などを事前に防ぐことができるかもしれません。

資料2　「おおむね満足できる」状況(B)と判断できる内容

地域のお医者さんたちは，病院の検索や紹介，感染症の流行の情報などを提供するネットワークをつくっています。そのおかげで，私たちは，このネットワークを使って病気の症状などに合わせて，病院を探したり選んだりすることができます。

(☆☆☆☆◎◎◎◎)

【14】次の文は，小学校学習指導要領(平成20年3月告示)第2章第4節理科に示されている第3学年の目標である。あとの(1)～(3)の問いに答えよ。

(1)　(　A　)，(　B　)並びに光，磁石及び電気を働かせたときの現象を(　C　)しながら調べ，見いだした問題を興味・関心をもって追究したり(　D　)をしたりする活動を通して，それらの性質や働きについての見方や考え方を養う。
(2)　身近に見られる動物や植物，日なたと日陰の地面を(　C　)しながら調べ，見いだした問題を興味・関心をもって追究する活動を通して，生物を愛護する態度を育てるとともに，<u>生</u>

物の成長のきまりや体のつくり，生物と環境とのかかわり，太陽と地面の様子との関係についての見方や考え方を養う。

(1) A，Bに当てはまる語句を，次のア～カからそれぞれ1つずつ選んで記号を書け。

ア てこの規則性　イ 風やゴムの力　ウ 物の溶け方
エ 物の重さ　オ 空気や水　カ 燃焼

(2) C，Dに当てはまる語句をそれぞれ書け。

(3) 下線部に関する学習で，植物の育ち方を児童に捉えさせる際に扱う植物については，小学校学習指導要領(平成20年3月告示)第2章第4節理科の第3学年「内容の取扱い」に次のように示されている。扱う植物についての説明が正しくなるように，E，Fに当てはまる語句を下のア～エからそれぞれ1つずつ選んで記号を書け。

夏生(　E　)生の(　F　)植物を扱うこと。

ア 一年　イ 多年　ウ 単子葉　エ 双子葉

(☆☆☆◎◎◎)

【15】第5学年「振り子の運動」の学習について，下の(1)，(2)の問いに答えよ。

図1

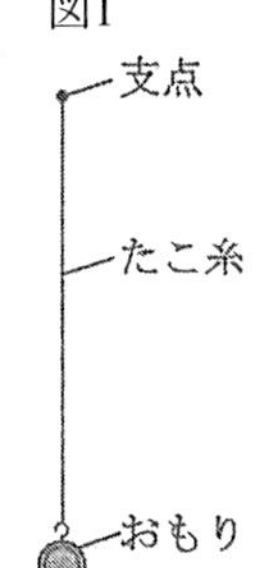

表

	ア	イ	ウ	エ
おもりの重さ	10g	10g	10g	30g
振り子の長さ	30cm	45cm	30cm	30cm
振れ幅	30°	30°	60°	30°

図2

(1) 図1の振り子を使って，振り子が1往復する時間を，表のア～エの条件で調べることにした。振り子が1往復する時間と振れ幅との関

係を調べたいとき，ア～エのどれとどれを比べればよいか，記号を書け。

(2)　図1の振り子のおもりの数を3個に増やして重さを変えて調べるとき，図2のようにおもりを誤ってつるした児童がいた。この児童に対してどのようなつるし方を指導すればよいか，図でかけ。また，そのつるし方が適している理由を書け。

(☆☆☆◎◎◎)

【16】植物の体の働きについて，次の(1)～(3)の問いに答えよ。

(1)　植物の体内の水が，気孔から水蒸気となって出ていくことを何というか，書け。

(2)　第6学年「植物の養分と水の通り道」の学習において，植物の根，茎及び葉の中には水の通り道があることを児童に捉えさせるために，どのような実験を行わせればよいか，書け。

(3)　光合成とは，どのような働きか。光合成によって出入りする物質の物質名を示して書け。

(☆☆☆◎◎◎)

【17】ビーカーに水と沸騰石を入れて熱し，水が沸騰する様子を児童に観察させた。図は，水が沸騰しているときの様子を模式的に表したものである。下の(1)～(2)の問いに答えよ。

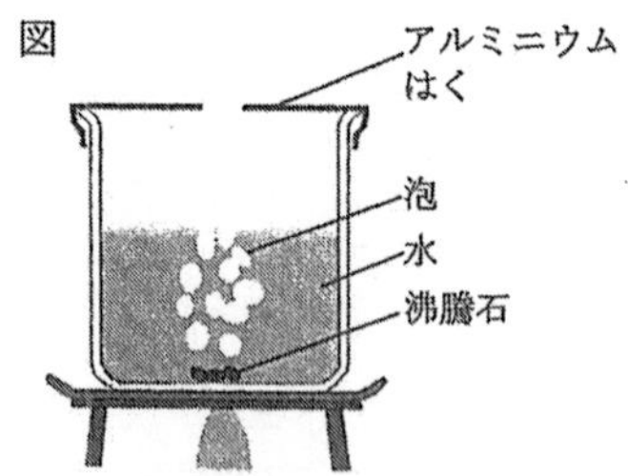

(1)　図のように，水の中に沸騰石を入れるのは何のためか，書け。

(2)　沸騰の様子を観察した児童が「泡の正体は何か」という疑問をもち，「泡の正体は水ではないか」と予想した。このことを検証するために，児童にどのような実験を行わせればよいか，装置を図でかけ。また，観察の視点としてどのようなことに着目させればよいか，書け。

(☆☆☆◎◎◎)

【18】次の(1)～(4)の問いに答えよ。

(1) 図1は，太陽，地球及び火星を北極側から見た様子を模式的に表したものである。この位置関係にあるとき，秋田県のある地点において火星を観察した場合，いつ，どの方角に見えるか，次のア～カから全て選んで記号を書け。

ア　夕方，東の方角　　　イ　真夜中，南の方角
ウ　夕方，西の方角　　　エ　真夜中，東の方角
オ　明け方，南の方角　　カ　明け方，西の方角

図1

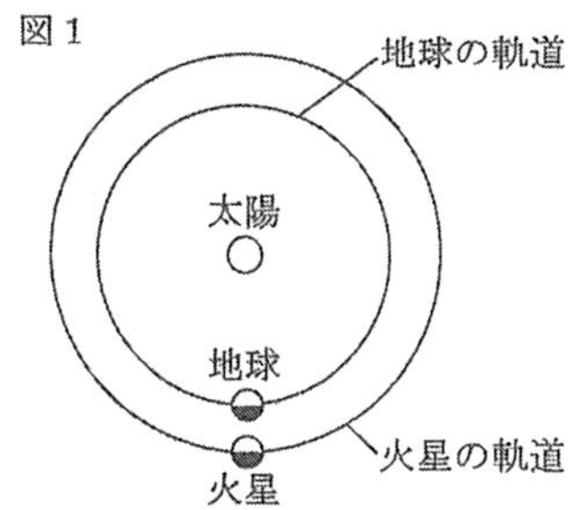

(2) 炭酸水素ナトリウム($NaHCO_3$)を加熱すると，炭酸ナトリウム(Na_2CO_3)と水と二酸化炭素に分解される。このときの化学反応式を書け。

(3) 電熱線Xを2個用いて図2のような回路をつくり，電源装置で3.0Vの電圧を加えたところ，電流計は0.60Aを示した。電熱線Xの抵抗の大きさは何Ωか，求めよ。

図2

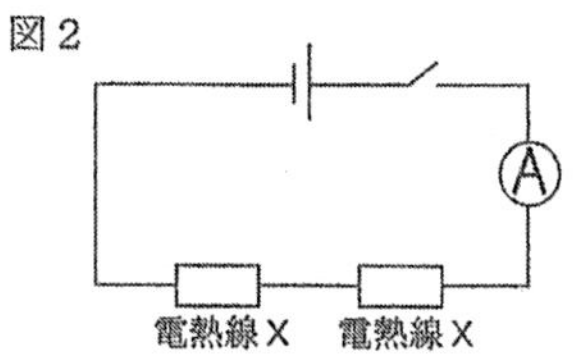

(4) 次は，カエルの発生の順序を示したものである。順序が正しくなるように，X～Zに当てはまる語句を，下のア～ウからそれぞれ1つずつ選んで記号を書け。

受精卵→(X)→胞胚→(Y)→(Z)→尾芽胚 →オタマジャクシ

ア 桑実胚　イ 神経胚　ウ 原腸胚

(☆☆☆◎◎◎)

【19】小学校学習指導要領(平成20年3月告示)第2章第5節生活について，次の(1)，(2)に答えよ。

(1) 次の文は，各学年の目標の一部である。A～Cに当てはまる語句をそれぞれ書け。

〔第1学年及び第2学年〕

(1) 自分と身近な人々及び地域の様々な場所，公共物などとのかかわりに関心をもち，(A)に気付き，愛着をもつことができるようにするとともに，集団や社会の一員として自分の役割や行動の仕方について考え，安全で適切な行動ができるようにする。

(2) 自分と身近な動物や植物などの自然とのかかわりに関心をもち，(B)に気付き，自然を大切にしたり，自分たちの遊びや生活を工夫したりすることができるようにする。

(3) 略

(4) 身近な人々，社会及び自然に関する活動の楽しさを味わうとともに，それらを通して気付いたことや楽しかったことなどについて，言葉，絵，動作，(C)などの方法により表現し，考えることができるようにする。

(2) 内容「(7)動植物の飼育・栽培」の学習において，児童が栽培している植物の鉢を児童昇降口に並べておくことにした。このような手立ては，生活科の学習活動を充実させるためにどのような点で有効か，書け。

(☆☆☆◎◎◎◎)

解答・解説

【1】1　a　慮って　　b　性根　　2　あいに簡単に銭が手に入ると思わせたくなかったから。　　3　銭をもらう面白みが忘れられなくて，またそれを望むこと。　　4　銭についての考え方に信念を持っているところ。　　5　母のすばらしさと同時に，母の自分を思う親心に気が付き，感謝する心情。

〈解説〉1　a「思いを巡らす」という意味の語である。　b　根本的な心の持ち方を言う。　2　長姉ヨシの見解が示された一連の部分の最後に「あいはまだ十歳，簡単に銭が手に入る，と思わせたくなかったんだよ，とヨシは話した」とある。なお，公開解答では評価基準として，「簡単に手に入る」「思わせたくない」等のキーワードを主な観点として，相対的に評価することを示している。　3「味を覚える」とは「一度経験した利益に味を覚えて，またそれを望むこと」という意味。なお，公開解答では評価基準として，「銭をもらう面白み」「望む」等のキーワードを主な観点として，相対的に評価することを示している。　4　傍線部③は，ヨシともとの，母の行動に対する一連の考察を受けて，あいが気付いたことである。なお，公開解答では評価基準として，「銭についての考え」「信念」等のキーワードを主な観点として，相対的に評価することを示している。　5　あいは，母の信念が，自身のためのものであると気付いたのである。なお，公開解答では評価基準として，「母のすばらしさ」「親心」等のキーワードを主な観点として，相対的に評価することを示している。

【2】1　a　いまよう　　b　かたはし　　2　流行の物事を世間で言い古されてしまうまで知らない人は奥ゆかしい。　　3　話題についてよく知っている者同士で，その一部を言い合い，目を見合わせて笑うこと。

〈解説〉1　a「現代風」の意。　b　ここでは「一部分」の意。　2「ことふる」は，「言旧る」と表記する。「言い古される」の意。「心にくし」は，ねたましく感じるほどに相手が優れているさまに言うのが原義。「ことふる」の目的語を補うことと，「心にくし」の訳の2点が解答のポイント。なお，公開解答では評価基準として，「流行」「奥ゆかしい」等のキーワードを主な観点として，相対的に評価することを示している。　3　問われているのは，具体的な行為のみである。「心得たるどち，片端言ひかはし，目見合はせ，笑ひなどして」の箇所を訳す。「心得たるどち」の「どち」は，同類のものをまとめていう語。「たち」，「どうし」の意。なお，公開解答では評価基準として，「一部を言い合う」「目を見合わせ笑う」等のキーワードを主な観点として，相対的に評価することを示している。

【3】1　①　せきじつ　　②　ぜんじ　　③　さじき　　2　①　形容詞　②　助動詞　　3　いらっしゃい

〈解説〉1　①「昔」の音読みは「シャク」だけではなく，「セキ」もある。　②「ざんじ」は「暫時」と混同した誤読なので注意。　③　この場合「桟」は「サン」とは読まない。　2　①は独立後だが，②は動詞の未然形につく付属語となっている。　3「参る」は，移動先への敬意を表す。「来る」の尊敬語を入れる必要がある。「いらっしゃい」の他に，「お見えになり」，「おこしになり」，「来られ」も可。

【4】1　①　伝え合う力　　②　言語感覚　　2　本の題名や種類などに注目したり，索引を利用して検索をかけたりすること。　　3　親しみやすい作品を取り上げ，暗唱や群読などの活動をすること。

4　①　3　　②　30

〈解説〉1　教科の目標および各学年における各領域の目標は必ず暗記しておく。　2　小学校学習指導要領(平成20年3月告示，以下要領)国語の「第3　指導計画の作成と内容の取扱い」には，「学校図書館の利用に際しては，本の題名や種類などに注目したり，索引を利用して検索をしたりするなどにより，必要な本や資料を選ぶことができるように指導すること」とある。なお，公開解答では評価基準として，「題名や種類」「索引」等のキーワードを主な観点として，相対的に評価することを示している。　3　要領には「親しみやすい古文や漢文，近代以降の文語調の文章について，内容の大体を知り，音読すること」とある。なお，公開解答では評価基準として，「親しみやすい作品」「暗唱や群読」等のキーワードを主な観点として，相対的に評価することを示している。　4　小学校学習指導要領解説国語編(平成20年8月文部科学省)では，「毛筆と硬筆とを一体化させる関連的な指導を一層工夫する必要がある」としている。

【5】1　(1)　50　　(2)　$\frac{x+y}{2}$　　(3)　$\frac{1}{3}<x<1$　　(4)　求める過程

$(120\times2)\div\left(\frac{120}{40}+\frac{120}{60}\right)=240\div5=48$　　答え　時速48km

〈解説〉(1)　与式$=-4+6\times9=-4+54=50$

(2)　与式$=\frac{2x-(x-y)}{2}=\frac{2x-x+y}{2}=\frac{x+y}{2}$

(3)　$|3x-2|<1 \Leftrightarrow -1<3x-2<1 \Leftrightarrow 1<3x<3$

$\therefore\ \frac{1}{3}<x<1$

(4)　(A地点とB地点を往復した車の平均の速さ)＝(A地点とB地点の往復の道のり)÷(A地点とB地点を往復するのにかかった時間)で求められる。

【6】$30+10\pi$〔cm〕

〈解説〉次の図より，(ひもの長さ)＝(正三角形ABCの周りの長さ)＋(半径5cmの円の円周)$=(5\times2\times3)+(2\times\pi\times5)=30+10\pi$〔cm〕

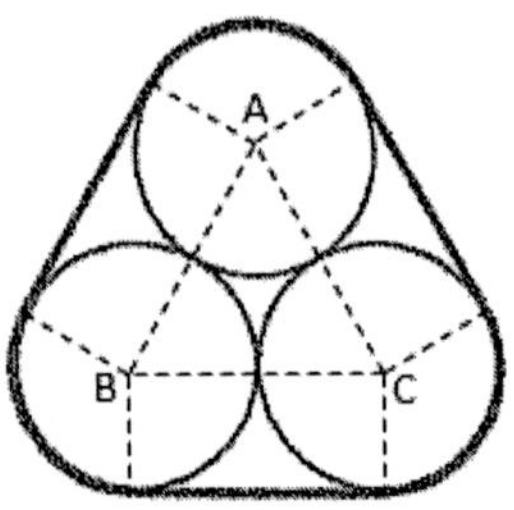

【7】(1)　A(−3，−9)　　B(2，−4)　　(2)　$y=\frac{7}{4}x-\frac{15}{4}$

〈解説〉(1)　直線①と放物線②の交点A，Bの座標は，①と②の連立方程式の解。①，②からyを消去すると，$x-6=-x^2$　⇔　$x^2+x-6=0$　⇔　$(x+3)(x-2)=0$　∴　$x=-3，2$　点Aのx座標<点Bのx座標より，点Aのx座標は−3。このときのy座標は，$y=-(-3)^2=-9$　したがって，交点Aの座標は，(−3，−9)。また，点Bのx座標は2。このときのy座標は，$y=-2^2=-4$　したがって，交点Bの座標は，(2，−4)。　(2)　題意より求める直線は，点Aと線分BOの中点を通る直線となる。線分BOの中点をMとすると，点Mの座標は　$M\left(\frac{2+0}{2},\ \frac{-4+0}{2}\right)=$ M(1，−2)　よって，直線AMの傾きは，$\frac{-2-(-9)}{1-(-3)}=\frac{7}{4}$　これより，直線AMの式を$y=\frac{7}{4}x+b$とおくと，点M(1，−2)を通るから，$-2=\frac{7}{4}\times1+b$　∴　$b=-\frac{15}{4}$　以上より，点Aを通り，△OABの面積を二等分する直線の式は，$y=\frac{7}{4}x-\frac{15}{4}$

【8】(1)

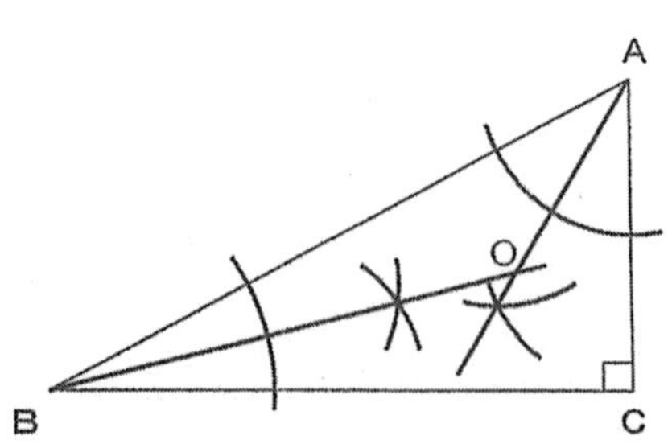

(2)　$\frac{15-5\sqrt{5}}{2}$〔cm〕

〈解説〉(1)　三角形の内接円の中心は，内角の二等分線の交点である。なお，作図が求められているのは中心Oだけなので，内接円は描かなくてよい。　(2)　$\triangle ABC=\frac{1}{2}\times BC\times AC=\frac{1}{2}\times 10\times 5=25$〔$cm^2$〕…①

三平方の定理より，$AB=\sqrt{BC^2+AC^2}=\sqrt{10^2+5^2}=5\sqrt{5}$〔cm〕。内接円の半径を$r$とすると，$\triangle ABC=\triangle OAB+\triangle OBC+\triangle OAC=\frac{1}{2}\times AB\times r+\frac{1}{2}\times BC\times r+\frac{1}{2}\times AC\times r=\frac{1}{2}r(AB+BC+AC)=\frac{1}{2}r(5\sqrt{5}+10+5)=\frac{15+5\sqrt{5}}{2}r$〔$cm^2$〕…②　①＝②より，$\frac{15+5\sqrt{5}}{2}r=25$　⇔　$r=25\times\frac{2}{15+\sqrt{5}}=\frac{15-5\sqrt{5}}{2}$〔cm〕

【9】0.2

〈解説〉相対度数＝$\frac{\text{各階級の度数}}{\text{度数の合計}}$　度数の合計は30，身長が160.0cm以上の階級の度数は，5＋1＝6だから，身長が160.0cm以上の6年生男子の相対度数は，$\frac{6}{30}=0.2$

【10】(1)　20%などの百分率を小数に表すことができない。　(2)　基準にする大きさを1として，それに対する割合を表す小数と，基準とする量の大きさを100として，それに対する割合で表す百分率を対比させた表を作成させることによって，百分率と小数の関係を理解させる。

〈解説〉(1)　公開解答では評価基準としては，「百分率を小数に表すことができない」，「基準量を480mLとして考えた」等を主なつまずきとして述べていることを示している。解答例以外では「増量後の480mLを基準に，増量前は480mLの80%と考えてしまう」などが挙げられる。(2)　公開解答では評価基準として，「(1)のつまずきも踏まえ，具体的な手立てを明らかにして，改善の方策を示している」，「内容が具体的で分かりやすく説得力がある」等を主な観点として，相対的に評価することをあげている。解答例以外では「線分図を用い，増量前の量を100としたとき，増量後の480mLは20％増量されて120に相当することを理解させる」などが挙げられる。

【11】(1)　イ　　(2)　あ　ウ　　い　イ　　う　ア

(3)　①　下水　　②　市役所や町役場や町内会など地域の人々と協力して行い，ごみの出し方や集積所などに関するきまりを決め，地域の人々が資源の再利用や生活排水の適正な処理などに関する法やきまりを守って生活している事例を取り上げる。

〈解説〉(1)　アは環境保全に役立つと認められた商品につけられるエコマーク，ウは省エネルギーマークのeマーク，エは安全面について注意深く作られたおもちゃにつけられるSTマークである。　(2)　リサイクル(再び資源に使う)，リデュース(ごみを減らす)，リユース(繰り返し使う)は「3R」と呼ばれる。また，リフューズ(ごみになるものは買わない)を加えて「4R」，さらに，リペア(修理して使う)を加えて「5R」という場合もある。　(3)　①「学習指導要領」の出題の箇所には，「ごみ，下水のいずれかを選択して取り上げ」と示されている。

②　公開解答では評価基準として，「ごみの出し方」「集積所」「資源の再利用」等のキーワードを主な観点として，相対的に評価することを示している。

【12】(1)　a　聖武天皇　　b　仏教のもつ考えに基づく社会の安定

(2)　ウ　　(3)　イ

(4)　①

② 天皇を中心とした国づくりが，都の近辺だけでなく東北から九州に至る全国各地に浸透していたこと

〈解説〉(1) 聖武天皇は，仏教のもつ鎮護国家の思想によって世の中を安定させようと，743年に近江紫香楽宮で大仏造立の詔を発した。なお，bについて公開解答では評価基準として，「仏教」「社会の安定」等のキーワードを主な観点として，相対的に評価することを示している。 (2) 行基は，民衆に仏教を布教したり社会事業を行ったりし，後に大仏造立に貢献した。 (3) 鑑真は戒律を伝えるために唐から渡来した僧で，律宗の中心となる唐招提寺を開いた。なお，ウとオも僧と寺の組み合わせは正しいが，道元が活躍したのは鎌倉時代，最澄が活躍したのは平安時代初期である。 (4) 資料1からわかるのは，都から近い紀伊国からも遠い隠岐国からも特産物が届いていることであり，資料2からわかるのは，国分寺が東北から九州に渡る全国各地に建てられていることである。これらから，天皇を中心とした国づくりが全国すみずみまで及んでいたことが読み取れる。なお，②について公開解答では評価基準として，「政治」「全国」等のキーワードを主な観点として，相対的に評価することを示している。

【13】(1)　(我が国の農業や水産業は国民の食料を確保する重要な役割を果たしていることや，)自然環境と深いかかわりをもって営まれていることを考えることができるようにする。　(2)　資料1は，調べてわかったことに対して感じたことや考えたことが，児童X自らのことばで表現されている。よって，評価Aと判断できる。

〈解説〉(1)「学習指導要領」では，本問で示されたようなことを調べるねらいを，これらのことが「国土の環境が人々の生活や産業と密接な関連をもっていることを考えるようにする」こととしている。なお，公開解答では評価基準として，「自然環境」「かかわり」等のキーワードを主な観点として，相対的に評価することを示している。　(2)「社会的な思考・判断・表現」は，社会的事象の意味について，考えたことをことばなどで表現する力が身に付いたかを評価する観点である。資料1と2を比べると，資料2には調べてわかったこと，つまり，社会的事象のみが書かれているが，資料1には，わかったことに対して児童自身が感じたことや考えたことが自身のことばで明確に表現されている。これらから，評価は「十分満足できる状況」と判断できる。なお，公開解答では評価基準として，「参加」「役割」等のキーワードを主な観点として，相対的に評価することを示している。

【14】(1)　A　エ　　B　イ　　(2)　C　比較　　D　ものづくり
(3)　E　ア　　F　エ

〈解説〉(1)　アとカは第6学年，ウは第5学年，オは第4学年の指導事項である。　(2)　小学校学習指導要領解説理科編(平成20年8月文部科学省)によると，第3学年の目標は「学習の過程において，自然の事物・現象の差異点や共通点に気付いたり，比較したりする能力を育成することに重点が置かれている」ことを特徴とする。　(3)　前出の解説では，扱う植物について本問で示した他に「栽培が簡単で，身近に見られるもの」という条件も挙げている。

【15】(1)　アとウ

(2)　図

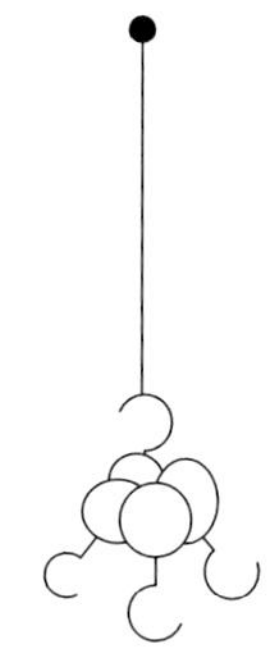

理由：重心が，おもり1個のときと同じになるから。

〈解説〉(1)　振り子が1往復する時間と振れ幅との関係を調べるならば，振れ幅以外の条件は統一したい。振れ幅が異なっているのはウのみであり，その他の条件がウと同じなのはアである。　(2)　振り子の実験では，振り子の長さは糸の長さではなく，支点からおもりの重心までの長さとなる。おもりの重さを変える実験では，重さ以外の条件，つまり振り子の長さや振れ幅をそろえる必要がある。なお，公開解答では図の評価基準として，おもりを3個用いたときのつるし方が図で適切に表現されているかを主な観点として，相対的に評価することを示している。また，理由の評価基準として，振り子の長さ等のキーワードの有無で評価することを示している。

【16】(1)　蒸散　　(2)　ホウセンカなどに色水を吸わせる実験

(3)　光エネルギーを利用して，吸収した二酸化炭素と水からデンプンと酸素と水を生産する。

〈解説〉(1)　蒸散により，気孔から水分が排出される。気孔は葉の裏側に多くみられる。　(2)　ホウセンカなどの植物に食紅で着色した水を吸わせることで，水の通り道が赤く染まる。なお，公開解答では評価基準として，着色した水，断面等のキーワードの有無で評価することを示している。　(3)　生成された酸素は，二酸化炭素ではなく水由来のものであることに注意して解答したい。なお，公開解答では評価基準として，光，二酸化炭素，デンプン等のキーワードの有無で評価することを示している。

【17】(1)　突沸を防ぐため

(2)　装置

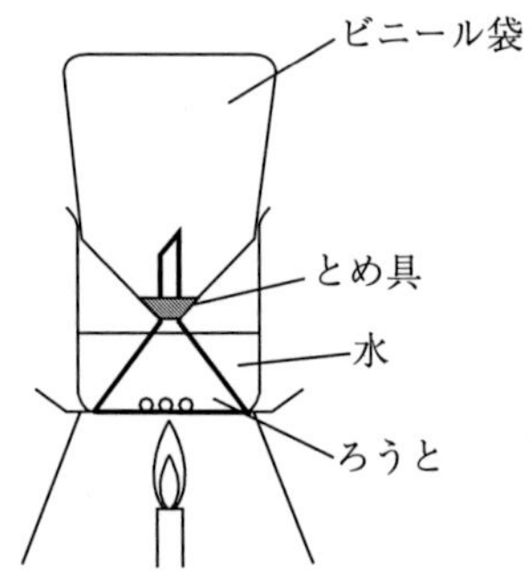

視点　かぶせたビニール袋に水滴がついていること，ビーカーの水が減っていることに注目する。

〈解説〉(1)　水を熱し続けていると，急に泡立ち噴き出すことがある。それを防ぐために沸騰石を入れる。なお，公開解答では評価基準として，突沸，噴き出す等のキーワードの有無で評価することが示されている。　(2)　この現象については，泡の正体を空気だと解釈する児童が多いことが知られている。そのため，空気ではなく水蒸気であることが強調されるように配慮したい。なお，公開解答では装置の図示の評価基準として，泡の正体が水であることを児童に捉えさせるための装置が図で適切に表現されているかを主な観点として，相対的に評価することが示されている。また，視点の評価基準として，予想を検証するための観察の視点を適切に表現しているかを主な観点として，相対的に評価することが示されている。

【18】(1)　ア，イ，カ　　(2)　$2NaHCO_3 \rightarrow Na_2CO_3 + H_2O + CO_2$

(3)　2.5〔Ω〕　　(4)　X　ア　　Y　ウ　　Z　イ

〈解説〉(1)　図1は，衝と呼ばれる位置関係をあらわしている。このとき外惑星である火星は日没とともに東からのぼり，真夜中に南中して，夜明けとともに西に沈む。　(2)　式の左辺に分解前，右辺に分解後の化学式を書き，それぞれの原子の数が左右で一致するように係数を調整する。　(3)　並列回路全体の抵抗(合成抵抗)の値は，1つ1つの抵抗の値よりも小さくなる。　(4)　生物の受精卵は，はじめ卵割を繰り返し，やがて腸の細胞や神経の細胞など，それぞれ違った形や役割をもつ細胞に分化していく。

【19】(1)　A　地域のよさ　　B　自然のすばらしさ　　C　劇化

(2)　児童が登校時や下校時に必ず通る昇降口に鉢を置けば，毎日継続的に植物の成長を見たり触れたりできる。それによって水やり等の自分の役割を担う責任感が育ったり，生命の尊さを実感できたりするようになるという点で，大変有効だといえる。

〈解説〉(1)　生活科の問題では，小学校学習指導要領に示されている目標や各学年の目標，内容に関する空欄補充問題は頻出である。全文を暗記する意気込みで，しっかりと読み込んでおきたい。　(2)　小学校学習指導要領解説生活編(平成20年8月文部科学省)では出題の指導事項について，「児童が自らの手で継続的に動物を飼ったり植物を育てたりすることを通して，身近な動物や植物に興味・関心をもち，それらが生命をもっていることや成長していることに気付くとともに，動物や植物を大切にすることができるようにすることを目指している」としている。この部分をもとに解答すればよい。なお，公開解答では評価基準として，児童の生活場面に栽培活動を位置付ける手立ての有効性について適切に示しているかを主な観点として，相対的に評価することを示している。

2016年度　実施問題

【1】次の文章を読んで，あとの1～4の問いに答えよ。

人間は一般に，希望や信念をもつことで，気分が高揚します。そしてまた，それらが集団で共有されると，ますます気持ちを高ぶらせていくものです。人間のこの習性は，人間が集団として生き残るのに a<u>コウケン</u>してきたので，多くの人が信念を重視するのは，人類の歴史に照らしても当然です。

しかし，現代では信念よりも，より直接的に実用性を b<u>ウッタ</u>える方が有効であることを，歴史的な視点から再度強調しておきたいと思います。

人類が，まだアフリカの草原だけに暮らしていたころ，人々は100人くらいの集団で狩猟や採集をして生活していました。だから，居住地の周囲に水や食べ物が不足すれば，どこかに移住しなければなりません。ところが，新天地がどちらの方角にあるのか，彼らにはわかるはずもありません。しかし，リーダーが「北に行けばなんとかなる」と方針を告げれば，他のメンバーがその判断を信じて希望をもつことに，集団としては利益があります。なぜなら，皆の意見がまとまらずに集団が c<u>ブンレツ</u>すると，少人数になってしまい，さまざまな危難に対して生きのびる見込みが低下してしまうからです。

つまり現代の私たちは，①<u>集団の考えに同調して，集団として生きのびた</u>人々の末裔なのです。進化心理学の観点からは，それゆえに，希望をもったり信じたりする傾向が自ずと身についているとも考えられます。お祈り好きなのも，その一例なの②<u>でしょう</u>。

気休めの祈りは，他になんの手立てもない場合には不安を軽減するというメリットがありますが，他に手立てがある場合には，その努力への意志を阻害するなど，かえって不利益になります。

ところが，昨今でも，「あきらめずに信じてつづけていたら成功しました」という美談がよく語られ，人々に誤解を与えつづけています。成功の主要因は，「信じつづけること」ではないのです。成功に向けたあくなき「創造的な挑戦」が主要因なのであって，単に成功や勝利を信じるだけで失敗に終わった人は山のようにいるでしょう。さらに言えば，創造的な挑戦を続けても成功しなかった人も少なくないはずです。しかし，そうした人々は，失敗を語る機会を与えられることがほとんどないので，世間ではその経験が目立たないのです。

また，その成功における挑戦の実態がどのようなものであったかも，整然と説明することが難しいので，その重要部分が失われ「信じつづけて成功」という単純な表現だけが世にあふれて，誤解を重ねつづけているのです。そろそろ，③創造性をしっかり語る時代にしたいと思います。

(石川　幹人(まさと)『「超常現象」を本気で科学する』による)

1 a コウケン　b ウッタえる　c ブンレツ　を漢字に直して書け。

2 文章中の ①集団の考えに同調して，集団として生きのびた とはどういうことか，「希望や信念」「利益」という言葉を用いて説明せよ。

3 ②でしょう と文法上同じ働きのものを，次のア～エから一つ選んで記号及び意味を書け。

ア　いったい，だれがこのような結末を予想できたでしょう。

イ　この件については，これ以上追及しないほうがよいでしょう。

ウ　たとえば，あなたが自宅で大きな犬を飼ったとするでしょう。

エ　この激しい風雨で，あなたもずいぶん心細かったでしょう。

4 ③創造をしっかり語る時代にしたい とあるが，筆者はなぜこれまではそのような時代ではなかったと考えるのか，理由を説明せよ。

(☆☆☆◎◎◎)

【2】次は，授業で扱う詩と，詩の授業プランについてA教諭とB教諭が会話した内容の一部である。詩と会話文を読んで，あとの1，2の問いに答えよ。

【授業で扱う詩】

すいっちょ　　鈴木　敏史（としちか）

庭へ　でるのは
待ちましょう
下駄に　小さな　先客が
すいっちょ　すいっちょ

あかるい　月が　のぼります
影絵のようです　草も木も

そっと　しゃがんで
待ちましよう
下駄に　みどりの　歌い手が
すいっちょ　すいっちょ

[注]

＊すいっちょ…鳴き声に由来したウマオイムシの異名

【A教諭とB教諭の会話の一部】

A 「先客」や「歌い手」という比喩の意味を，どのようにして子どもたちに理解させることができるでしょうか。

B 情景を図解する活動を取り入れたらどうでしょう。「先客」や「歌い手」に，人間を描く子どもと，すいっちょを描く子どもがいるはずです。

A 人間を描いた子どもは比喩の意味が分かっていないことになりますね。人間ではないことを，詩の表現を根拠にして説明できるでしょうか。

B 第一連と第三連の「［　①　］」という表現を根拠にして小さな生き物であることが説明できます。

A 第二連の「月」は，「あかるい」のだから満月を描くのが妥当でしょう。

B　すいっちょを「先客」とたとえていますから，②その可能性が高いでしょうね。

1　次の(1)，(2)の問いに答えよ。

(1) ［　①　］に当てはまる言葉を，詩の中から抜き出して書け。

(2) 「先客」「歌い手」という比喩で表現されたものが人間ではない理由を，［　①　］を根拠に挙げて説明せよ。

2　「月」が満月であることについて，②その可能性が高い　と言えるのはなぜか。「先客」の意味を踏まえて説明せよ。

(☆☆☆◎◎◎)

【3】次の短歌とその添削例を読んで，下の1～3の問いに答えよ。

短歌

「ぬるま湯に終わりを！」という文字淡く
校舎の壁にひっそりとあり

短歌の添削例

ア 「ぬるま湯に終わりを！」という文字淡く
かすれて校舎の壁に残れり

イ 「ぬるま湯に終わりを！」という文字淡く
校舎の壁に貼りついており

ウ 「ぬるま湯に終わりを！」という文字淡く
かすれて壁に貼りついており

(俵(たわら)　万智(まち)『考える短歌』による)

1　添削者は，短歌に描かれた様子を「痛々しい」と感じ，次のような鑑賞文を書いた。鑑賞文中のaには適切な表現技法の名称を書き，bには短歌の中の四字の表現を抜き出して書け。

鑑賞文

そういった様子は，実は，具体的なスローガンの(　a　)，「　b　」という描写，「校舎の壁」という場面設定で，十分に伝わってくる。

2　添削者は，イの添削例に「風化しそうになりながらも，まだ主張しつづける文字の，最後の意地のようなもの」が表れたとしている。その理由を，具体的な表現に基づいて説明せよ。

3　添削者が，どの添削例においても，「ひっそりと」を削除した理由を予想して書け。

(☆☆☆◎◎◎)

【4】平成20年3月告示の小学校学習指導要領国語の内容に関する次の1～3の問いについて，小学校学習指導要領解説国語編(平成20年8月文部科学省)を踏まえて答えよ。

1　自ら学び，課題を解決していく能力の育成を重視し，各領域の指導事項を構成するに当たり配慮したことを，一領域を例に挙げて書け。

2　「A話すこと・聞くこと」の聞くことに関する指導事項における系統性について，(　ア　)～(　ウ　)の空欄に当てはまる内容を書け。

第1・2学年	(　ア　)を落とさないようにしながら，興味をもって聞くこと。
第3・4学年	話の中心に気を付けて聞き，質問をしたり(　イ　)たりすること。
第5・6学年	話し手の意図をとらえながら聞き，(　ウ　)などして考えをまとめること。

3　小学校第5・6学年「B書くこと」の「オ　推敲に関する指導事項」を踏まえ，児童が進んで自分の記述内容を見直し，表現の効果について確かめることにつながる学習指導上の工夫を考えて書け。

(☆☆☆◎◎◎)

【5】次の(1)～(4)の問いに答えよ。

(1)　$-9-32\div(-4^2)$を計算せよ。

(2)　$\frac{3x-y}{5}-\frac{x-y}{2}$を計算せよ。

(3)　縦の長さが$a+b$，横の長さが$a-b$の長方形がある。この長方形と等しい面積になる正方形の1辺の長さを求めよ。ただし，$a>b$とする。

(4)　100までの自然数で，2の倍数でも3の倍数でもない数はいくつあるかを求めよ。

(☆☆◎◎◎)

【6】次の表は，あるそば屋さんの6日間のそばの売り上げ数を145杯を基準にして，それより多いときは正の数，少ないときは負の数で表したものである。このとき，売り上げ数の平均を求めよ。

曜　日	月	火	水	木	金	土
売り上げ数(杯)	－17	＋19	－13	＋8	＋11	＋40

(☆☆◎◎◎)

【7】次の図のように，点P(－2，2)を中心とする半径2の円と，放物線$y=ax^2$…①，直線$y=x+b$…②がある。放物線①と直線②は円の中心Pを通り，図のように円と直線②との交点を，x座標の大きい順にA，Bとする。あとの(1)～(3)の問いに答えよ。

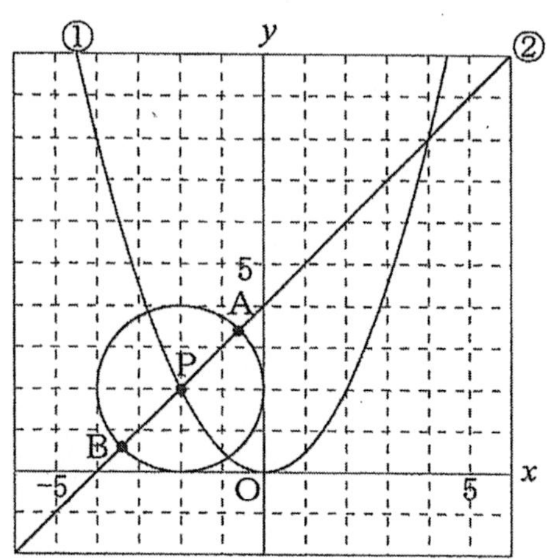

(1)　aの値を求めよ。

(2)　点Aの座標を求めよ。

(3)　点Bを通る円の接線を作図せよ。

(☆☆◎◎◎)

【8】次の(1)，(2)の問いに答えよ。

(1)　あきらさんは，1,000円をもって買い物に出かけた。次のA～Cの品物を1つずつ買ったとき，おつりは少なくても何百円もらえるのかを，それぞれの代金を上から1桁の概数にして考えた。あきらさんの考えを言葉と式を用いて説明せよ。

A　190円	B　200円	C　340円

(2)　定価1,000円のお菓子がある。定価のa割の値段をつけたが，さらにそれからb割引きにして売った。売ったときのお菓子の値段をa，bを用いた式で表せ。ただし，消費税は考えないものとする。

(☆☆◎◎◎)

【9】次は，平成26年度秋田県小学校学習状況調査第4学年算数の問題である。この問題の通過率は，34.9％であった。下の(1)，(2)の問いに答えよ。

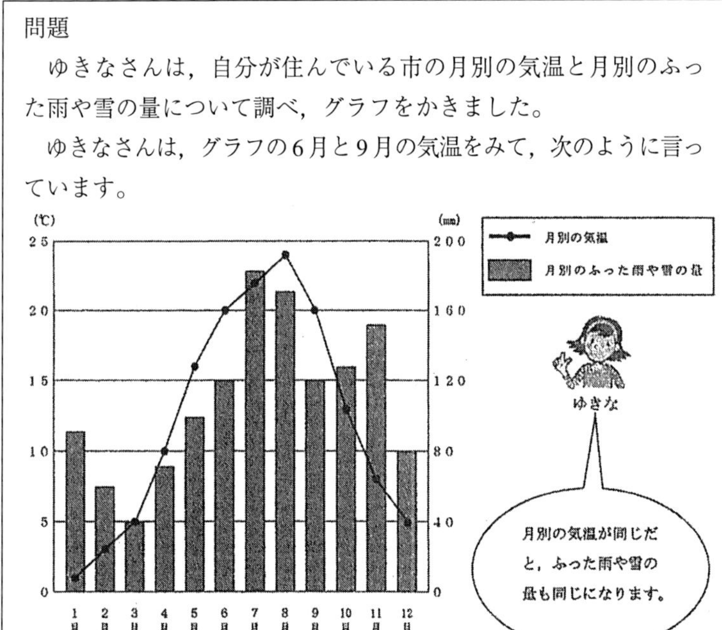

問題

ゆきなさんは，自分が住んでいる市の月別の気温と月別のふった雨や雪の量について調べ，グラフをかきました。

ゆきなさんは，グラフの6月と9月の気温をみて，次のように言っています。

ゆきなさんが言っていることは，どの月でも正しいといえますか。「正しい」か「正しくない」か，どちらかを○で囲みましょう。また，そのわけを，言葉と数を使って□の中に書きましょう。

(1)　この問題では，児童のつまずきとして，どのようなことが考えられるか，簡潔に1つ記述せよ。

(2)　(1)で挙げた児童のつまずきを踏まえ，授業改善の方策を具体的に記述せよ。

(☆☆◎◎◎)

○【10】～【12】の設問において，「小学校学習指導要領(平成20年3月告示)第2章　第2節　社会」を「学習指導要領」と記す。また，「おおむね満足できる」状況(B)，「努力を要する」状況(C)は，「評価規準の作成，評価方法等の工夫改善のための参考資料【小学校　社会】(平成23年11月文部科学省)」によるものである。

【10】次の会話は，日本の位置と領土について，地図と地球儀を見て話し合っているところである。(1)～(3)の問いに答えよ。

会話

児童A	：日本の四つの大きな島と多くの島々は，南北に連なっているよ。日本の領土はどこまでかな。
児童B	：北の端の島は(　a　)だね。
児童C	：南の端の島は(　b　)だよ。
児童B	：東の端の島が位置する都道府県は(　c　)だね。
児童C	：西の端の島が位置する都道府県は(　d　)だよ。
児童A	：日本の領土は東西にも広く，東の端と西の端では経度がとても違うんだね。
児童B	：緯線や経線を見ると，秋田県内で北緯40°，東経[　X　]が交わっているよ。
先生	：<u>秋田県から北緯40°の緯線上を東側にたどり一周すると，どんな大陸や海洋を通りますか。</u>

(1)　(　a　)，(　b　)に入る適切な島名を，一つずつ選んで記号を書け。

ア　国後島　　イ　竹島　　ウ　与那国島　　エ　魚釣島
オ　西表島　　カ　沖ノ鳥島　　キ　択捉島　　ク　南鳥島

(2) (c), (d)に入る適切な都道府県名を，それぞれ書け。また，その都道府県が位置する地方の名称を，一つずつ選んで記号を書け。

ア 北海道地方　イ 東北地方　ウ 関東地方
エ 中部地方　オ 近畿地方　カ 中国地方
キ 四国地方　ク 九州地方

(3) [X]に当てはまる数値を，一つ選んで記号を書け。また，下線部について地球儀で確認させ，分かったことを記述させたとき，「おおむね満足できる」状況(B)と判断できる記述内容を，下の文章の空欄にあてはまる形で書け。

ア 125°　イ 130°　ウ 135°　エ 140°

秋田県から北緯40°の緯線上を，東側にたどっていくと(　　　)などの大陸や海洋を順に通り，秋田県にもどる。

(☆☆☆◎◎◎)

【11】次の表は，児童が文化の特色についてまとめたものである。(1)～(4)の問いに答えよ。

表

時代	京都に都が置かれ貴族が栄えていたころ	京都の室町に幕府が置かれていたころ	江戸に幕府が置かれていたころ	東京に皇居が移されたころ
文化財などの写真	①	②	浮世絵「東海道五十三次」	「学問のすすめ」
人物	藤原道長	雪舟	X	Y
文化の特色	A 貴族は，寝殿造りの大きなやしきでくらしていた。かな文字がつくられた。紫式部が「源氏物語」を，清少納言が「枕草子」を書いた。	B 金閣寺や銀閣寺などが建てられた。障子，ふすま，生け花など，今の私たちの生活に受け継がれている文化が生まれた。	C 歌舞伎を見たり，浮世絵を楽しんだりする人々が増え，国学や蘭学も広まった。町人の文化が栄え，新しい学問が起こった。	D 建物や服装，食べ物などが西洋風になり，西洋の学問も紹介された。社会に欧米の文化が広まり，近代化が進められた。

(1)　①と②には，各時代を代表する文化財の写真が入る。写真ア～エから適切なものを，一つずつ選んで記号を書け。

写真

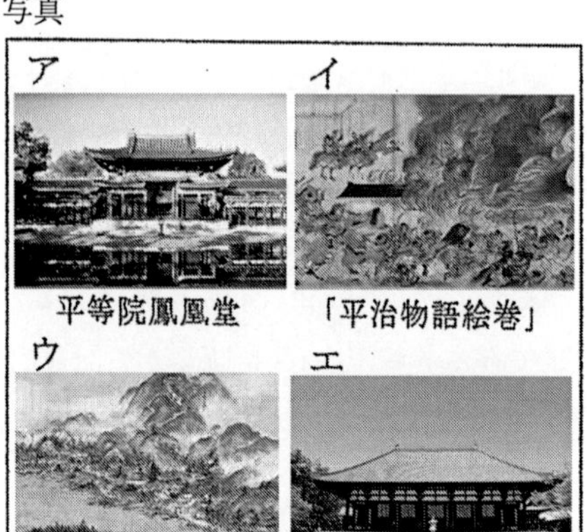

(2)　Xには浮世絵「東海道五十三次」を描いた人物名が，Yには「学問のすすめ」を著した人物名が入る。適切な人物名をそれぞれ書け。

(3)　表の下線部の研究者であり，秋田県民歌にも取り上げられている人物を，一人選んで記号を書け。

ア　本居宣長　　イ　平田篤胤　　ウ　杉田玄白　　エ　伊能忠敬

(4)　文化の特色についてまとめた表のA～Dの記述内容から，「努力を要する」状況(C)と判断するものを，一つ選んで記号を書け。また，そのように判断した理由を書け。

(☆☆☆◎◎◎)

【12】「学習指導要領」〔小学校第3学年及び第4学年〕2内容(4)に関する問題である。(1)，(2)の問いに答えよ。

(1)　「火災」の他に，選択して取り上げる内容として示されている「災害」を二つ書け。

(2)　「地域社会における災害の防止」の学習で，授業のねらいを次のように定めた。このねらいに基づいて，まとめにおける「おおむね満足できる」状況(B) と判断できる児童の記述内容を設定した。学習する具体的事例に触れて，その記述内容を書け。

ねらい

火災が発生したとき，関係の諸機関が相互に連携して，緊急に対処する体制をとっていることが分かる。

(☆☆☆◎◎◎)

【13】次の文は，小学校学習指導要領(平成20年3月告示)第2章第4節理科に示されている第5学年の目標である。下の(1)～(3)の問いに答えよ。

(1) （　A　），振り子の運動，電磁石の変化や働きをそれらにかかわる条件に目を向けながら調べ，見いだした問題を計画的に追究したりものづくりをしたりする活動を通して，物の変化の規則性についての見方や考え方を養う。 (2) [a]植物の発芽から結実までの過程，[b]動物の発生や成長，流水の様子，（　B　）を条件，時間，水量，自然災害などに目を向けながら調べ，見いだした問題を計画的に追究する活動を通して，生命を尊重する態度を育てるとともに，生命の連続性，流水の働き，気象現象の規則性についての見方や考え方を養う。

(1) A，Bに当てはまる語句を，次からそれぞれ1つずつ選んで記号を書け。

ア　物と運動　　イ　物と温度　　ウ　物と重さ
エ　物の溶け方　　オ　物のすがた　　カ　天気の様子
キ　天気の変化　　ク　天気の予想　　ケ　天気と気温
コ　天気と環境

(2) 下線部aの指導において，児童に植物の成長と日光や肥料などの関係を調べさせたあと，生命尊重の立場からどのようなことに配慮することが望ましいか，小学校学習指導要領解説理科編(平成20年8月文部科学省)に基づいて書け。

(3)　下線部bの学習において，人の母体内での成長については直接観察することが難しいので，どのようなことと関係付けながら指導すればよいか，小学校学習指導要領解説理科編(平成20年8月文部科学省)に基づいて書け。

(☆☆☆☆◎◎◎◎◎)

【14】第4学年「月と星」の学習について，次の(1)，(2)の問いに答えよ。

(1)　ある児童が月の観察を行い，結果を図1のように記録した。月の位置の変化を捉えさせるためには，図1にどのようなことをかき加えるよう指導すればよいか，小学校学習指導要領解説理科編(平成20年8月文部科学者)に基づいて3つ書け。

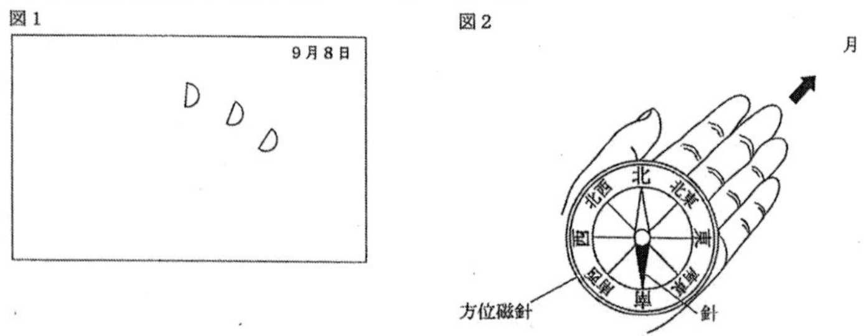

(2)　月の方位を調べるために，ある児童が図2のように方位磁針を水平に持ち，月の方向を向いた。このあとの方位磁針の操作についてどのように指導すればよいか，書け。

(☆☆☆◎◎◎◎)

【15】第6学年の学習で取り扱う気体について，次の(1)～(3)の問いに答えよ。

(1)　窒素，酸素，二酸化炭素について説明した次のア～オのうち，二酸化炭素だけに当てはまるものはどれか，すべて選んで記号を書け。

ア　無機物である

イ　化合物である

ウ　物を燃やす働きがある

エ　石灰水に通すと白くにごる
オ　肺静脈を流れる血液より，肺動脈を流れる血液に多く含まれる

(2)　児童に空気中の酸素の体積の割合を気体検知管を用いて調べさせたところ，色の変わった部分が図のようになった。このとき，目盛りの読み方をどのように指導し，何％と読ませるか，書け。

図

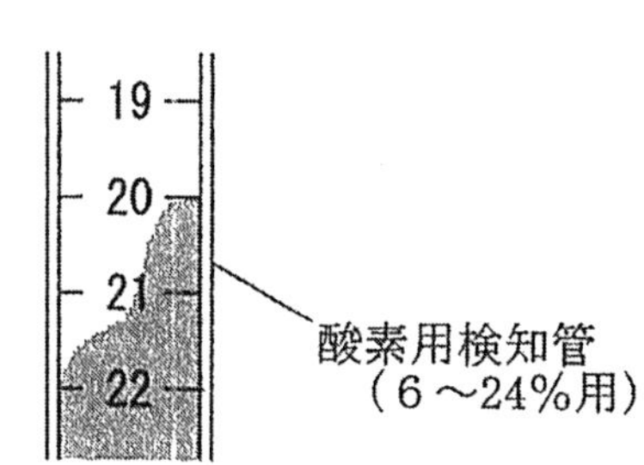

(3)　理科室で炭酸カルシウムにうすい塩酸を加えて二酸化炭素を発生させた。このときの化学反応式を書け。

(☆☆☆◎◎◎◎)

【16】次の(1)，(2)の問いに答えよ。

(1)　第3学年「磁石の性質」の学習において，児童に，2つの棒磁石の同極は退け合うことを視覚的に捉えさせるためには，どのような演示実験をすればよいか。実験に用いる器具の名称を示し，図と言葉でかけ。

(2)　第5学年「電流の働き」の学習において，ある児童が導線の巻数と電磁石の強さの関係を調べるために，図のような実験の計画を立てた。しかし，この計画では実験の条件が制御されているとは言えない。条件が適切に制御された計画になるよう，この児童に対してどのようなことを指導すればよいか，制御されていない条件を示して書け。

図

実験計画書

〈問題〉　導線のまき数をふやすと、電磁石の強さはどうなるか。

〈予想〉　導線のまき数をふやすと、電磁石は強くなる。

〈確かめる方法〉
1　まき数100回の電磁石と、まき数200回の電磁石を準備する。
2　下の図のような回路をつくり、まき数100回の電磁石に鉄のゼムクリップが何個付くか調べる。
3　電磁石をまき数200回のものにかえて、同じように実験をする。
4　それぞれのゼムクリップの数を比べる。

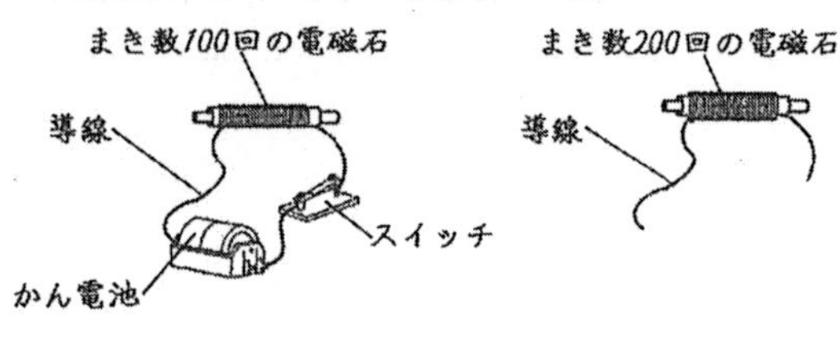

(☆☆☆☆☆◎◎)

【17】次の(1)～(4)の問いに答えよ。

(1)　図は，人の心臓のつくりを示した模式図である。A～Dのうち，左心室はどれか，1つ選んで記号を書け。

図

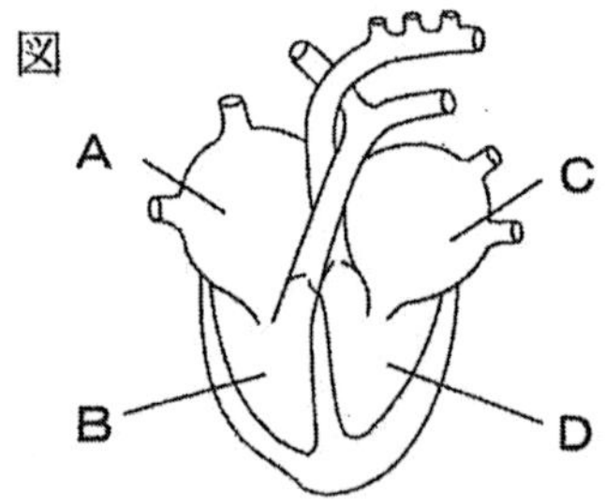

(2)　酸化銅と炭素粉末の混合物1.72gを加熱したところ，酸化銅と炭素粉末が過不足なく反応して，銅1.28gが生成し，二酸化炭素が発生した。このように，酸化物が酸素をうばわれる化学変化を何というか，書け。また，このとき発生した二酸化炭素の質量は何gか，求めよ。

(3)　なめらかな水平面上で，質量1.0kgの物体Pが右向きに速さ4.0m/sで等速直線運動をしている。この物体Pに力Fを加えたところ，向きは変わらず速さが6.0m/sになった。このとき，力Fが物体Pにした仕事は何Jか，求めよ。

(4)　次のア～カの火成岩を，グループ分けする基準を考え，表のようにまとめた。Aのグループに当てはまるものを次のア～カからすべて選んで記号を書け。

ア　流紋岩　　イ　花こう岩　　ウ　閃緑岩　　エ　安山岩
オ　玄武岩　　カ　斑れい岩

表

分ける基準	岩石のグループ		
マグマの冷え方の違い	急冷 A	徐冷 B	
岩石の色の違い	白っぽい ア、イ	灰　色 ウ、エ	黒っぽい オ、カ

(☆☆☆◎◎)

【18】次の(1)，(2)の問いに答えよ。

(1)　表は，「小学校，中学校，高等学校及び特別支援学校等における児童生徒の学習評価及び指導要録の改善等について」(平成22年5月文部科学省初等中等教育局長通知)において示された，生活科における評価の観点である。a～cに当てはまる語句をそれぞれ書け。

表

生活科における評価の観点	(a)への関心・意欲・態度
	活動や(b)についての思考・表現
	身近な環境や自分についての(c)

(2)　次の文は，小学校学習指導要領(平成20年3月告示)第2章第5節生活の内容(8)を示したものである。

(8)　自分たちの生活や(　ア　)の出来事を身近な人々と伝え合う

活動を行い，身近な人々と(　イ　)の楽しさが分かり，進んで交流することができるようにする。

① ア，イに当てはまる語句をそれぞれ書け。

② 下線部においては，言葉による交流だけではなく，どのようなことを重視しなければならないか，小学校学習指導要領解説生活編(平成20年8月文部科学省)に基づいて書け。

(☆☆☆☆◎◎◎)

解答・解説

【1】1 a 貢献　b 訴(える)　c 分裂　2 希望や信念が集団で共有され，それが集団として利益となり，生き残ってきたということ。　3 イ　意味…やわらかな断定　4 成功の主要因は創造的な挑戦であるのに，信じつづけることが成功の主要因であるかのように語られ続けてきたから。

〈解説〉2 現代の私たちはどのような人々の末裔なのかを，今までの内容を踏まえてまとめてみるとよい。　4 成功の主要因について，筆者は「創造的な挑戦」と考えているのに対し，世間一般は「信じつづけること」という単純な表現で捉えられている。そのギャップを筆者は「誤解」と考えていることを踏まえて，まとめるとよい。

【2】(1) 下駄に　(2)「下駄に」は，ここでは「下駄の上」を指すが，下駄の上にいることができるのは，小さなものだけだから。

2 月見をするために庭に出ようとしたが，すいっちょも同じ目的で先に下駄の上から見ているようだったから。

〈解説〉(1)「第一連と第三連」，「小さな生き物」という部分から「下駄に」が該当すると予測できる。　2「先客」とあることから，作者とすいっちょが同じ目的であると考えられる。その目的は「あかるい月が…」とあること，下駄を使って外に出るのをためらっていることから，月見であることが予想される。さらに月の明るさと月見という行動から，月が大きくきれい(満月)であることが想像できる。

【3】1　a　引用　　b　文字淡く　　2「淡く」から時が経っているのを感じ，「校舎の壁にはりついて」いるからそれでもまだそこにしぶとく存在していることが伝わってくるから。　3「淡く」という言葉が「ひっそり」という言葉の意味と重なるから。
〈解説〉1　a　スローガンを書き写していることから「引用」が適当である。　b「痛々しい」のは，消えかかっているためであると考え，適切な表現をさがす。　2「まだ主張しつづける」「最後の意地」がどの言葉に関連しているかを考えてみるとよい。　3　短歌は三十一文字で表現をしなければならないので，同じ意味または類似している言葉の使用は避ける必要がある。添削者は「…文字淡く」には手を加えておらず，「校舎の壁…」の表現を変えていることを踏まえて考えるとよい。

【4】1　解答略　　2　ア　大事なこと　　イ　感想を述べ　　ウ　自分の意見と比べる　　3　解答略
〈解説〉1　例えば「書くこと」についてなら，書くことの課題を決める事項や，書いたものを交流する事項などを設置し，学習過程全体が分かるような内容を構成する。また，「読むこと」についてなら，音読や解釈，目的に応じた読書などを示す。　3　自分の評価，つまり自己評価だけではなく，相互評価も積極的に取り入れる等を中心にまとめるとよい。

【5】(1)　-7　　(2)　$\dfrac{x+3y}{10}$　　(3)　$\sqrt{a^2-b^2}$　　(4)　33個
〈解説〉(1)　与式$=-9-32\div(-16)=-9+2=-7$

(2)　与式$=\dfrac{2(3x-y)-5(x-y)}{10}=\dfrac{6x-2y-5x+5y}{10}=\dfrac{x+3y}{10}$

(3)　正方形の一辺をxとすると，$x^2=(a+b)(a-b)=a^2-b^2$

$x=\sqrt{a^2-b^2}$　(4)　2の倍数は50個，3の倍数は33個，6の倍数は16個であるから，2または3の倍数は50＋33－16＝67〔個〕。したがって，2または3の倍数でない数は100－67＝33〔個〕となる。

【6】153杯

〈解説〉$(-17+19-13+8+11+40)\times\frac{1}{6}+145=48\times\frac{1}{6}=153$〔杯〕

【7】(1)　$a=\frac{1}{2}$　(2)　A$(-2+\sqrt{2},\ 2+\sqrt{2})$

(3)

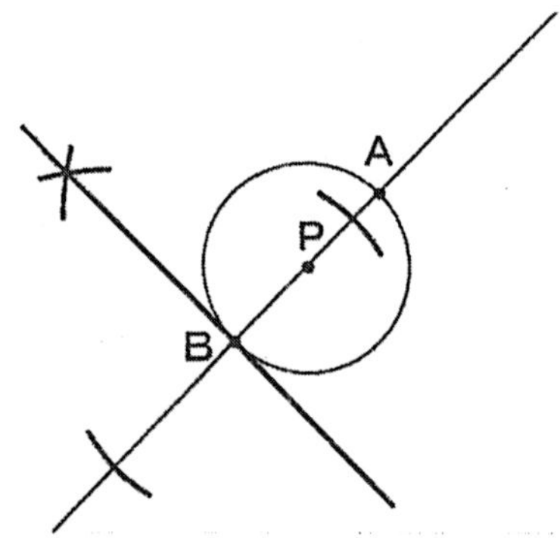

〈解説〉(1)　放物線$y=ax^2$が点P$(-2,\ 2)$を通るから，$2=a(-2)^2$より，$a=\frac{1}{2}$となる。　(2)　直線$y=x+b$が点P$(-2,\ 2)$を通るから，$2=-2+b$，$b=4$である。したがって，

$$\begin{cases}(x+2)^2+(y-2)^2=4\\ y=x+4\end{cases}$$

を解いて，$(x+2)^2+(x+4-2)^2=4$，$(x+2)^2=2$，これを解いて$x=-2\pm\sqrt{2}$となる。よって，$(x,\ y)=(-2+\sqrt{2},\ 2+\sqrt{2})$，$(-2-\sqrt{2},\ 2-\sqrt{2})$

∴　A$(-2+\sqrt{2},\ 2+\sqrt{2})$である。

(3)　点Bを通り，直線②に垂直な直線を作図すればよい。点Bを通る任意の円を描き，直線②との交点をC，Dとする。2点C，Dを中心として同じ半径の2円を描き，その交点をEとする。2点B，Eを結ぶ直線が点Bにおける接線である。

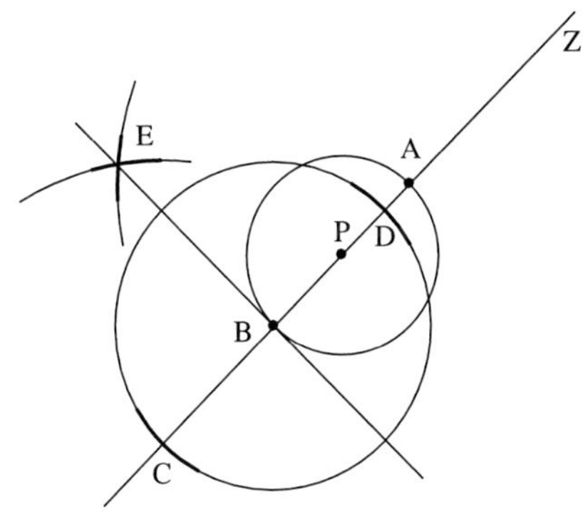

【8】(1)　問題に「少なくとも何百円」とあるので，各品物の上から2桁目を切り上げる必要がある。したがって，品物Aを200円，品物Bを200円，品物Cを400円と考える。したがって，1000円でのおつりは少なくとも$1000-(200+200+400)=200$〔円〕となる。

(2)　$100a\left(1-\frac{b}{10}\right)$円

〈解説〉(2)　$1000\times\frac{a}{10}-\left(1000\times\frac{a}{10}\right)\times\frac{b}{10}=100a\left(1-\frac{b}{10}\right)$

【9】(1)　・6月，9月だけでなく，他の月のデータを見ていない。
・折れ線グラフと棒グラフの特徴を理解していない。など

(2)　・6月，9月だけでなく，月別の気温・月別のふった雨や雪の量が近い月同士を比べる。　・折れ線グラフと棒グラフの特徴や違いを理解させる。など

〈解説〉例えば，3月と12月を見ると，気温がほぼ同じであるのに対し，月別のふった雨や雪の量は約40mm異なる。授業では，折れ線グラフと棒グラフの特徴を理解すると同時に，データ全体を見渡し，その傾向を分析する力を指導するようにしたい。

【10】(1)　a　キ　　b　カ　　(2)　c　都道府県…東京都　　地方…ウ　d　都道府県…沖縄県　　地方…ク　　(3)　X…エ　　記述内容…(秋田県から北緯40°の緯線上を，東側にたどっていくと)太平洋，北アメリカ大陸，大西洋，ユーラシア大陸(などの大陸や海洋を順に通り，秋田県にもどる。)

〈解説〉(1)(2)　日本の各端はよく出題されるので確認しておくこと。北端である択捉島は北海道，南端である沖ノ鳥島は東京都，東端である南鳥島は東京都，西端である与那国島は沖縄県に属する。　(3)「おおむね満足できる」内容なので，国や都市などを省いた記述と予測できる。

【11】(1)　①　ア　　②　ウ　　(2)　X　歌川広重　　Y　福沢諭吉　(3)　イ　　(4)　記号…A　　理由…事実の列挙のみしか記されておらず，文化の特色についての記述が不十分であるから。

〈解説〉(1)　①　平等院鳳凰堂は，藤原道長の子供である頼通が建立したものである。　②　人物に「雪舟」とあるので，水墨画を選択する。「天橋立図」は国宝に指定されている。　(2)　Xは葛飾北斎との混同に注意すること。　(3)　国学であるからアかイであるが，「秋田県民歌にも取り上げられている」から，秋田出身である平田篤胤が該当する。なお，本居宣長は伊勢国(三重県)出身である。　(4)　Aには文化の背景や暮らしなどの特色について触れられていない。文化がつくられた背景や，その時代に暮らしていた人間の様子などを書けば評価が上がるだろう。

【12】(1)　風水害・地震　　(2)　火災が発生した時は，消防署だけではなく，警察署なども協力して，一刻も早く，火を消すように動く必要がある。このように，私たちの生活を守るために，多くの人々が協力と努力をしている。

〈解説〉(1)　学習指導要領解説には「地域の実態や児童の生活経験，関心などを踏まえて，火災，風水害，地震などの中から一つを選択して取り上げることが考えられる」とある。 (2) 評価を上げるには，警察署や消防署だけでなく，地域の人々や消防団などについても言及する必要がある。また，まとめとして，「自分の安全は自分で守ることが大切」という内容も添えるとよい。

【13】(1) A エ B キ (2) 生命尊重の立場から，花壇などに植え替えるなどして，実験に利用した植物を枯らさないように配慮する。 (3) 母体内で，胎児が連続的に成長していくことを魚の卵の成長と関連付けながらとらえられるようにする。

〈解説〉(1) 各学年の目標は，特徴的な用語を用いて特色を出している。学年が変わっても表現が変わらない部分と，変わっている部分に分け，他学年と比較をしながら覚えておくとよい。 (2) 小学校学習指導要領解説の改訂の趣旨で，生物を尊重する態度の育成と環境保全の観点が強調されている。また，動植物を扱う範囲においては，環境教育の観点が重視されている点もおさえておく。 (3) なお，第3～4学年の目標には，「生物を愛護する態度を育てる」，第5～6学年の目標には「生命を尊重する態度を育てる」という文言が見られる。ニュアンスは異なるが，生命に対する態度が全学年の目標に記述されていることは着目すべきであろう。

【14】(1) 時刻，木や建物など地上の物，方位 (2) 色のついた針が北を指していることを確認し，色のついた針と方位磁針の文字盤の北を合わせる。そして，調べる物の方向の方位を読む。

〈解説〉(1) 学習指導要領解説では「任意の時刻における月の位置を，木や建物など地上の物を目印にして調べたり，方位で表したりする活動を行い，月の位置が時間の経過に伴って変わることを捉えるようにする」という記述が存在する。ここから，時刻，方位，地上の基準物の3点の客観的指標を基に，日に日に変化する月の位置を正確に把握することを記述する。 (2) 方位磁針の使い方については，①針が自由に動くように方位磁針を地面に対して水平に持つ，②方位を調べる物の方向を向き，方位磁針を回して針と文字盤の「北」の文字とを合わせる，③調べる物の方位を読む，の順番を覚えておくとよい。

【15】(1)　イ，エ，オ　　(2)　斜めに色が変わっている場合は，色が変わった部分の真ん中の目盛りを読む，と指導する。この場合は21％となる。　(3)　$CaCO_3+2HCl \rightarrow CaCl_2+CO_2+H_2O$

〈解説〉(1)　ア　一般的には炭素を含まない物質を無機物と考えてよいが，二酸化炭素や一酸化炭素は炭素を含むが無機物質である。
イ　単一元素で構成される物質を単体，複数の元素で構成される物質を化合物という。　ウ　物を燃やすはたらきは酸素に特徴的な性質である。　エ　石灰水を白く濁らせる反応は，二酸化炭素の検出反応に用いる。　オ　肺動脈は肺から血液を送り出す血管で酸素を多く含む。肺静脈は全身を巡った血液を肺に送るため酸素が少ない。　(2)　検知管の変色している付近の色の濃さが変わっており，境目がはっきりしないときは，中間の濃さの目盛りを読み取る。　(3)　炭酸カルシウムに塩酸などの強酸を加えると，カルシウムと強酸の塩と二酸化炭素と水を生じる。小学校，中学校段階では化学反応式は取り扱わないが，二酸化炭素を発生させるためによく用いられる反応であるため，反応式まで把握しておこう。

【16】(1)

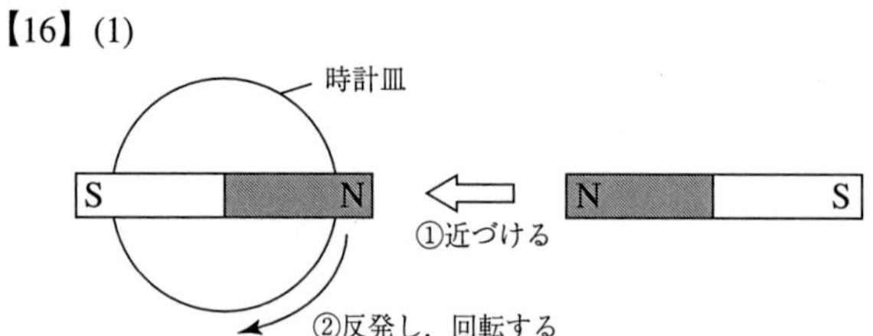

(2)　巻き数100回の電磁石を含む回路と巻き数200回の回路全体で使用している銅線の長さを等しくしなければならないことから，巻き数100回の電磁石の回路にはコイルに巻かなかった100回巻分の銅線を余らせておかなくてはならないことを指摘する。

〈解説〉(1)　一方の棒磁石に対してもう一方の棒磁石を近づけることで，近づけられた方の棒磁石が遠ざかる様子を確認させる必要がある。したがって，一方の棒磁石を時計皿の上に乗せる等によって，摩擦を少なくするような工夫をする。　(2)　学習指導要領解説には，「変える条件と変えない条件を制御して実験を行う」がある。この実験において，変える条件はコイルの巻き数であるため，変えない条件を明確にする。回路全体の銅線の長さを変えないため，100回巻については銅線を100巻分だけ余らせることを指摘すること等が考えられる。

【17】(1)　D　(2)　化学変化…還元　質量…0.44g　(3)　10J
(4)　ア，エ，オ

〈解説〉(1)　まず，心臓の場所の名称は上下で変わる。上側を心房，下側を心室という。また，左右の区別は，体の左半身にある方が「左」，右半身が「右」となる。したがって，正面から見た場合と左右の判別が逆になる。　(2)　反対に酸素と化合する化学変化を酸化と呼ぶ。酸化銅と炭素粉末が過不足なく反応したため，質量保存の法則より，生成物の銅1.28gと発生した二酸化炭素の質量を合わせると，最初の混合物の質量1.72gと等しくなる。よって二酸化炭素の質量は，1.72－1.28＝0.44［g］である。　(3)　運動エネルギーの変化は，された仕事に等しいため，物体の質量をm［kg］，変化前の速さをv_1［m/s］，変化後をv_2［m/s］とすると，物体Pにした仕事W［J］$=\frac{1}{2}mv_2{}^2-\frac{1}{2}mv_1{}^2$より，$W=\frac{1}{2}\times1.0\times6.0^2-\frac{1}{2}\times1.0\times4.0^2=10$［J］
(4)　火成岩は溶岩が地上付近で急冷されてできた火山岩と，地下深くでゆっくりと冷えて固まった深成岩に大別される。火成岩は色が白っぽいものから，流紋岩，安山岩，玄武岩であり，深成岩は，色が白っぽいものから，花こう岩，閃緑岩，斑れい岩である。

【18】(1)　a　生活　　b　体験　　c　気付き　　(2)　①　ア　地域　イ　かかわること　　②　表情やしぐさ，態度といった感情による交流も重視する。

〈解説〉(2)　小学校学習指導要領解説では，「伝え合う活動」について「言葉による交流だけではなく，感情の交流も行われることを重視しなければならない」としており，その具体例として自分のことを伝えている児童とじっくりと聞いてくれる児童のことについて示している。

2015年度　実施問題

【1】次の文章を読んで，あとの1～4の問いに答えよ。

人はものを知らアないから無知であるのではイない。いくら物知りでも，今自分が用いている情報処理システムを変えたくウないと思っている人間は，進んで無知になる。自分の知的枠組みの組み替えを要求するような情報の入力を拒否する我執を，無知と呼ぶのである。

個人的な経験を一つご紹介しよう。今から30年ほど前，まだ東京の自由が丘道場に通っていた頃の話である。

ある夏の夕方，家を出て，道場に向かって歩き始めたところ，突然UFOに遭遇した。白とオレンジのライトをぎらぎらさせた，たいへん自己主張の強い円盤が，夏の夕方の青空にきっぱりと浮いていたのである。

私はすっかり度肝を抜かれて，なすすべもなく呆然（ぼうぜん）と空を見上げた。誰かに「私が見ているあれは何でしょう」という確認の問いを向けたいと思ったのだが，あいにく住宅街のaカンセイな道路は人通りがエない。

しばらく待つと，中年の女性が前方から歩いてきた。やれうれしやと，「あの……，あれですけど」と空に向けて指を向けながら，その女性に話しかけた。彼女は視線を道路に落としたまま，私に一瞥（いちべつ）もくれずに，歩き去った。

そのときに「なるほど」と思った。たぶん，この同じ時間に，この住宅地周辺ではUFOを何十人か何百人かが見ている(はずである。何しろ，映画『未知との遭遇』そのままのぎらぎらした飛行物体が夏の青空に浮いていたのだから)。けれども，その経験を「私はUFOを見た」というふうに総括し，人にも語る人間はごく一部にとどまったのだと思う。

私は翌日の新聞を隅から隅まで精査したが，「尾山台上空に怪光」というような記事は，どこにも出ていなかったからである。

なるほど，あれは「ないこと」になっているのか。「何かを見た人」も「私は何も見ていない」というふうに記憶を改変しているのか。

そのときに私は，①「無知」というものがきわめて力動的な構造をもって，そのつどの自己都合によって作り出されているということを知ったのである。

自分の手持ちの世界観が揺らぎ，度量衡が適用できないような事態に遭遇したとき，人は無知によって武装する。それは狸(たぬき)があるレベルを超える危機に遭遇すると仮死状態にbオチイるのと似ている。

②それは長く教壇に立ってきて気づいた経験知とも符合する。多くの人は学生たちの無知を知識の不足のことだと考えているが，実際に教える立場になると，それが違うということはよくわかる。学生たちには知識や情報や技術が不足しているわけではない。人間は放っておいても，驚くべき勢いで知識を身に着け，情報を取り込み，技術を習得する。人間のうちには「学ぶ」ことへの根源的な衝動が間違いなく存在するのである。

無知とはそれを妨げる力のことである。「学び」を阻止し，抑制せんとする懸命な努力のことである。

だから，多くの人が考えているのとは違って，大学教育とは，何か有用な知識や技術を「加算」することではない(そう信じている教師も少なくはないが)。そうではなくて，「学び」への衝動の自然なcハツロを妨害している学生たち自身の「無知への居着き」を解除することなのである。

学校教育がなすべき第一のことは，学生たちの頭にぎっしり詰まって，どろどろに絡(から)みついて，ダイナミックな「学び」の運動を妨げているジャンクな情報を「抜く」ことなのである。

(内田(うちだ)　樹(たつる)『修業論』による)

1　aカンセイ　bオチイる　cハツロ　を漢字に直して書け。

2　文章中のア～エの　ない　の中で，一つだけ異なる品詞を記号で選び，その品詞名を書け。

3　文章中の　①「無知」というものがきわめて力動的な構造をもって，そのつどの自己都合によって作り出されている　とはどのようなことか，説明せよ。

4　②それは長く教壇に立ってきて気づいた経験知とも符合する　とあるが，ここでの「経験知」とは何か，説明せよ。

(☆☆☆◎◎◎)

【2】次は，詩について教材研究をしているA教諭とB教諭の会話の一部である。詩と会話文を読んで，あとの1～3の問いに答えよ。

【教材研究で取り上げた詩】

　　きりん　　　まど・みちお

きりん
きりん
だれがつけたの?
すずがなるような
ほしがふるような
日曜の朝があけたような名まえを

ふるさとの草原をかけたとき
一気に一〇〇キロかけたとき
一ぞくみんなでかけたとき
くびのたてがみが鳴ったの?
もえる風になりひびいたの?
きりん
きりん
きりりりん

きょうも空においた
小さなその耳に
地球のうらがわから
しんきろうのくにから
ふるさとの風がひびいてくるの?
きりん
きりん
きりりりん

【A教諭とB教諭の会話の一部】

A　まずは，この詩の形式を確認する必要があるわね。この詩は三連からなる(　①　)ね。

B　次は，表現についてだけれど，「すずがなるような」「ほしがふるような」「日曜の朝があけたような」に使われている(　②　)表現が特徴的だね。また，きりんの名前を「きりん　きりん　きりりりん」と，きりんの名前の響きに着目して(　③　)として表現しているのもおもしろいね。

A　子どもたちは，きっと楽しんで音読するでしょうね。雄大なサバンナを疾走するきりんの姿を連想して音読するのではないかしら。

B　それは，二連の音読を中心に考えたときだね。でも，音読の仕方については，詩の全体を俯瞰して考えることが大切だよ。特にこの詩は，④三連に音読の仕方と内容の理解についてのポイントがあると思うよ。

1　(　①　)に当てはまる詩の形式について，漢字五字で書け。

2　(　②　)(　③　)に当てはまる表現技法について漢字で書け。

3　B教諭は「④三連に音読の仕方と内容の理解についてのポイントがある」と述べているが，この詩において望ましい音読の仕方と，また，その根拠について書け。

(☆☆☆◎◎◎)

【3】次のⅠとⅡの二つの文章を読んで，下の1～4の問いに答えよ。

Ⅰ

*①作意ある人のかふ犬有り。名を廿四(二十四)とつけたり。廿四廿四とよべば，きたる。なにとしたる子細(しさい)にやととふ。*しろく候は。さてげにもげにもとかんじ，家にかへり白犬をもとめ廿四とよぶ。②いかなる心もちぞとたづねられ，しらう(ろ)候は。

*作意ある人…言葉に工夫を凝らす人
*しろく………白く。掛け算(九九)の「四六」を掛ける。

Ⅱ

*物書者(ものかくもの)をたのみ，*文壱つあつらへ。*あて所(ところ)をとへば，新(しん)のくと書(かい)て給れ。新六(しんろく)とこそかかるれ，のくと云字はしらぬ。扨(さて)③そなたはあさましや。六日市(いち)のむいの字をさへしらぬか。

*物書者……………文字や文章の書けない人の代わりに書く人
*文壱つあつらへ…手紙を一通つくった
*あて所…………手紙を送る相手の名前

(文章Ⅰ，Ⅱとも『醒睡笑』による)

1　①作意ある人　が自分の飼い犬を「廿四」とよぶ理由を書け。
2　②いかなる心もちぞ　とたずねた人は，「しらう候は」という答えに納得することができなかったことが想像される。その理由を書け。
3　③そなた　とはだれのことか。Ⅱの文章中から適切な言葉を探して書け。
4　ⅠとⅡの話のおもしろさの共通点を簡潔に書け。

(☆☆☆◎◎◎)

【4】平成20年3月告示の小学校学習指導要領国語の内容に関する次の1～3の問いについて，小学校学習指導要領解説国語編(平成20年8月文部科学省)を踏まえて答えよ。

1　学習指導要領では，各領域の内容を(1)の指導事項に示すとともに，言語活動例を内容の(2)に位置付けている。その理由を書け。

2　「読むこと」の文学的な文章の解釈に関する指導事項において，「登場人物」の取り扱いについて，どのように指導内容を系統化しているか。

(ア)～(ウ)の空欄に当てはまる内容を書け。

第一・二学年	第三・四学年	第五・六学年
場面の様子について、登場人物の（ア）を中心に想像を広げて読む。	場面の移り変わりに注意しながら登場人物の性格や（イ）、情景などについて叙述を基に想像して読む。	登場人物の（ウ）や心情、場面についての描写をとらえて読む。

3　小学校第3・4学年の「伝統的な言語文化と国語の特質に関する事項」には，ことわざや慣用句が取り上げられている。児童が慣用句やことわざの意味を理解し，実際の生活で使うことができることを

ねらいとした言語活動を想定して書け。

(☆☆☆◎◎◎)

【5】次(1)～(5)の問いに答えよ。

(1)　$11-6\times3\div3^2$　を計算せよ。

(2)　$2x+a-(x-7)=8$　の解が3のとき，aの値を求めよ。

(3)　方程式　$(x-9)^2-16=0$　を解け。

(4)　赤いテープの長さは140cmである。このテープの長さは，白いテープの長さの0.7倍に当たる。次のア，イにそれぞれ当てはまる数を書き，白いテープの長さを求めよ。

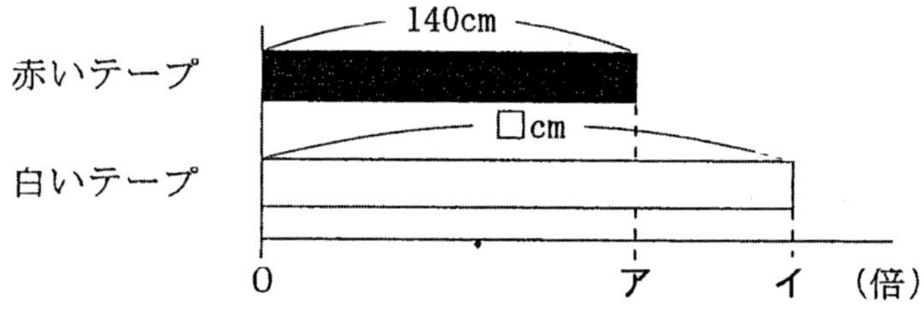

(5)　1個のさいころを2回投げるとき，少なくとも1回は3の倍数の目が出る確率を求めよ。ただし，どの目が出ることも同様に確からしいとする。

(☆◎◎◎)

【6】さとしくんは100点満点の算数のテストを5回受けた。得点は全て整数であった。5回の平均点として考えられないものを，次のア～オから全て選んで記号を書け。また，その理由も書け。

ア　66.4　　イ　75.3　　ウ　68.6　　エ　88.2　　オ　78.7

(☆☆◎◎◎)

【７】次の(1)，(2)の問いに答えよ。

(1)　次の正方形ABCDにおいて，点Eは辺BC上の点である。線分AEを折り目として点Bを折り返したとき，点Bが移った点Pを作図により示せ。

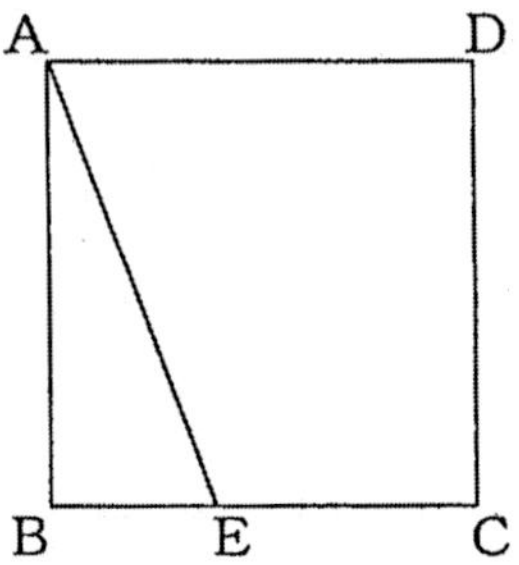

(2)　次の図のように，AB＝2cm，∠B＝60°，∠C＝90°の直角三角形ABCがある。この△ABCを点Bを中心として時計回りに45°回転させた図形を△DBEとする。図の斜線部分は，この回転により線分ACが動いた軌跡である。この斜線部分の面積を求めよ。ただし，円周率はπとする。

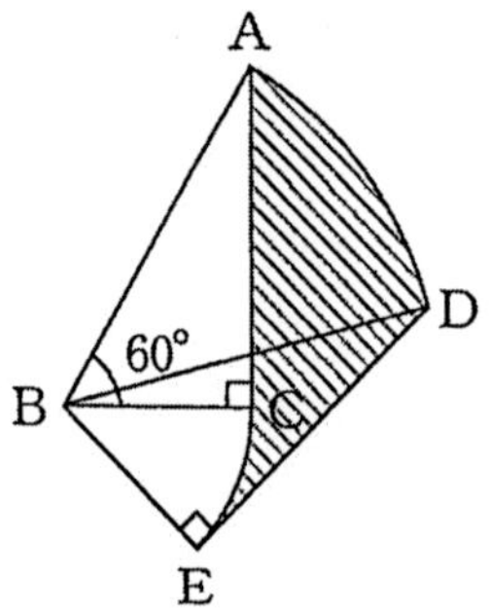

(☆☆◎◎◎)

【8】次の(1)，(2)の問いに答えよ。

(1)　精肉店Aでは，100g当たり600円の牛肉を2割引きで売っている。精肉店Bでは，100g当たり500円で牛肉を売っている。A，Bのそれぞれの精肉店で750gの牛肉を買うとき，どちらの精肉店で買った方が何円安いかを書け。ただし，値段は消費税込みの値段とする。

(2)　次の図の①，②のグラフは比例や反比例のグラフである。①，②のグラフが表す式を，ア～オの中からそれぞれ選んで記号を書け。

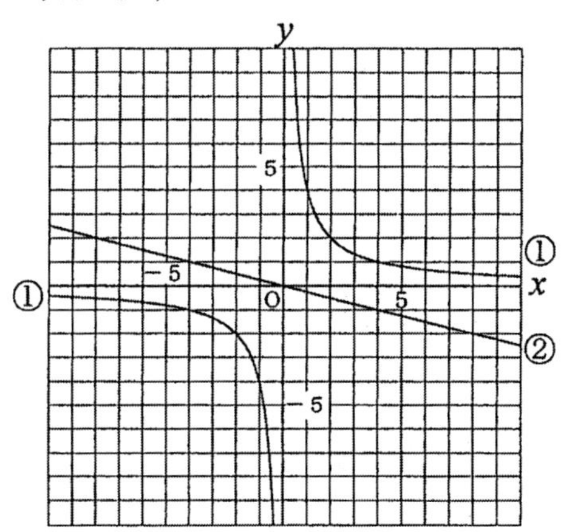

ア　$y=-\frac{1}{4}x$　　イ　$y=\frac{1}{4}x$　　ウ　$y=-4x$　　エ　$y=\frac{4}{x}$

オ　$y=-\frac{4}{x}$

(☆☆◎◎◎)

【9】次は，平成25年度秋田県小学校学習状況調査第6学年算数の問題である。この問題の通過率は，43.5％であった。あとの(1)，(2)の問いに答えよ。

まりこさんは，図書室での本の貸し出しについて調べ，次の２種類のグラフに表し，２つのグラフからわかったことを下のア～エのようにまとめました。まりこさんがまとめたア～エの中で，調べた結果として**正しくないもの**を１つ選んで，その理由を言葉と式を使って書きましょう。

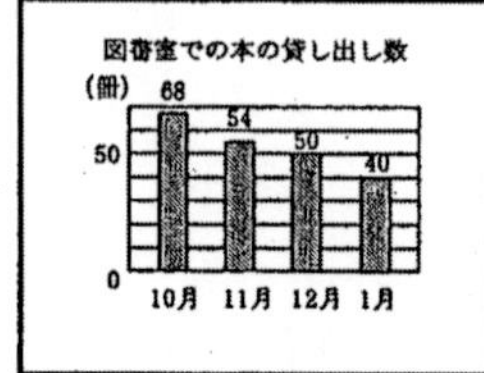

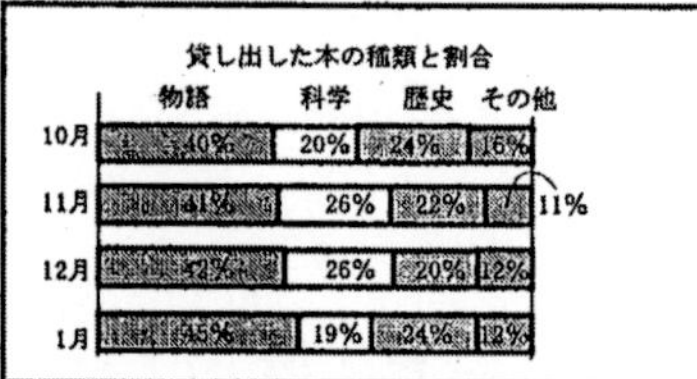

ア　図書室での本の貸し出し数の４か月の平均は，月に約５３冊である。

イ　１２月に貸し出された科学の本の冊数は１３冊である。

ウ　物語を貸し出した割合は１２月より１月が多くなっているので，物語の貸し出し数も１２月より１月の方が多いことがわかる。

エ　１０月の本の貸し出し数は，１月の貸し出し数の1.7倍である。

(1)　この問題では，児童のつまずきとして，どのようなことが考えられるか，簡潔に2つ記述せよ。

(2)　(1)で挙げた児童のつまずきを踏まえ，授業改善の方策を具体的に記述せよ。

(☆☆☆◎◎◎)

○【10】～【12】の設問において，「小学校学習指導要領(平成20年3月告示)第2章　第2節　社会」を「学習指導要領」，「小学校学習指導要領解説社会編(平成20年8月文部科学省)」を「解説」と記す。

【10】

1　表や資料と図を見て，(1)～(3)の問いに答えよ。

表　日本の工業生産額の変化

1935年	2010年
1位　X 工業 2位　金属工業 3位　化学工業	1位　Y 工業 2位　化学工業 3位　金属工業

(「経済産業省」資料などから作成)

資料　各学年における資料活用の例(一部)

【第3学年及び第4学年】

・資料に表されている事柄の[　ア　]傾向をとらえる。

・必要な資料を収集する。

【第5学年】

・資料に表されている事柄の[　ア　]傾向をとらえる。

・複数の資料を関連付けて読み取る。

・必要な資料を収集したり選択したりする。

・資料を整理したり[　イ　]したりする。

【第6学年】

・資料に表されている事柄の[　ア　]傾向をとらえる。

・複数の資料を関連付けて読み取る。

・資料の[　ウ　]に応じて読み取る。

・必要な資料を収集・選択したり[　エ　]したりする。

・資料を整理したり[　イ　]したりする。

※[　ア　], [　イ　]にはそれぞれ同じ語句が入る。

図1　従業者数別工場数の割合(%)

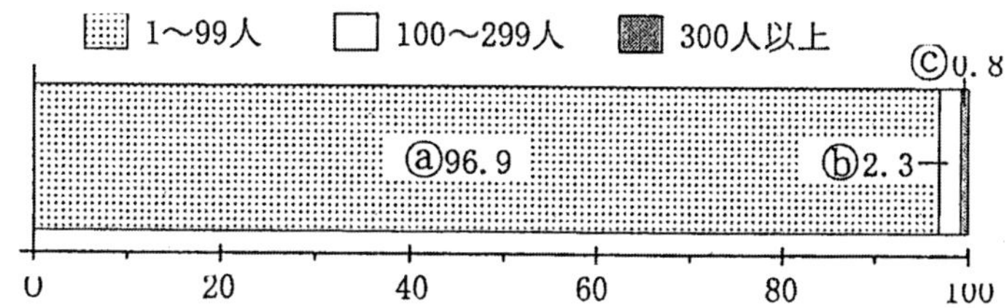

図2　従業者数別製造品出荷額の割合(%)

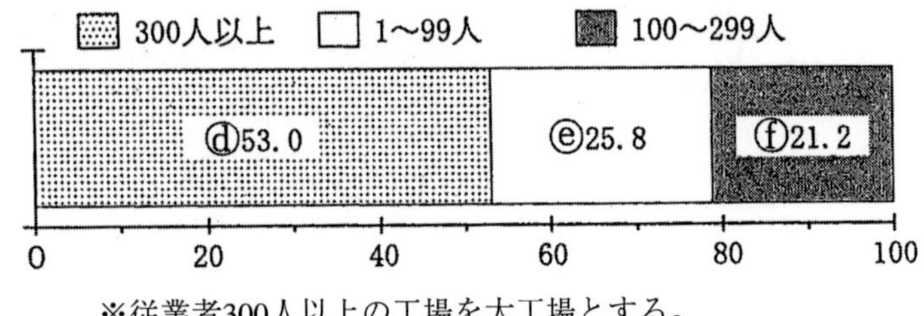

※従業者300人以上の工場を大工場とする。

(図1，図2は「日本国勢図会2012/13」から作成)

(1)　表の[　X　]，[　Y　]に当てはまる語句を一つずつ書け。

(2)　資料は，「解説」を踏まえ，各学年における資料活用の例を示したものである。[　ア　]～[　エ　]に当てはまる語句を書け。

(3)　図1，2を提示し，大工場の特徴を児童に読み取らせるとき，着目させる数値をⓐ～ⓕから二つ選んで書け。また，選んだ二つの数値を関連付けて読み取れることを書け。

(☆☆☆◎◎◎)

【11】年表と資料を見て，(1)，(2)の問いに答えよ。

年表

年	主なできごと
1590	[　A　]が全国を統一する
1603	[　B　]が征夷大将軍になる
1615	武家諸法度が定められる
1742	公事方御定書が定められる
1821	[　C　]の日本地図が完成する
1853	[　D　]が浦賀に来航する

資料

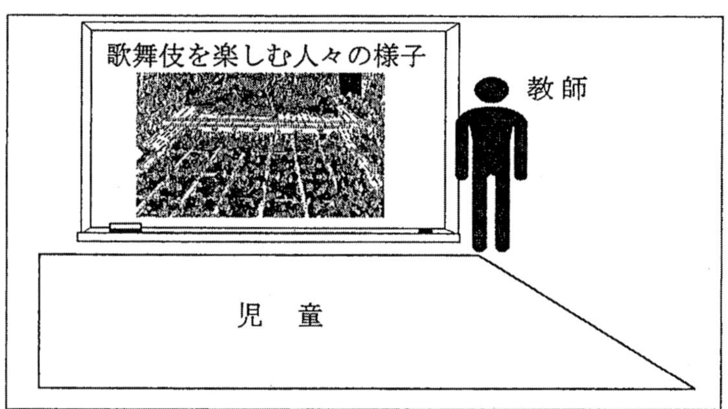

(1) [A]～[D]に当てはまる人物名を「学習指導要領」に例示されている人物名から選んで書け。

(2) 江戸時代の文化や学問に関する問題である。

① 資料は，「歌舞伎を楽しむ人々の様子」を児童に提示している場面である。歌舞伎を楽しむ人々に着目させ，江戸時代の「文化の担い手」について考察させるとき，どのようなことに気付かせなければならないか，「解説」を踏まえて書け。

② 本居宣長や杉田玄白の業績を調べる学習を通して理解させる内容として，「解説」に示されていることを，一つ選んで記号を書け。

ア 努力の様子や果たした役割

イ 日本独自の文化が生まれたこと

ウ 西洋の学問が優れていること

エ 二人の人格や人柄

(☆☆☆◎◎◎)

【12】「学習指導要領」〔小学校第3学年及び第4学年〕内容(3)に関する問題である。「わたしたちのくらしとごみ」の学習をするに当たり，単元の目標を次のように定めた。この目標に基づいて，「社会的事象についての知識・理解」の観点における評価規準目標を3つ書け。

目標

私たちの生活にとって必要な廃棄物の処理について，廃棄物の処理と私たちの生活や産業とのかかわり，これらの対策や事業が計画的，協力的に進められていることを見学，調査したり資料を活用したりして調べ，これらの対策や事業は地域の人々の健康な生活や良好な生活環境の維持と向上に役立っていることを考えるようにする。

(☆☆☆◎◎◎)

【13】次の文は，小学校学習指導要領理科(平成20年3月告示)に示されている第6学年の目標の一部である。下の(1)～(3)の問いに答えよ。

〔第6学年〕

1　目標

(1)　燃焼，(　A　)，(　B　)及び電気による現象についての要因や(　C　)を(　D　)しながら調べ，見いだした問題を<u>計画的に追究</u>したりものづくりをしたりする活動を通して，物の性質や(　C　)についての見方や考え方を養う。

(2)　略

(1)　A，Bに当てはまる語句を，次から1つずつ選んで記号を書け。

ア　振り子の運動　　イ　水溶液　　ウ　物の重さ

エ　物の溶け方　　オ　てこ　　カ　電磁石の変化や働き

(2)　C，Dに当てはまる語句をそれぞれ書け。

(3)　下線部は，第6学年の児童がどのように観察，実験を行うことを意味しているか。小学校学習指導要領解説理科編(平成20年8月文部科学省)に基づき，第5学年で中心的に育成する問題解決の能力に触れて書け。

(☆☆☆◎◎◎◎)

【14】ある小学校では，理科の学習に用いるために，各学年の児童に表の植物を栽培させた。下の(1)～(3)の問いに答えよ。

表

学年	第３学年	第４学年	第５学年	第６学年
植物	ホウセンカ ヒマワリ	ヘチマ	ヘチマ （　X　）	ジャガイモ ホウセンカ

(1) ヒマワリの説明として正しいものは，次のどれか。すべて選んで記号を書け。

ア　被子植物である　　イ　単子葉類である

ウ　離弁花類である　　エ　キク科である

(2)　第3学年と第6学年のそれぞれの学年でホウセンカを用いるのは，植物のからだのつくりのどのようなことを児童に捉えさせるためか。小学校学習指導要領理科(平成20年3月告示)に基づいて書け。

(3)　この小学校の第5学年の児童は，第4学年のときにもヘチマを栽培しているので，受粉と結実の関係を調べるために，ヘチマの花と同じような特徴をもつ別の植物Xも栽培させることにした。Xに当てはまる植物は何か，名称を書け。また，植物Xの花を取り上げることが適している理由を，ホウセンカの花との違いに触れて書け。

(☆☆☆◎◎◎◎)

【15】第4学年「金属，水，空気と温度」の学習について，次の(1)～(3)の問いに答えよ。

(1)　この学習では，図のような器具を用いて実験することがある。金属環は，一方の内径が金属球より僅かに大きく，もう一方は僅かに小さくなっている。内径が金属球より僅かに大きい金属環と金属球を用いて行う実験の手順及びこの実験で児童に理解させることを書け。

図

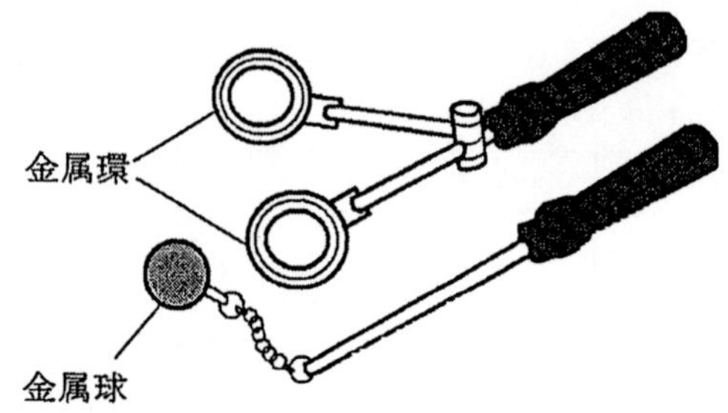

(2)　表は，0℃におけるアルミニウム，水，銅，空気の熱伝導率を示したものである。物質A～Dのうち，銅はどれか。1つ選んで記号を書け。

表

物質	熱伝導率〔W・m^{-1}・K^{-1}〕
A	0.0241
B	0.561
C	236
D	403

[理科年表平成24年から作成]

(3)　試験管内の水の温まり方を調べるために，水を入れた試験管に示温テープを入れ，試験管の下部を熱した。このとき，示温テープの色の変化の様子を観察した児童が，熱した部分ではなく水の上部から温まっていくことに疑問をもった。そこで，「水は，どのように，全体が温まっていくのだろうか」という問題を解決するために，実験することにした。水の温まり方について，児童に視覚的に捉えさせるためには，どのような実験を行わせればよいか。黒板に示すための実験方法の図と説明をかけ。

(☆☆☆◎◎◎◎)

【16】第6学年の「土地のつくりと変化」の学習について，次の(1)，(2)の問いに答えよ。

(1) 土地の構成物を調べる際に扱う岩石として，小学校学習指導要領解説理科編(平成20年8月文部科学省)に例示されているものは，次のどれか。すべて選んで記号を書け。

ア 安山岩　　イ 石灰岩　　ウ 礫(れき)岩

エ 泥岩　　オ 花こう岩　　カ 砂岩

(2) この学習では，単元の終末に，学校の近くにある2か所の崖の地層を児童に観察させ，理科の授業で学習したことを実際の生活環境と結び付けて考えさせることにした。

① 観察する崖を2か所にしたことは，この単元で学習するどのようなことを確認するために適しているか，書け。

② 観察した崖で見られたある層が，流れる水の働きでできたものだということを児童に捉えさせるためには，地層に含まれる構成物の特徴について，どのような視点をもたせて観察させればよいか。小学校学習指導要領解説理科編(平成20年8月文部科学省)に基づいて2つ書け。

(☆☆☆◎◎◎◎)

【17】次の(1)～(4)の問いに答えよ。

(1) 図1は，ヒトの腎臓のつくりを模式的に示したものである。A，Bの名称をそれぞれ書け。

図1

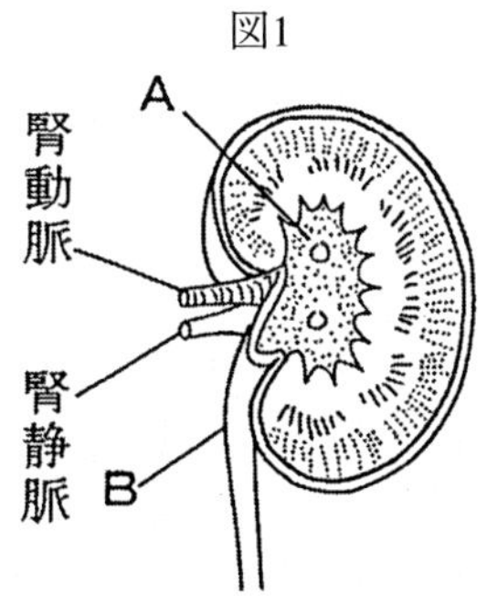

(2)　二酸化マンガンにうすい過酸化水素水を加えたときに発生する気体を捕集したい。気体を発生させ捕集するためには，どのような装置を組み立てればよいか。図をかけ。

(3)　表は，地質年代と主な示準化石をまとめたものである。下のア～カのうち，表のXに当てはまる示準化石はどれか。3つ選んで記号を書け。

表

地質年代	古生代	中生代	新生代
主な示準化石	フズリナ	恐竜	X

ア　サンヨウチュウ　　イ　ナウマンゾウ　　ウ　アンモナイト
エ　イクチオステガ　　オ　ビカリア　　　　カ　メタセコイア

(4)　図2のような振動数440Hzのおんさをたたいたところ，音が鳴った。このとき，おんさから発生した音の波長は何mか，小数第2位まで求めよ。ただし，空気中を伝わる音の速さを340m/sとする。

図2

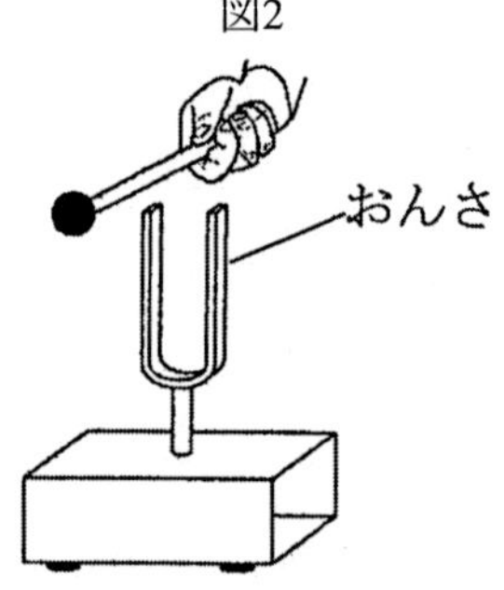

(☆☆☆◎◎◎◎)

【18】次の文は，小学校学習指導要領生活(平成20年3月告示)に示されている学年の目標の一部である。下の(1)，(2)の問いに答えよ。

〔第1学年及び第2学年〕

1　目標

(1)　略

(2)　略

(3)　身近な人々，(　A　)及び自然とのかかわりを深めることを通して，自分のよさや可能性に気付き，意欲と自信をもって生活することができるようにする。

(4)　身近な人々，(　A　)及び自然に関する活動の楽しさを味わうとともに，それらを通して気付いたことや楽しかったことなどについて，(　B　)，絵，動作，劇化などの方法により表現し，(　C　)ができるようにする。

(1)　A～Cに当てはまる語句をそれぞれ書け。

(2)　小学校学習指導要領生活(平成20年3月告示)の内容「(6)自然や物を使った遊び」の学習において，学年の目標(3)を達成するためには，どのように指導を工夫すればよいか。次に示す視点X，Yについて，具体例を挙げてそれぞれ書け。

視点X：児童に自然とのかかわりを深めさせるための学習活動の工夫

視点Y：視点Xで挙げた活動において，児童が自分のよさや可能性に気付くようにするための教師の手立ての工夫

(☆☆☆◎◎◎)

解答・解説

【1】1　a　閑静　　b　陥(る)　　c　発露　　2　記号…ア
品詞名…助動詞　　3 「無知」とは自分の理解の範疇を超えた物事を見たときに，自己の記憶を改変し，知識や経験としてなかったことにしてしまうということ。　4　学生たちの無知とは知識の不足のことではなく，「学ぶ」ことへの衝動を妨げようとする力のことであるという，実際に教える立場からの気づきのこと。

〈解説〉2 「ない」の上で文節として切れるのであれば形容詞，切れないのであれば助動詞である。他の選択肢は全部切れるがアは切れないので，助動詞である。　3　第1段落で「無知」について，「自分の知的枠組みの組み替えを要求するような情報の入力を拒否する我執」としている。「我執」とは自己の狭い考え方のことであり，ここから「無知」の「力動的な構造」とは，知らないことを知ることを，自己の内面から拒否する能動的な意識の働きであることが読み取れる。なお，公式に示されている解答の評価基準は，「「私は何も見ていない」「記憶の意図的な改変」等を主な観点として，相対的に評価する」である。
4　筆者の考える「学生たちの無知」についてまとめる。下線部②の直後の文以降に，学生たちの無知を知識の不足と考えているが，それは違うと述べており，次の段落で無知とは「「学び」を阻止し，抑制せんとする懸命な努力」と述べている。なお，公式に示されている解答の評価基準は，「「知識の不足」「自らの学びを阻止する」等を主な観点として，相対的に評価する」である。

【2】1　①　口語自由詩　　2　②　比喩　　③　擬音語　　3　第三連は「ひびいてくるの？」という内容なので，楽しく読むのではなく，静かに優しく読む必要があるのである。特に最後の「きりん　きりん　きりりりん」はひびいてきたかのような口調にする必要がある。

〈解説〉1　現代の言葉で書かれていて，決まった音数で書かれているわけではないので口語自由詩である。 2 ②…すべてに「ような」という言葉が付いているので「比喩」あるいは「直喩」が答えになる。③…第二・三連の「きりん　きりん　きりりりん」の直前にある「鳴ったの？」や「なりひびいたの？」,「ひびいてくるの？」に注目すると，擬声語(擬音語)として表現されていると考えられる。 3 第二連は「雄大なサバンナを疾走するきりんの姿」を想像して楽しんで音読する，とAが述べている。第三連について，Bは違うと暗示している。それは詩の「小さなその耳」にいろいろな場所から「ふるさとの風」がひびいてくるのか，という内容に注目したからである。なお，公式に示されている解答の評価基準は,「叙述を根拠にした解釈と，具体的な音読の方法を主な観点として，相対的に評価する」である。

【3】1 犬の毛の色が白いので,「白く」から九九の「四六」を想像したから。 2 「しろく(四六)」だから「廿四」が成立するのに,「しらう候」つまり「白う」と答えてしまい，洒落が成立しなかったから。 3 物書者　4 どちらも一字間違えていることがオチになっている笑い話である点。

〈解説〉1 Ⅰの5文目「しろく候は」に注目。注に「しろく」は「白く。掛け算(九九)の「四六」を掛ける」とある。ここでは，洒落として「廿四」と名付けたと考えられる。なお，公式に示されている解答の評価基準は,「「毛の色が白い」「掛け算(九九)の四かける六の答えの二十四」等を主な観点として，相対的に評価する」である。 2 公式に示されている解答の評価基準は,「「白う」「洒落が成立しない」等を主な観点として，相対的に評価する」である。 3 字を書いている人について述べているのであるから,「物書者」である。

4 Ⅰは「しろく」を「しろう」, Ⅱは「新六」を「新のく」と,「字を一字間違えている」のである。そこから，笑い話であるということが読み取れる。なお，公式に示されている解答の評価基準は,「「字を一字間違えたこと」「笑い話」等を主な観点として，相対的に評価する」である。

【4】1　国語の能力を調和的に育て実生活で生きて働くように，それぞれの領域の特性を生かしながら児童主体の言語活動を活発にするため。　2　ア　行動　イ　気持ちの変化　ウ　相互関係　3　ことわざや慣用句の意味や用例を辞書や言葉に関する本を用いて調べさせ，児童自身にその語句を使った短文を作らせたり発表させたりする。

〈解説〉1　小学校学習指導要領解説国語編(平成20年8月文部科学省)第1章　3　②に示された内容の構成の改善点を軸にしてまとめるとよい。なお，公式に示されている解答の評価基準は，「「実生活で生きて働く国語の能力」「言語活動を通して身に付ける」等を主な観点として，相対的に評価する」である。　2　各学年でどのようなことを指導しなければならないのかを考えながら覚えていくとよい。　3　実際の生活で使うためには，そのことわざや慣用句をどこで使うかを考えたり，考えたことを発表したりすることが大切である。なお，公式に示されている解答の評価基準は，「「ことわざや慣用句を使う場面」「発表・紹介」等を主な観点として，相対的に評価する」である。

【5】(1)　9　(2)　$a=-2$　(3)　$x=5,\ 13$　(4)　ア　0.7　イ　1　白いテープの長さ　200cm　(5)　$\frac{5}{9}$

〈解説〉(1)　(与式)$=11-\frac{18}{9}=11-2=9$

(2)　$2x+a-x+7=8$

$x+a+7=8$

$a=1-x$

ここで$x=3$より$a=1-3$　よって　$a=-2$

(3)　与式より，$(x-9)^2=16$

$(x-9)^2=(\pm4)^2$

$x-9=\pm4$

$x=9\pm4$

$x=5,\ 13$

(4)　条件より，アは0.7 (倍)，イは1(倍)。赤いテープの長さを白いテープの長さ□(cm)を用いて表すと，□×0.7＝140(cm)　これを計算して，□＝200(cm)となる。　(5)　1個のさいころを2回投げるときの目の出方は全部で6×6＝36(通り)。1個のさいころを2回投げるとき，事象「少なくとも1回は3の倍数が出る」の余事象は「2回とも3の倍数でない数(1，2，4，5)が出る」なので，4×4＝16(通り)。よって，「少なくとも1回は3の倍数が出る」のは，36－16＝20(通り)。つまり確率は$\frac{20}{36}=\frac{5}{9}$

【6】記号　イ，オ　　理由　得点はすべて整数だったので，5回の合計点も整数になる。したがって，ア～オのうち，5倍して整数にならないイとオが平均点として考えられない。

〈解説〉ア(平均点66.4)の合計点は，66.4×5＝332(点)。イ(平均点75.3)の合計点は，75.3×5＝376.5(点)。ウ(平均点68.6)の合計点は，68.6×5＝343(点)。エ(平均点88.2)の合計点は，88.2×5＝441(点)。オ(平均点78.7)の合計点は，78.7×5＝393.5(点)。なお，理由の記述について公式に示されている解答の評価基準は，「適切な用語を用い，根拠を明らかにして理由を示している」である。

【7】(1)

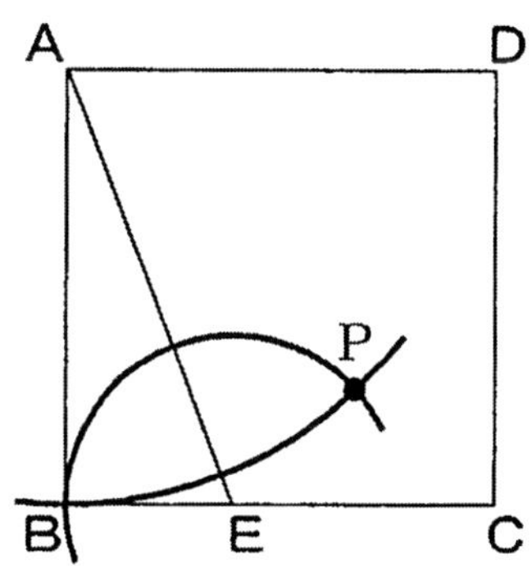

(2)　$\frac{3\pi}{8}$cm²

〈解説〉(1)　AB＝AP，EB＝EPであることを利用する。　(2)　△ABCにおいて3辺の比はBC：AB：CA＝1：2：$\sqrt{3}$であり，AB＝2cmなので，BC＝1cm，　CA＝$\sqrt{3}$cm。また，　△ABC≡△DBEより，BD＝2cm，BE＝1cm，　ED＝$\sqrt{3}$cm。よって求める面積は

(扇形ABD)＋(△DBE)－｛(扇形CBE)＋(△ABC)｝

$$=\pi\times2\times2\times\frac{45^\circ}{360^\circ}+\frac{1}{2}\times1\times\sqrt{3}-\left(\pi\times1\times1\times\frac{45^\circ}{360^\circ}+\frac{1}{2}\times1\times\sqrt{3}\right)$$

$$=\frac{\pi}{2}+\frac{\sqrt{3}}{2}-\frac{\pi}{8}-\frac{\sqrt{3}}{2}$$

$$=\frac{3\pi}{8}(\mathrm{cm}^2)$$

【8】(1)　精肉店Aで買った方が150円安い。　(2)　①　エ　　②　ア

〈解説〉(1)　精肉店Aでの売値は100g当たり600円の2割引きなので600×(1－0.2)＝600×0.8＝480(円)　したがって100g当たり480円なので，750g買うと，　480×7.5＝3600(円)　精肉店Bでの売値は100gあたり500円なので，750g買うと，　500×7.5＝3750(円)　したがって，精肉店Aの方が精肉店Bより安く，その差額は3750－3600＝150(円)

(2)　①のグラフは反比例のグラフで，　点(1, 4) を通る。②のグラフは比例のグラフで，　点(4, －1) を通る。

【9】(1)　・ア～エの各条件を1つずつ正確に読み取ることができない。・ア～エの各条件の該当箇所をグラフの中から見つけることができない。　・2つのグラフから情報を読みとり，分析することができない。・平均や割合などの計算をすることができない。　など

(2)　・1つ1つの条件を丁寧に説明し，この問題ではどんな情報を必要としているかを明確にさせる。　・1つ1つの条件に該当するグラフを順番に提示し，グラフにどんな情報が示されているかを理解させる。・平均や割合など基本的な計算でつまずく生徒がいる場合は，簡単な計算問題を利用して，復習させる。　など

〈解説〉(1)　公式に示されている解答の評価基準は，「・2つのグラフからそれぞれ読み取ったことを関連付けて考察することができない。・それぞれの月の貸し出し数を基にするなど，数学的な根拠を基に説明することができない　等を主なつまずきとして述べている」である。
(2)　公式に示されている解答の評価基準は，「・(1)のつまずきを踏まえ，具体的な手立てを明らかにしながら，改善の方策を示している。・内容が具体的で分かりやすく説得力がある。　等を主な観点として，相対的に評価する」である。

【10】1　(1)　X　繊維　　Y　機械　　(2)　ア　全体的な　　イ　再構成　　ウ　特徴　　エ　吟味　　(3)　記号　ⓒ，ⓓ　　読み取れること　大企業は従業者数別工場数では1％にも満たないが，製造品出荷額では半分以上を占めていて，一人当たりの製造品出荷額が大きくなっていることが分かる。
〈解説〉(1)　第二次世界大戦前と戦後の工業の違いを理解する必要がある。戦前はいわゆる軽工業が盛んであり，戦後は重化学工業が中心になった。具体的には戦前は「繊維工業」，戦後は「機械工業」が中心となっている。　(2)　各学年の段階に応じて各種の基礎的資料を効果的に活用することで，社会的事象の意味や働きなどについて考えたり，表現したりする力を育てることが，各学年の目標におけるねらいの一つとなっている。　(3)　約97％が従業者1～99人の小さな工場であるのに，製造品出荷額の半分以上を占めているのが従業者300人以上の大工場であるという部分に着目するとよい。なお，公式に示されている解答の評価基準は，「「一工場当たり」等のキーワードを基に，着目させた2つの数値から読み取った内容が適切に表現されているかを主な観点として，相対的に評価する」である。

【11】(1)　A　豊臣秀吉　　B　徳川家康　　C　伊能忠敬　　D　ペリー
(2)　①　町人の文化が栄えたこと。　②　ア
〈解説〉(1)　年と空欄の後の言葉を手がかりにして考える。Aは1590年に

全国統一なので豊臣秀吉，Bは1603年に征夷大将軍なので徳川家康，Cは1821年に日本地図の完成なので伊能忠敬，Dは1853年に浦賀に来航なのでペリーである。　(2)　①　小学校学習指導要領解説社会編(平成20年8月文部科学省)第3章　第3節　2に示されている第6学年の内容カの解説を踏まえて記述する。戦いのない安定した社会になり，歌舞伎や浮世絵などを楽しめる環境になり，それらの文化が町人の間に広がっていったことが分かるようにする。なお，公式に示されている解答の評価基準は，「「文化」「町人」等をキーワードに相対的に評価する」である。　②　本居宣長は国学を大成させた人物，杉田玄白はオランダ語で書かれた書物を苦心して翻訳した人物である。どちらも努力をし，日本の学問に影響を与えた人物である。

【12】・廃棄物の処理と自分たちの生活や産業とのかかわりを理解している。　・廃棄物の処理にかかわる対策や事業は計画的・協力的に進められていることを理解している。　・廃棄物の処理にかかわる対策や事業が地域の人々の健康な生活や良好な生活の維持と向上に役立っていることを理解している。

〈解説〉「知識・理解」といっても，自分の知りたいことを闇雲に調べさせたり考えさせたりするのではなく，単元の目標に基づいたうえでそれらを行う必要がある。そのうえで，習得する知識を身に付けていること，理解する内容が書かれていること，調べたことや考えたことが的確に表現されていることなどを評価規準として取り上げる必要がある。学習指導要領解説社会編(平成20年8月文部科学省)や評価規準の作成，評価方法等の工夫改善のための参考資料(小学校社会)(平成23年11月国立教育政策研究所教育課程研究センター)等を熟読し，どのようなことを指導すべきなのかを自分の言葉で表現できるようにするとよい。なお，公式に示されている解答の評価基準は，「「単元の目標に基づき，調べる対象に触れながら，習得する知識等を記述している」「単元の目標に基づき，考察する内容に触れながら，理解する内容等を記述している」などを主な観点として相対的に評価する」である。

【13】(1) A イ　B オ　(2) C 規則性　D 推論　(3) 前学年で培った，変化させる要因と変化させない要因とを区別しながら，観察，実験などを計画的に行っていく条件制御の能力に加えて，自然の事物・現象の変化や働きについてその要因や規則性，関係を推論しながら観察・実験を行うこと。

〈解説〉(1) ア，エ，カは第5学年の，ウは第3学年の内容である。

(2) 物の性質や規則性についての見方や考え方を養うことは，小学校学習指導要領(平成20年3月告示)第2章　第4節に掲げられた理科の教科目標である「科学的な見方や考え方を養う」ことに通じる。

(3) 小学校学習指導要領解説理科編(平成20年8月文部科学省)第3章第3節　1では，第5学年で重点を置いて育成する能力を，「変化させる要因と変化させない要因を区別しながら，観察，実験などを計画的に行っていく条件制御の能力」としている。なお，公式に示されている解答の評価基準は，「要因，条件等のキーワードを主な観点として，相対的に評価する」である。

【14】(1) ア，エ　(2) 第3学年　植物の体は根，茎及び葉からできていること。　第6学年　根，茎及び葉には，水の通り道があること。

(3) 名称　カボチャ　理由　一つの花の中でおしべとめしべが一体化しているホウセンカと異なり，おばなとめばながあり，受粉の様子を観察しやすいから。

〈解説〉(1) ヒマワリは双子葉類である。また，ヒマワリやタンポポのようなキク科の植物は合弁花である。　(2) 公式に示されている解答の評価基準では，第3学年については「根，茎，葉等」，第6学年については「水，通り道等」のキーワードを主な観点として，相対的に評価するとしている。　(3) 花粉をめしべの先に付けた場合と付けない場合で実のでき方を比較しながら調べるには，おばなとめばながある植物を使うのが良い。ヘチマやカボチャのような一つの株におばなとめばながあり，観察しやすい結実がある植物としては他に，キュウリ，スイカ，メロン，ゴーヤなどがある。なお，公式に示されている解答の評価基準は，「おばな，めばな等のキーワード及びホウセンカとの違いを適切に説明しているかを主な観点として，相対的に評価する」である。

【15】(1)　まず，金属球より大きい金属環に金属球を通し，通ることを確認する。そして金属球を熱してから同じ金属環に通そうとしても通らないことを確認する。次に金属球より小さい金属環に金属球を通そうとしても，通らないことを確認する。そして金属球を冷やしてから同じ作業をすると通ることを確認する。これより，金属は熱すると体積が増え，冷やすと体積が減ることを理解させる。　(2)　D

(3)　ビーカーにおがくずと水を入れて熱する。熱している時のおがくずの動きを観察する。

〈解説〉(1)　公式に示されている解答の評価基準は，「金属球と金属環を用いた実験の一連の手順及び金属を加熱したときの体積の変化について適切に説明しているかを主な観点として，相対的に評価する」である。　(2)　金属は熱伝導性がよいが，Dの銅は金属の中でも銀に次いで2番目に熱伝導性がよい。なお，Aは空気，Bは水，Cはアルミニウム。　(3)　公式に示されている解答の評価基準は，「水の動きの様子を視覚的に捉えるために適した実験の装置を示しているか，実験の方法や手順について適切に説明しているかを主な観点として，相対的に評価する」である。

【16】(1)　ウ，エ，カ　　(2)　①　地層は各地点を連ねるように広がりをもって分布していること。　②　・角が取れ，丸みを帯びたれきや砂が含まれていること。　・貝などの化石が含まれていること。

〈解説〉(1)　他の選択肢は，中学校学習指導要領解説理科編(平成20年9月文部科学省)第2章　第2節　[第2分野]　2　(2)において，中学校第1学年で取り扱う「大地の成り立ちと変化」の内容で，火山岩(ア)，深成岩(オ)，堆積岩(イ)の例示としてあげられている。　(2)　①　各地点の地層のつくりを相互に関係付けて調べ，ある地点で観察した層あるいはその構成物の色や形の特徴が他の地点でも観察できることから，地層は各地点を連ねるように広がりをもって分布していることが分かる。なお，公式に示されている解答の評価基準は，「広がり，分布等のキーワードを主な観点として，相対的に評価する」である。
② 公式に示されている解答の評価基準は，「「丸み」「化石」等のキーワードを主な観点として，相対的に評価する」である。

【17】(1) A 腎盂(腎う) B 輸尿管
(2)

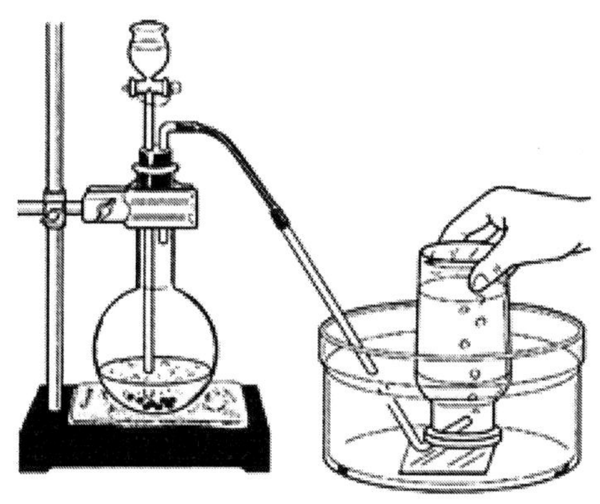

(3) イ，オ，カ (4) 0.77m
〈解説〉(1) 腎盂の部分に腎動脈と腎静脈がつながっていて，ここから膀胱に向かって輸尿管が出ている。 (2) 発生する気体は酸素である。酸素は水に溶けにくいので水上置換で捕集する。なお，公式に示されている解答の評価基準は，「器具を適切に用いて気体発生装置を組み立てているか，水上置換で気体を捕集しているかを主な観点として，相対的に評価する」である。 (3) アとエは古生代，ウは中生代の示準化石である。 (4) 音の波長は，音の速度÷振動数で求められる。340÷440＝0.772…となるので，約0.77mとなる。

【18】(1)　A　社会　　B　言葉　　C　考えること　　(2)　視点X　凧揚げで誰が最も凧を高く揚げるか競争させる。児童に工夫させ繰り返し挑戦させることによって，風の向きによって凧の揚がり方が違うことに気付き，自然の中にきまりを見付けられるように工夫する。視点Y　他の児童の凧の揚げ方と比較することで，凧の揚げ方で良かった点に気付かせ評価したり，さらに高く揚げるため「風はどちらから吹いてくるかな」などの助言を与えたりする。

〈解説〉(1)　生活科の第1学年及び第2学年の目標は，(1)主に自分と人や社会とのかかわりに関すること，(2)主に自分と自然とのかかわりに関すること，(3)自分自身に関すること，(4)生活科特有の学び方に関すること，の4項目で構成されており，このうち(3)は平成20年の学習指導要領の改訂で新たに加えられ，従前(1)，(2)で重視していた内容を明確化したものである。　(2)　「(6)自然や物を使った遊び」では，自然の事物や現象の不思議さに気付き，第3学年以降の社会科や理科の学習へつなげるねらいがある。なお，公式に示されている解答の評価基準は，視点Xについては「試行錯誤，繰り返し等のキーワードを主な観点として，相対的に評価する」，視点Yについては「児童の成長や自分らしさが自覚できるようにするための場の設定と教師の働き掛けについて適切に示しているかを主な観点として，相対的に評価する」である。

2014年度　実施問題

【1】平成20年3月告示の小学校学習指導要領国語の内容に関する次の1～3の問いについて，小学校学習指導要領解説国語編(平成20年8月文部科学省)を踏まえて答えよ。

1　「話すこと，聞くこと」「書くこと」「読むこと」の各領域において「記録，説明，報告，紹介，感想，討論」などの言語活動を取り入れる目的について，簡潔に書け。

2　「A話すこと・聞くこと」に関する指導時間及び時間の取り方について，次の(　　)のア～エに当てはまる適切な数字を書け。

年間の指導時間　低学年(　ア　)単位時間程度，中学年(　イ　)単位時間程度，高学年(　ウ　)単位時間程度

時間の取り方　ある時期にまとめて単元を設定したり，1単位時間の中の(　エ　)分程度の短い時間を組み合わせたりするなど工夫して設定していくことが重要である。

3　第5学年・第6学年の「伝統的な言語文化と国語の特質に関する事項」(1)イ(ク)で示されている「敬語」の指導方法について，その留意点を書け。

(☆☆☆☆◎◎◎◎◎)

【2】次の文章を読んで，あとの1～5の問いに答えよ。

①ものごとをよく覚えている人はこれまでの経験によって未来を予想することもできるけれども，その反面，過去にこだわり，それにとらわアれることにもなりやすい。過去だけでなくて既得の知識にとらわれるのである。感情生活においても保守的持続性の長所と短所が考えイられる。安定してはいるかもしれないが「ねちねち」したところをすてきれない。

それに対して，②忘れっぽい人間には安定感が乏しいかわりに，流れる水のごとく自然で，ものに悪く執着しないよさがある。たいていのことはさっさとあきらめ忘れてしまう。明日には明日の風が吹く。そこには解脱に似たものが認められる。

われわれの国の文化は元来，そういう無常観を特色としているように思われる。すくなくとも，禅などのねらっている解脱や悟道は，コトバの理をはなれ，ものの実相にふれること，ものごとに執しないことを理想としているように見受けられる。

活発に忘れるならば，心はいつも新しいものを迎えるゆとりをもつことができる。同じところにしばられたり固定したりしていないために自由であり，変化もできる。一つのことに集中したら，いや，一つのことに集中できるには，ほかのことがなるべく干渉しないように一時的に忘れていなくてはならない。それが忘我，無我夢中である。そういう状態でのみ，われわれは真に深い自我の発動による精神の営みを行うことができる。小さな知識を後生大事に抱えていては，新しく大きなものが現われても，それを摂取することが難しい。頭はいつも文字をaフき消してある黒板，何も書かれていないタブララサ(白い板)の状態であることがのぞましいのである。それが結局，③真に感ずること，真に知ること，真に生きることになるであろう。

文化は生活と経験の持続，bチクセキを前提としている。学問も文化の伝承の機能をもつ限り，知識の保持，記憶はその重要な役割であるといわなくてはならない。しかし，こういう文化や学問のあり方がやがては自らを衰亡させて行くことは，歴史が教えているとおりである。

そういう文化の自壊に対して自然によって用意されている安全弁が④忘却である。創造の源泉もまたそこに発する。どうしてもわれわれは忘却恐怖の$_{c}$ジュバクから逃れることを心がけなくてはならない。

(外山滋比古『ライフワークの思想』による)

1 a フき b チクセキ c ジュバクを漢字に直して書け。

2 文章中のア，イの「れる・られる」の文法上の違いが明らかになるように，それぞれについて品詞名を用いて説明せよ。

3 文章中の①ものごとをよく覚えている人 と ②忘れっぽい人間 の特徴の違いを対比させて，表で示せ。

4 筆者は，③真に感ずること，真に知ること，真に生きること のために，どのようなことが必要であると述べているか。第1段落から第4段落の内容を踏まえて書け。

5 ④忘却 がもつ「安全弁」としての役割について書け。

(☆☆☆☆◎◎◎◎◎)

【3】次の文章は，燕の照王が，国を立て直すために優れた人物を国に招こうとして，その方法を臣下の郭隗に尋ねたときのものである。これを読んで，あとの1～4の問いに答えよ。

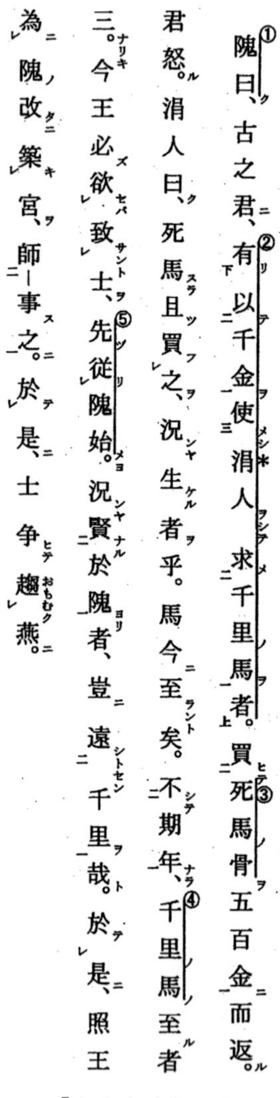

隗曰、古之君、有以千金使涓人求千里馬者。買死馬骨五百金而返。君怒。涓人曰、死馬且買之、況生者乎。馬今至矣。不期年、千里馬至者三。今王必欲致士、先従隗始。況賢於隗者、豈遠千里哉。於是、照王為隗改築宮、師事之。於是、士争趨燕。

（『十八史略』による）

＊涓人…君主の側に仕えて雑用を務める役人

1　①隗曰　の「曰」によって引用されている部分の最後の三文字(句読点は不要)を書け。

2　②有以千金使涓人求千里馬者　を書き下し文にせよ。

3　③死馬骨　④千里馬　に例えられているものは何か。それぞれ文中から漢字一字で抜き出して書け。

4　⑤先従隗始　について

(1)　この文章の中ではどのような意味か具体的に書け。

(2)　現在，故事成語としてどのような意味で使われているか書け。

(☆☆☆◎◎◎)

【4】次の文章を読んで，下の1～4の問いに答えよ。

＊人の田をア論ずるもの，うたへに負けて，ねたさに，「その田を刈りて取れ」とて，イ人をつかはしけるに，先づ道すがらの田をさへ①刈りもて行くを，「これは論じ給ふ所にあらず。②いかにかくは」といひければ，ウ刈るものども，「その所とても刈るべきことわりなけれども，＊僻事（ひがごと）せむとてエまかる者なれば，③いづくをか刈らざらむ」とぞいひける。

④ことわり，いとをかしかりけり。

(吉田兼好『徒然草』による)

＊人の田を論ずるもの…他人と田の所有権を巡って訴訟を起こした人

＊僻事…道理や事実に合わないこと

1　①刈りもて行く　の動作の主体として当てはまるものを，本文中のア～エから全て選んで，記号で書け。

2　②いかにかくは　を「かく」の内容が分かるように口語訳せよ。

3　③いづくをか刈らざらむ　の意味として適切なものを次のア～エから一つ選んで記号で書け。

ア　どこか刈らないわけにはいかない

イ　どこを刈り取ればよいのだろう

ウ　どこでも刈るのだ

エ　どこでも刈ってはいけない

4　④ことわり，いとをかしかりけり　とはどのような点を「をかし」と言っているのか，簡潔に説明せよ。

(☆☆☆◎◎◎◎◎)

【5】次の(1)～(5)の問いに答えよ。

(1)　$(-3)^2+16\div(-2^2)$　を計算せよ。

(2)　方程式　$2x^2-9x+10=0$　を解け。

(3)　次のヒストグラムは，ある小学校の児童25人の通学時間をまとめたものである。通学時間が20分未満の児童の相対度数を求めよ。

なお，次の図で，例えば，5～10の階級は通学時間が5分以上10分未満の児童が3人いることを表している。

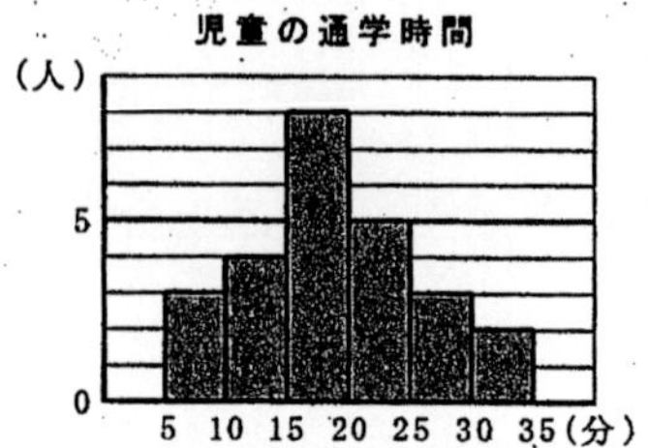

(4)　[0]，[1]，[1]，[2]，[2]の5枚のカードから3枚選んで，それらを並べて3けたの整数をつくるとき，整数は何通りできるか，求めよ。ただし，百の位に[0]は使わないものとする。

(5)　xとyの関係が次の表のようになる最も適切なグラフを，あとのア～ウから選び，記号で答えよ。また，選んだ理由を書け。

x	…	1	2	3	…
y	…	6	3	2	…

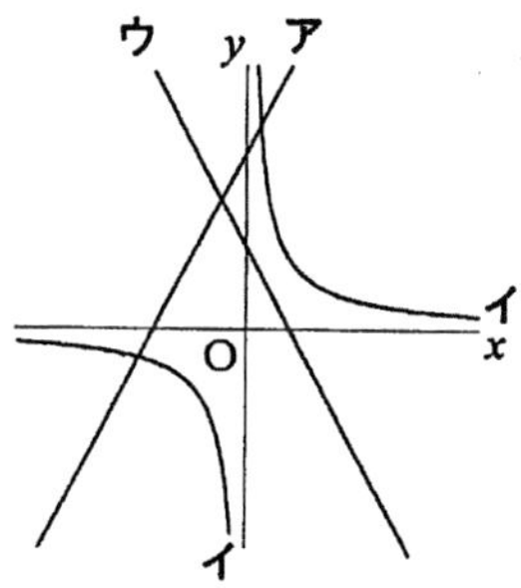

(☆☆◎◎◎◎◎)

【6】図の△ABCにおいて，AM⊥BC，AM＝CMである。∠ABM＝60°，BM＝1のとき，下の(1)，(2)の問いに答えよ。

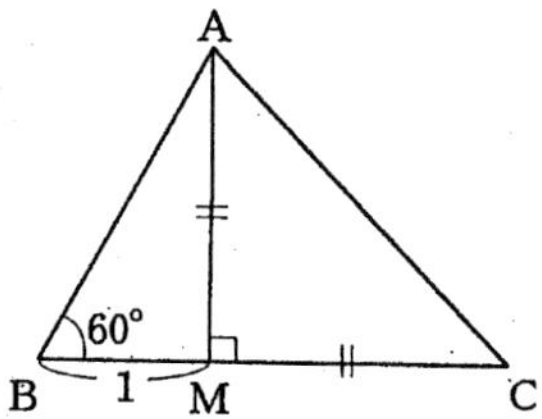

(1) ACの長さを求めよ。

(2) sin75°を次のように求めた。内容が正しくなるように[　ア　]，[　イ　]にはあてはまる角または線分を，[　ウ　]には値を書け。

図で，頂点Cから辺ABに引いた垂線と辺ABとの交点をHとすると，

sin75°＝sin[　ア　]＝$\dfrac{[\quad イ \quad]}{AC}$＝[　ウ　]となる。

(☆☆☆☆◎◎◎◎)

【7】次の(1)，(2)の問いに答えよ。

(1) 図1は立方体の展開図で，4つの面にな，ま，は，げと書かれている。また，図2は，同じ立方体の別の展開図である。図2の展開図に，字の向きも考えて，残りのま，げを書き入れよ。

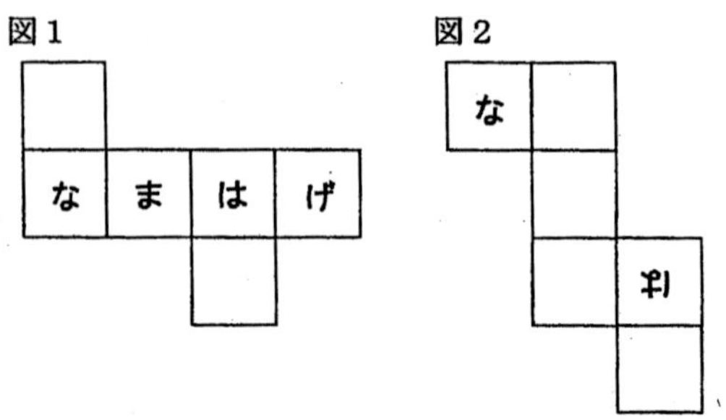

(2)　線分ABを1：2に内分する点Pを作図により示せ。

(☆☆☆☆◎◎◎◎◎)

【8】次は，平成24年度秋田県小学校学習状況調査第5学年算数の問題である。

この調査問題の正答率は，43.2%であった。あとの(1)，(2)の問いに答えよ。

2つのテントA，Bがあります。それぞれのテントの面積と中にいる人数は，次の表のとおりです。

A，Bのテントのうち，こんでいるほうのテントの記号を◯でかこみ，そう考えたわけを，言葉や式を使って□の中に書きましょう。

テント	面積 (m^2)	人数 (人)
A	10	4
B	15	5

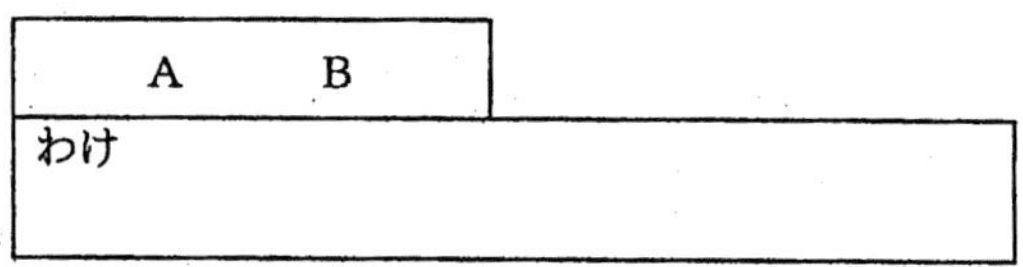

(1)　この問題では，児童のつまずきとしてどのようなことが考えられるか，簡潔に2つ記述せよ。

(2)　(1)で挙げた児童のつまずきを踏まえ，授業改善の方策を具体的に記述せよ。

(☆☆☆◎◎◎◎)

○【9】～【11】の設問において，「小学校学習指導要領(平成20年3月告示)第2章　第2節　社会」を「学習指導要領」，「小学校学習指導要領解説社会編(平成20年8月文部科学省)」を「解説」と記す。

【9】図と表1や表2に示したX国，Y国，Z国は，地図のⓐ～ⓓのいずれかである。「学習指導要領」〔小学校第6学年〕内容(3)に関する(1)～(3)の問いに答えよ。

図　我が国とX国、Y国の主な輸出入品目(輸出入額に占める割合%)

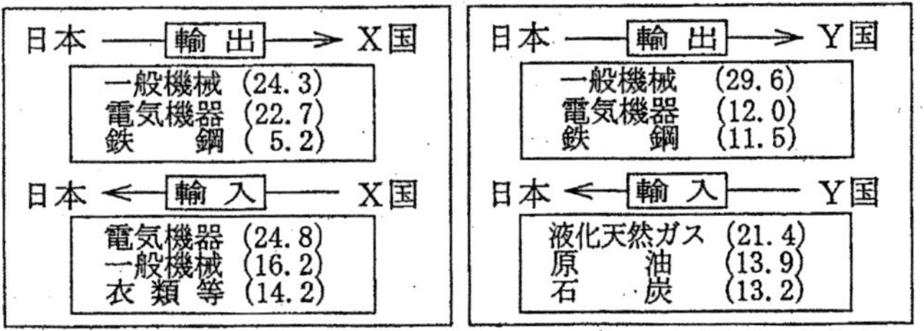

(図は、「データ・オブ・ザ・ワールド」2013年版などから作成)

表1　我が国の主な輸出入品目の特色

	X国	Y国
日本の輸出品	主に　A	主に　A
日本の輸入品	主に　A	主に　B

地図

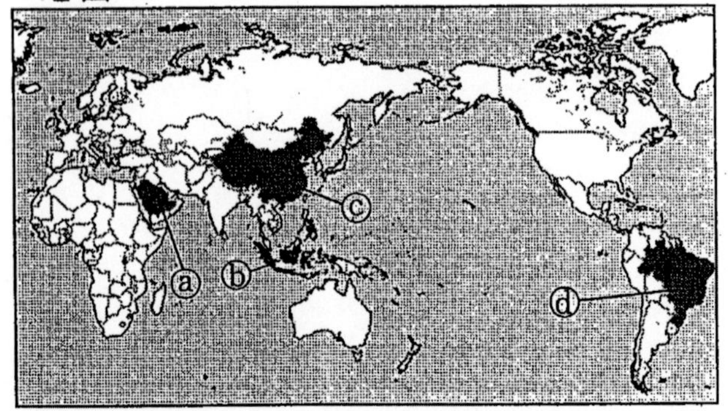

表2 我が国とつながりの深い国・地域のデータ（上位5か国・地域）

順位＼項目	インターネット利用者数	日本語学習者数	歴代外国人相撲力士数	日本国内の外国人労働者数
1	X国	X国	モンゴル	X国
2	アメリカ	韓国	アメリカ	Z国
3	（日本）	Y国	Z国	フィリピン
4	インド	オーストラリア	X国・韓国・台湾	韓国
5	Z国	台湾		ペルー

（表2は、「外務省ホームページ(2013)」などから作成）

(1)　図の主な輸出入品目の特色について，表1にまとめたとき，［　A　］，［　B　］に当てはまる語句をそれぞれ書け。

(2)　表2のZ国の国名を書き，その国の位置を地図のⓐ～ⓓから，1つ選んで記号を書け。また，Z国を特定した理由を，図と表2からそれぞれ読み取れることに触れて書け。

(3)　「解説」に示されている「我が国の国旗と国家の意義」の一つについて述べた次の文の(　C　)，(　D　)に当てはまる語句を書け。

国旗と国歌はいずれの国でもその国の(　C　)として大切にされており，お互いに(　D　)し合うことが必要であること。

(☆☆☆☆◎◎◎)

【10】年表を見て，(1)～(3)の問いに答えよ。

年表

年代	我が国の主な出来事	
593	聖徳太子が[あ]となる	A
797	坂上田村麻呂が[い]となる	B
1016	藤原道長が[あ]となる ⇕ X	C
1603	徳川家康が[い]となる	D
1868	明治新政府軍と旧江戸幕府軍の戦いが起きる	E
1885	[う]が初代内閣総理大臣となる	F

(1) 年表の[あ]と[い]には，それぞれ同じ役職名が入る。当てはまる役職名を，それぞれ書け。また，年表の[う]に当てはまる人物名を書け。

(2) 年表のXの期間の出来事を，全て選んで記号を書け。

ア 慈照寺銀閣の建立　　イ 東大寺の建立

ウ 鹿鳴館の建造　　エ 中尊寺金色堂の建立

オ 法隆寺の建立　　カ 厳島神社の建立

(3) 資料ⓐ～ⓒと最も関係の深い出来事を，年表のA～Fから1つずつ選んで，それぞれ記号を書け。

資料ⓐ　大日本帝国憲法の発布

資料ⓑ

この世をば
わが世とぞ思う
もち月の
かけたることも
なしと思へば

資料ⓒ

当時の秋田藩は、仙台藩、会津藩などと共に奥羽越列藩同盟に加わっていたが、のちに脱退し、これらの藩と戦うこととなった。その結果、領内の３分の２が戦禍を被った。

(☆☆☆◎◎◎◎)

【11】「学習指導要領」〔小学校第3学年及び第4学年〕内容(1)に関する(1)～(3)の問いに答えよ。

(1)　「市の様子」を学習するに当たり，単元の目標を次のように定めた。この目標に基づいて，「社会的事象についての知識・理解」の観点における評価規準を2つ書け。

目標　自分たちの住んでいる市の様子について，特色ある地形，土地の様子，主な公共施設などの場所と働き，交通の様子，古くから残る建造物などを観察，調査したり，絵地図や地図記号，四方位などを用いて白地図にまとめたりして調べ，市の様子は場所によって違いがあることを考えるようにする。

(2)　この目標の下線部の主な調べ方を，「解説」を踏まえて2つ書け。

(3)　資料は，ある児童が学習のまとめで書いた観光案内文である。この案内文を「社会的な思考・判断・表現」の観点において，3段階評価〔「十分満足できる」状況(A)，「おおむね満足できる」状況(B)，「努力を要する」状況(C)〕の「おおむね満足できる」状況(B)と判断する場合，その理由を資料の記述内容に触れて書け。

資料　ある児童が書いた観光案内文

観光案内をします。市の西がわの大きな川ぞいには畑が広がっていて，おいしい野さいがとれます。また，市の東には有名なお寺がたくさんあるので観光客がおおぜい来ます。

市の中心には駅があって，仕事に行く人や観光客にも便利です。

多く人が利用するのでとてもにぎやかです。わたしたちの市は自然も古い建物ものこっていて，とてもよいところです。

(☆☆☆◎◎◎◎)

【12】次の文は，小学校学習指導要領理科(平成20年3月告示)に示されている第3学年と第4学年の目標の一部である。下の(1)～(3)の問いに答えよ。

第3学年

(1) 物の重さ，風やゴムの力並びに光，磁石及び電気を働かせたときの現象を(　A　)しながら調べ，見いだした問題を(　B　)追究したり[b]ものづくりをしたりする活動を通して，それらの性質や働きについての見方や考え方を養う。

第4学年

(1) 空気や水，物の状態の変化，電気による現象を力，熱，[a]電気の働きと(　C　)ながら調べ，見いだした問題を(　B　)追究したり[b]ものづくりをしたりする活動を通して，それらの性質や働きについての見方や考え方を養う。

(1) A～Cに当てはまる語句をそれぞれ書け。

(2) 下線部aについて，第4学年で学習する内容は次のどれか，すべて選んで記号を書け。

ア　電気を通す物と通さない物があること

イ　光電池を使ってモーターを回すことなどができること

ウ　電気は，光，音，熱などに変えることができること

エ　身の回りには，電気の性質や働きを利用した道具があること

オ　電磁石の強さは，電流の強さや導線の巻数によって変わること

カ　乾電池の数やつなぎ方を変えると，豆電球の明るさやモーターの回り方が変わること

(3) 第3学年及び第4学年における下線部bの指導について，小学校学習指導要領理科(平成20年3月告示)には次のように示されている。Dに当てはまる数字を，第3学年と第4学年のそれぞれについて書け。

内容の「A物質・エネルギー」の指導に当たっては，(　D　)種類以上のものづくりを行うものとする。

(☆☆☆◎◎◎◎◎)

【13】ヒトの消化の働きについて，次の実験を行った。下の(1)～(3)の問いに答えよ。

〔実験〕ご飯粒を湯にもみ出し，その液を試験管A，Bに同量ずつ入れ，図のようにだ液を試験管Aにだけ少量入れた。その後，試験管A，Bを<u>ヒトの体温に近い温度の湯</u>で10分間温めた。次に，それぞれの試験管にうすいヨウ素液を入れて色の変化を調べたところ，試験管Aでは色の変化は見られず，試験管Bでは色が変化した。

図

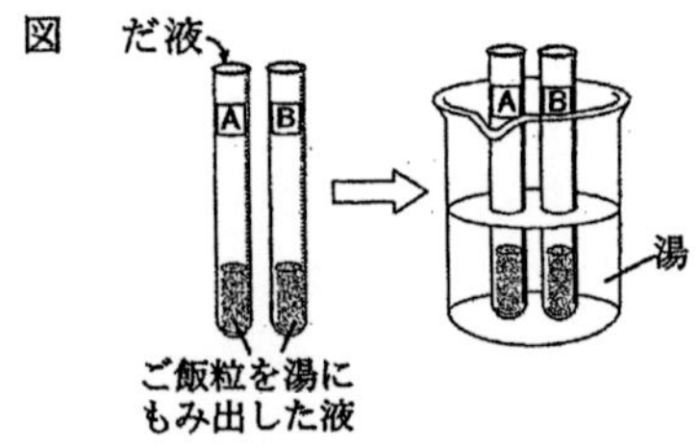

(1)　ご飯粒に含まれるデンプンに作用する消化酵素は次のどれか。1つ選んで，記号を書け。

ア　リパーゼ　　イ　マルターゼ　　ウ　アミラーゼ

エ　ペプシン

(2)　下線部を用いるのは，消化酵素がどのような性質をもつためか，書け。

(3)　この実験を第6学年の児童に行わせたところ，「試験管Bの色が変化したから，だ液を入れない方のデンプンが別のものに変わった」と誤って考察した児童がいた。このとき，正しく考察させるためには，どのような現象を提示すればよいか，書け。

(☆☆☆◎◎◎)

【14】図は，100gの水に対する塩化ナトリウムとホウ酸の溶解度を示したものである。下の(1)～(3)の問いに答えよ。

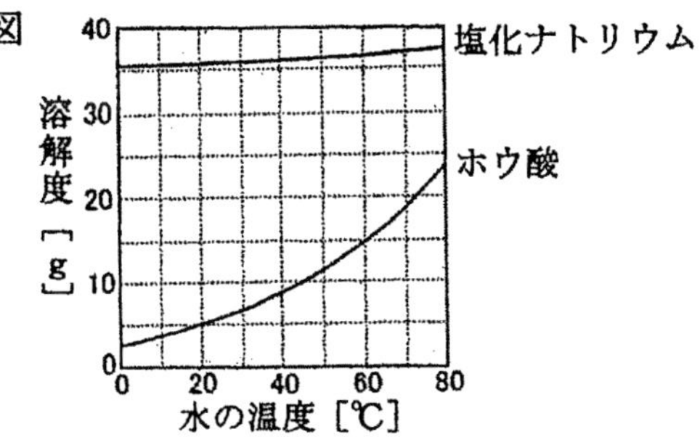

(1) 塩化ナトリウムとホウ酸の化学式を，それぞれ書け。

(2) 20℃のホウ酸の飽和水溶液210gがある。この飽和水溶液を60℃に加熱したとき，さらに溶かすことができるホウ酸の質量は何gか，求めよ。ただし，ホウ酸の溶解度は，図から整数値で読みとるものとする。

(3) 80℃の塩化ナトリウムの飽和水溶液から溶質を結晶として取り出すために，水溶液をビーカーに入れて冷却したところ，析出した結晶はわずかであった。この理由を，塩化ナトリウムの溶解度の特徴に触れて書け。

(☆☆☆◎◎◎)

【15】第3学年「物と重さ」の学習において，物は体積が同じでも重さは違うことがあることを体感を基にして児童に捉えさせるためには，どのような実験を行わせればよいか。用いる材料を示して実験の方法を書け。

(☆☆☆◎◎◎)

【16】第6学年の「てこの規則性」の指導について，次の(1)～(3)の問いに答えよ。

(1) 図のような実験用てこと，おもりをいくつか使って，てこが水平につり合うのはおもりの位置とおもりの重さがどのようなときかを児童に調べさせた。てこが水平につり合うときのきまりを児童に見いださせるには，どのようなことを考察させるとよいか。実験の結果において着目させることを示し，第6学年で育成する問題解決の能力に触れて書け。

図

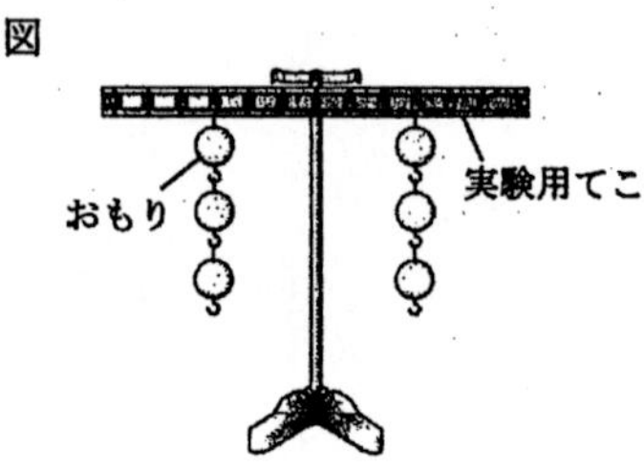

(2)　図のように実験用てこが水平につり合っている状態を見た児童が，「左右のうでに同じ重さのおもりをつるしてつり合うのは，左右のうでの端から同じ距離の位置におもりをつるしたときだ。」と誤って考察した。正しく考察させるために，図の実験用てことは別の物を用い，左右のうでの端からの距離が同じであってもつり合わない例を示して説明したい。どのような現象を演示して説明すればよいか。図と言葉でかけ。

(3)　てこの規則性を利用した身の回りにある道具のうち，作用点が支点と力点の間にあるものを児童に提示したい。提示する道具の名称を書け。また，その道具の図を，作用点，支点，力点のそれぞれの位置を示してかけ。

(☆☆☆☆◎◎◎)

【17】次の(1)～(4)の問いに答えよ。

(1)　2本の円筒の下部が連結された図のような容器に水が入っている。Aの円筒の断面積は25cm^2，Bの円筒の断面積は4cm^{2}であり，水面には軽いピストンと，その上にそれぞれ質量の異なるおもりが乗せてある。Bの円筒に80gのおもりをのせたとき，A，Bの水面の差は4cm

になった。このとき，Aの円筒のピストンにのっているおもりの質量は何gか，求めよ。ただし，ピストンの質量及びピストンと円筒の間の摩擦は考えないものとし，水の密度は$1.0g/cm^3$とする。

図
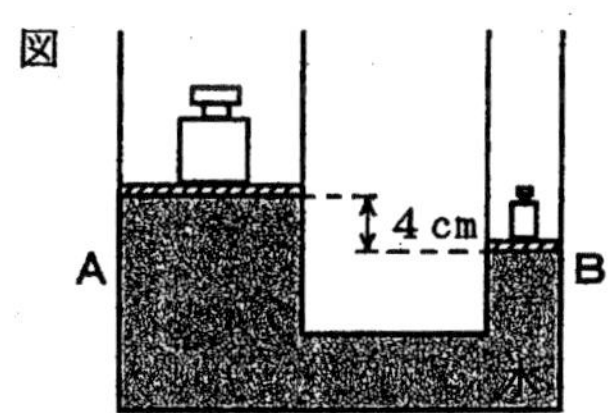

(2) 次のア～オのうち，一次電池はどれか。1つ選んで記号を書け。

ア 鉛蓄電池　　イ ニッケル・カドミウム電池

ウ リチウムイオン電池　　エ ニッケル・水素電池

オ アルカリマンガン乾電池

(3) セキツイ動物の骨格筋は横紋筋であり，筋収縮は筋節を単位として起こる。筋節が短くなる過程を，「アクチンフィラメント」ともう一つの筋フィラメントの名称を用いて書け。

(4) 石灰岩とチャートを見分ける方法について，それぞれの岩石を構成する主成分に触れて，簡潔に書け。

(☆☆☆☆◎◎)

【18】次の文は，小学校学習指導要領生活(平成20年3月告示)「指導計画の作成と内容の取扱い」の一部である。あとの(1)，(2)の問いに答えよ。

1 指導計画の作成に当たっては，次の事項に配慮するものとする。

(1) 自分と地域の人々，社会及び自然とのかかわりが具体的に把握できるような学習活動を行うこととし，(　X　)を積極的に取り入れること。

(2) 略

(3) 国語科，音楽科，図画工作科など<u>他教科等との関連を積極的に図り</u>，指導の効果を高めるようにすること。特に，第1学年入学当初においては，生活科を中心とした(　Y　)な指導を行うなどの工夫をすること。

(4)　略

(1)　X，Yに当てはまる語句をそれぞれ書け。

(2)　下線部について，生活科の学習成果を国語科の学習に生かした学習活動の具体例を1つ書け。

(☆☆☆◎◎◎)

【19】小学校学習指導要領生活(平成20年3月告示)の内容「(5)季節の変化と生活」の学習において，次のような学習活動を単元の指導計画に位置付けたが，この活動は生活科の目標の実現に向けて十分とはいえない。下線部をどのような学習活動に改めればよいか，小学校学習指導要領解説生活編(平成20年8月文部科学省)に基づいて具体的に書け。

地域に古くから伝わる祭りについて，家族や近所に住んでいる人に話を聞いて調べる。

(☆☆☆◎◎◎)

解答・解説

【1】1　基礎的・基本的な知識・技能を活用して課題を探究することのできる国語の能力を身に付けることができるため。　2　ア　35　イ　30　ウ　25　エ　15　3　相手や場面に応じて適切に敬語を使うことに慣れるよう，児童の日常の言語生活につながること。

〈解説〉1　問題で示されている記録などについては，言語活用の充実を目的としており，「学校や児童の実態に応じて，様々な言語活動を工夫し，その充実を図っていくことが重要」であることが示されている。　2　話すこと・聞くことは，言語生活の上での基本的な活動である。話すこと・聞くことの能力は，学習した知識・技能を繰り返し用いたり，実際の生活場面において使いこなす機会を多くもったりすることによって身につけることができる。　3　小学校学習指導要領解説国語編第3章　第3節〔伝統的な言語文化と国語の特質に関する事項〕言葉遣いに関する事項では丁寧な言葉の使い方について，「中学年までの指導を受けて，高学年においては，相手と自分との関係を意識させながら，尊敬語や謙譲語をはじめ，丁寧な言い方などについて理解することが大切」としている。高学年は，敬語の役割や必要性を自覚してくる時期でもある。

【2】1　a　拭(き)　　b　蓄積　　c　呪縛　　2　アは「受け身」の意味を表す助動詞，イは「可能」の意味を表す助動詞　　3　解答略
4　解答略　　5　解答略

〈解説〉1　それぞれの漢字について，特徴を把握すること。aは「てへん」である。cは「縛」のつくりに点が付いていることに注意する。
2「れる・られる」の用法には，他に「尊敬」を表す場合がある。なお，「見れる」等の表現は，「可能」の「見られる」の誤用が多い。
3「①ものごとをよく覚えている人」は第1段落，「②忘れっぽい人間」は第2段落にそれぞれ記されている。どちらも長所，短所共に対比された形で本文中に記されているので，それらを4分割にした表でまとめると，わかりやすい。　4　主に第3，4段落を中心にまとめる。「黒板」の例を一般化して述べるとよい。　5　文化や学問はいわゆる蓄積を基本としているが，それだけでは自壊すると述べている。自壊を防ぐために忘却があり，その役割については第4段落に記されている。その点を踏まえて文章をまとめればよい。

【3】1　千里哉　　2　千金を以て涓人をして千里の馬を求めしめし者有り。　3　死馬骨…隗　　千里馬…士　　4　(1)　まず，郭隗から優遇することを始めなさい。　(2)　・大きな事業や計画は，まず身近なことから始めるのがよいということ。　・物事は言い出した者が始めるのがよいということ。(どちらか一つ)

〈解説〉1　書き下し文や現代語訳にした際に「」が付けられる部分が引

用されている部分である。なお，引用の始まりの部分は，直後の「古之君」からである。　2　現代語訳にすると，「千金もの大金を持たせ，涓人に命じて，一日に千里も走るという名馬を買い求めようとした者がいた。」となる。　3　劣っているもの，使えないものの例として，「死馬骨」をあげ，自分(隗)と重ね合わせている。同様に，優れているものとして，「千里馬」をあげている。　4　(1)　直前から現代語訳すると，「優れた人物を招きたいと思っているのならば，まず，郭隗から優遇することを始めなさい」ということになる。

【4】1　イ，ウ，エ　　2　訴訟に関係がない田の稲を刈り取るのはどういうことか。　3　ウ　　4　解答略

〈解説〉1　イ，ウ，エは召使いのこと，アは「他人と田の所有権を巡って訴訟を起こした人」を示している。　3　直前から口語訳すると，「起訴して負けた田であっても，刈り取ってよいという理由はないが，どうせ道理や事実に合わないことをしに来たのだから，どこでも刈るのだ」となる。　4「をかし」は，ここでは「おもしろい，興味がある」といった訳である。3の訳とあわせて考えると，屁理屈ながら筋が通っていることに「をかし」と感じていることがわかる。

【5】(1)　5　　(2)　$x=\frac{5}{2}$，2　　(3)　0.6　　(4)　14通り

(5)　記号…イ　　理由…・xとyの関係が反比例であること。

・反比例のグラフは双曲線になること，等

〈解説〉(1)　$(-3)^2+16\div(-2^2)=9+16\div(-4)=5$　(2)　$2x^2-9x+10=0$　$(2x-5)(x-2)=0$　$x=\frac{5}{2}$，2　(3)　通学時間が20分未満の児童は，5分以上10分未満が3人，10分以上15分未満が4人，15分以上20分未満が8人。合わせて，$3+4+8=15$人である。よって，相対度数は$15\div25=0.6$である。　(4)　組み合わせは101，102，110，112，120，121，122，201，202，210，211，212，220，221の14通りである。　(5)　表を見るとxとyは反比例の関係にあることがわかる。

【6】(1) $\sqrt{6}$　(2) ア ∠CAH　イ CH　ウ $\dfrac{\sqrt{6}+\sqrt{2}}{4}$

〈解説〉(1) △ABMは，角度が∠MAB＝30°，∠ABM＝60°，∠AMB＝90°の直角三角形なので，辺の長さの比はBM：AB：MA＝1：2：$\sqrt{3}$となる。また，△AMCは直角二等辺三角形なので，辺の長さの比はAM：MC：CA＝1：1：$\sqrt{2}$となる。よって，BM＝1のとき，MA＝$\sqrt{3}$なので，AC＝$\sqrt{3}\times\sqrt{2}=\sqrt{6}$となる。　(2) ∠MAB＋∠CAM＝30＋45＝75〔°〕＝∠CAH　△BCH＝30°，∠CBH＝60°，∠BHC＝90°の直角三角形なので，BC：CH＝2：$\sqrt{3}$である。よって，

CH＝$(1+\sqrt{3})\div 2\times\sqrt{3}=\dfrac{3+\sqrt{3}}{2}$となるので，

$$\frac{3+\sqrt{3}}{2}\div\sqrt{6}=\frac{3+\sqrt{3}}{2\sqrt{6}}=\frac{(3+\sqrt{3})\times\sqrt{6}}{2\sqrt{6}\times\sqrt{6}}=\frac{\sqrt{6}+\sqrt{2}}{4}$$

【7】(1)

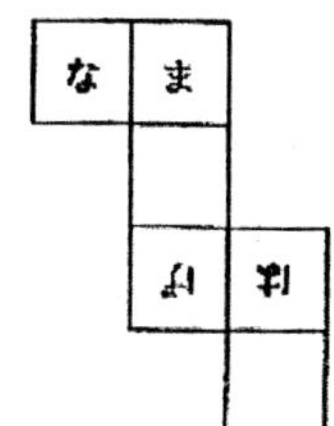

(2)

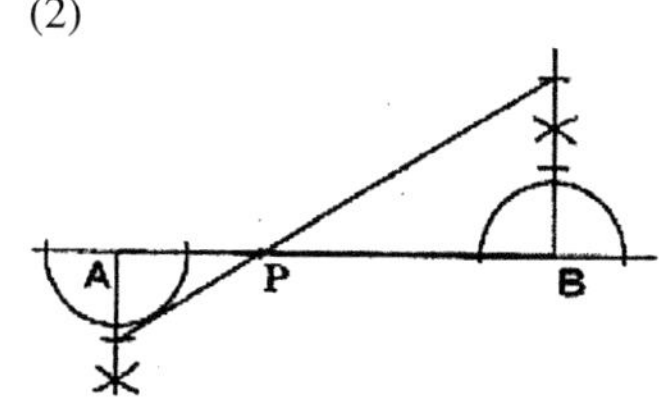

〈解説〉(1) 本問は，文字の並び順を考えれば解ける問題である。正位置の「な」の右隣に正位置の「ま」が来るはずで，同様に正位置の「は」の右隣に正位置の「げ」が来るはずなので，逆位置の「は」の左隣に逆位置の「げ」が来る。展開図の問題は，向かい合う面がどこに来るかを考えるとわかりやすい。　(2) 線分を内分する点を作図す

る際には，相似な三角形を作図してから行うとよい。コンパスで描いた円の半径や，直径を利用して，比率に合わせて作図する。

【8】(1)　・テントの面積と中にいる人数を組み合わせて混み具合を表すことができない。　・混み具合を表した数値の意味を捉え，数値が大きい方が混んでいる場合と，数値が小さい方が混んでいる場合を正しく判断することができない。　(2)　解答略

〈解説〉(1)　主なつまずきとしては，表の見方の誤りと，混み具合の算出方法の誤りが考えられるだろう。混み具合の算出方法としては，テントAは4÷10＝0.4，テントBは5÷15＝$\frac{1}{3}$≒0.33と1m²あたりの人数を算出する方法，テントAで10÷4＝2.5，テントBでは15÷5＝3と1人あたりの面積を算出する方法がある。　(2)　表の見方をもう一度確認したり，混み具合の算出方法に関しては，わり算の意味をもう一度確認したりするなど，基本的なことから整理して改善させていく必要がある。

【9】(1)　A　工業製品　　B　原料，燃料　　(2)　国名…ブラジル　記号…ⓓ　　理由…略　　(3)　C　象徴　　D　尊重

〈解説〉(1)　なお，X国は中国，Y国はインドネシアである。中国は工業製品だけでなく，輸入品として衣類が含まれることも特徴の1つである。インドネシアは，輸入品の液化天然ガスが特徴といえる。

(2)　ブラジルは，日本に鉄鉱石やコーヒーなどを輸出し，日本から自動車などを輸入している。表2では歴代外国人相撲力士数，および日本国内の外国人労働者数から日本と関連深い国であることがわかる。

(3)　日本においては「日章旗」と「君が代」が国旗，国歌である。国旗，国歌については第6学年の「世界の中の日本の役割」で取り扱うとされており，小学校学習指導要領解説社会編第3章　2　内容　内容の取扱い(3)のエでは「我が国の国旗と国歌の意義を理解させ，これを尊重する態度を育てるとともに，諸外国の国旗と国歌も同様に尊重する態度を育てるよう配慮すること」としている。

【10】(1)　あ　摂政　　い　征夷大将軍　　う　伊藤博文

(2)　ア，エ，カ　　(3)　ⓐ　F　　ⓑ　C　　ⓒ　E

〈解説〉(1)　あ　摂政は，天皇が幼少や病弱であったり，または女帝の時に，その代理として政務を行う官職のことである。　い　征夷大将軍は，幕府の代表者に与えられた職名である。　う　伊藤博文(1841～1909年)は，明治政府で最大の指導者である。明治新政府では財政や殖産興業政策を担当したが，大久保利通の死後は自由民権運動への対策に務め，藩閥政府の中心となった。その後，内閣制度成立後の最初の首相となり，大日本帝国憲法の作成，枢密院議長等を務めた。

(2)　アの慈照寺銀閣は文明年間に足利義政が建立。イの東大寺は聖武天皇が総国分寺として建てさせた寺で752年に開眼された。ウの鹿鳴館は1883年にイギリス人のコンドルの設計で建てられた。エの中尊寺金色堂は藤原清衡によって建立された。オの法隆寺は聖徳太子が607年に建立した世界最古の木造建築である。カの厳島神社は航海の守護神として信仰され，平氏一門の崇敬を集めた。世界遺産にも登録されている。　(3)　ⓐ　大日本帝国憲法の発布は，1889年2月11日である。伊藤博文らが渡欧して研究し，君主権の強いプロイセン憲法を手本にして草案を作り，枢密院で検討後，欽定憲法として発布された。ⓑ　藤原道長(966～1028年)が1018年に藤原氏の栄華を詠った和歌である。藤原実資による『小右記』に記されている。　ⓒ　奥羽越列藩同盟は，戊辰戦争中に，陸奥国(奥州)，出羽国(羽州)，越後国(越州)の諸藩が，新政府の圧力に対抗するために結成された同盟である。

【11】(1)　解答略　　(2)　解答略　　(3)　解答略

〈解説〉(1)　問題にある目標の内容は小学校学習指導要領解説第3章第1節2(1)アとほぼ一致する。なお，「評価規準の作成，評価方法等の工夫改善のための参考資料」(国立教育政策研究所)によると，「学校の周りの地域や市(区，町，村)の様子に関心をもち，意欲的に調べている」「学校の周りの地域や市(区，町，村)の様子の特色やよさを考えようとしている」の2点が示されている。　(2)　交通の様子を調べる際には，身近な駅やバス停とその周りの様子を観察，調査したり電車やバスなどの路線図や時刻表を手掛かりにしたりして，自分たちの住んでいる市と近隣の市との結び付きに気付くようにする。また，主な道路と市内の工場の分布，主な駅と商店の分布など，土地利用と交通の様子を関連付けて，相互のかかわりに気付くようにすることも必要であろう。

(3)　調べたことを方位等の客観的な表現を用いて具体的に記述できているのは，評価できるポイントである。地形と土地の利用を結び付けて記述できるとなおよい。

【12】(1)　A　比較　　B　興味・関心をもって　　C　関係付け

(2)　イ，カ　　(3)　第3学年…3　　第4学年…2

〈解説〉(1)　双方とも「物質・エネルギー」に関する目標であり，学年で学習目標がどのように変わるかを学習することは重要である。第3学年では「学習の過程において，自然の事物・現象の差異点や共通点に気付いたり，比較したりする能力を育成すること」，第4学年では「前学年で培った，自然の事物・現象の差異点や共通点に気付いたり，比較したりする能力に加えて，自然の事物・現象の変化とその要因とを関係付ける能力を育成すること」に重点がおかれている。

(2)　アは第3学年，ウ，エは第6学年，オは第5学年で学習する。

(3)　小学校学習指導要領解説理科編第3章　第1節　2　内容　A　物質・エネルギーの内容の取扱いでは第3学年で，てんびんばかり，風やゴムの力で動く自動車や風車，極の働きや性質を使って動く自動車や船，回路を切ったりつないだりできるスイッチ，電気を通す物であるかどうかを調べるテスターなどがあげられている。第4学年では，空気でっぽうや水でっぽう，ソーラーバルーンや体積変化を利用した温度計，乾電池や光電池などを用いた自動車やメリーゴーラウンドなどを例示している。

【13】(1) ウ　(2) 解答略　(3) 解答略

〈解説〉(1) リパーゼは，胃液に含まれている脂肪分解酵素である。脂肪を脂肪酸とモノグリセリドに加水分解し，また逆反応にもはたらく。マルターゼはだ液，膵液，腸液に含まれている炭水化物分解酵素の一種である。二糖類である麦芽糖を加水分解して，2分子のブドウ糖にする。アミラーゼは炭水化物分解酵素で，デンプンやグリコーゲンを麦芽糖に分解する。だ液と膵液に含まれているが，だ液アミラーゼはプチアリンとも呼ばれ，ジアスターゼということもある。ペプシンは，胃の粘膜から分泌されるタンパク質分解酵素の一種である。 (2) 消化酵素には適温があり，体温で1番活性化する。一定温度より低温・高温では酵素が十分に活性しなくなる。 (3) ヨウ素液は，デンプンの検出に用いる試薬である。デンプンがある場合には，青紫色に変わる，ヨウ素デンプン反応が見られる。したがって，デンプン質のある食品等にヨウ素デンプン反応させ，児童に示すことも考えられる。

【14】(1) 塩化ナトリウム…NaCl　ホウ酸…H_3BO_3　(2) 20g
(3) 解答略

〈解説〉(1) 塩化ナトリウムは食塩とも呼ばれる。無色で立方体の結晶である。ホウ酸は，ホウ酸塩に硫酸を加えると得られる無色透明，光沢のある薄片状の結晶である。 (2) グラフから，100gの20℃の水に対して，ホウ酸は5gまで溶けることが読み取れる。よって，210gのホウ酸飽和水溶液は，水200g，ホウ酸10gであることがわかる。また，グラフから100gの60℃の水に対して，ホウ酸は15gまで溶けることが読み取れる。よって，200gの水では，$15\times\frac{200}{100}=30$gまで溶ける。よって，さらに溶かすことができるホウ酸の質量は30－10＝20(g)である。 (3) 塩化ナトリウムは，温度による溶解度の変化が少ない物質である。ホウ酸のように温度による溶解度の変化が大きい物質であれば，水溶液を冷却した際に結晶を取り出しやすい。

【15】解答略

〈解説〉同体積で軽い物体と，重い物体を例示としてあげる。重さを計るためのばね測りや，重さを比べるための上皿天秤なども必要になる。

【16】(1)　解答略　　(2)　解答略　　(3)　名称…(例)栓抜き　　図…略

〈解説〉(1)　てこの両側におもりをつるし，おもりの重さやおもりの位置を変えて，てこのつり合いの条件を調べるようにする。その際，てこの左側のおもりの数と右側のおもりの数が異なっていてもつり合っている場合に，「左側の(力点にかかるおもりの重さ)×(支点から力点までの距離)＝右側の(力点にかかるおもりの重さ)×(支点から力点までの距離)」という関係式が成立することをとらえるようにする。

(2)　太さが均一でない棒の場合，左右のうでに同じ重さのおもりを左右のうでの端から同じ距離の位置につるしてもつり合うとは限らない。　(3)　真ん中が支点となるものを第1種てこ，真ん中が作用点となるものを第2種てこ，真ん中が力点となるものを第3種てこという。第1種てこには釘抜き等，第3種てこにはピンセット等があてはまる。

【17】(1)　400g　　(2)　オ　　(3)　解答略　　(4)　解答略

〈解説〉(1)　2か所がつり合う時，断面積とおもりの重さは比例するので，$25:4=x:80$　$x=500$〔g〕　しかしながら，Aの円筒はBの円筒より4cm上に上がっているので，$500-25\times4=400$〔g〕　(2)　一次電池とは，放電すると電圧が下がり，充電によって再び元の電圧を回復できない電池のことである。対して，放電しても充電すれば再び使用できる電池を二次電池という。　(3)　アクチンフィラメントとは，2本のF－アクチンが撚り合わさって糸状になったたんぱく質の複合体である。細胞骨格の1つで，細胞間の接着・細胞分裂・筋肉の収縮などに重要な役割を果たす。ミオシンフィラメントとは，ミオシンというたんぱく質の分子が線維状に結合したものである。　(4)　石灰岩は，炭酸カルシウムを主な成分とする堆積岩である。塩酸と反応して二酸化炭素を発生させる。チャートは，石英質の堆積岩である。赤・緑・灰色などさまざまな色をしている。二酸化ケイ素が沈殿してできたと考えられるものが多い。

【18】(1)　X　校外での活動　　Y　合科的　　(2)　解答略

〈解説〉(1)　X　生活科では自分の地域，社会などの一員であり，よりよい生活者になることを願いつつ，地域，社会に触れていくことを前提としている。したがって，生活科では児童が直接地域に出て，自分とのかかわりが具体的に把握できるようにすることを重視している。

Y　下線部にもある「他教科との関連」がキーワードになる。

(2)　小学校学習指導要領解説生活編第4章1(3)では国語科との合科的指導について，「報告する文章や記録する文章などを書く言語活動，説明する文章を書く言語活動，伝えたいことを手紙に書く言語活動などの題材として活用すること」と示されている。

【19】解答略

〈解説〉生活科の目標は極端に言うと「具体的な活動や体験を通して，自立への基礎を養う」ことである。問題の学習活動では調査だけで終了しており，「具体的な活動や体験」がないので不十分といえる。小学校学習指導要領解説生活編第3章第2節(5)でも「行事については，単に調べて終わるのではなく，低学年の児童の発達に応じて，実際に参加しながら学習を進めることが大切」とある。

●書籍内容の訂正等について

弊社では教員採用試験対策シリーズ（参考書，過去問，全国まるごと過去問題集），公務員試験対策シリーズ，公立幼稚園・保育士試験対策シリーズ，会社別就職試験対策シリーズについて，正誤表をホームページ（https://www.kyodo-s.jp）に掲載いたします。内容に訂正等，疑問点がございましたら，まずホームページをご確認ください。もし，正誤表に掲載されていない訂正等，疑問点がございましたら，下記項目をご記入の上，以下の送付先までお送りいただくようお願いいたします。

① **書籍名，都道府県（学校）名，年度**
（例：教員採用試験過去問シリーズ　小学校教諭 過去問　2025 年度版）
② **ページ数**（書籍に記載されているページ数をご記入ください。）
③ **訂正等，疑問点**（内容は具体的にご記入ください。）
（例：問題文では"ア～オの中から選べ"とあるが，選択肢はエまでしかない）

〔ご注意〕
○ 電話での質問や相談等につきましては，受付けておりません。ご注意ください。
○ 正誤表の更新は適宜行います。
○ いただいた疑問点につきましては，当社編集制作部で検討の上，正誤表への反映を決定させていただきます（個別回答は，原則行いませんのであしからずご了承ください）。

●情報提供のお願い

協同教育研究会では，これから教員採用試験を受験される方々に，より正確な問題を，より多くご提供できるよう情報の収集を行っております。つきましては，教員採用試験に関する次の項目の情報を，以下の送付先までお送りいただけますと幸いでございます。お送りいただきました方には謝礼を差し上げます。
（情報量があまりに少ない場合は，謝礼をご用意できかねる場合があります）。

◆あなたの受験された面接試験，論作文試験の実施方法や質問内容
◆教員採用試験の受験体験記

送付先
○電子メール：edit@kyodo-s.jp
○FAX：03-3233-1233（協同出版株式会社　編集制作部 行）
○郵送：〒101-0054　東京都千代田区神田錦町 2-5
協同出版株式会社　編集制作部 行
○HP：https://kyodo-s.jp/provision（右記の QR コードからもアクセスできます）

※謝礼をお送りする関係から，いずれの方法でお送りいただく際にも，「お名前」「ご住所」は，必ず明記いただきますよう，よろしくお願い申し上げます。

教員採用試験「過去問」シリーズ

秋田県の
小学校教諭 過去問

編　集	© 協同教育研究会
発　行	令和6年2月25日
発行者	小貫　輝雄
発行所	協同出版株式会社
	〒101-0054　東京都千代田区神田錦町2－5
	電話　03－3295－1341
	振替　東京00190－4－94061
印刷所	協同出版・POD工場

落丁・乱丁はお取り替えいたします。